DE L'ORGANISATION MUNICIPALE

EN DROIT ROMAIN

DES ATTRIBUTIONS

DES MAIRES ET DES CONSEILS MUNICIPAUX

EN DROIT FRANÇAIS

THÈSE POUR LE DOCTORAT

PAR A. VAUTIER

MAUBEUGE

IMPRIMERIE, LIBRAIRIE & LITHOGRAPHIE E. BEUGNIES

— 1881 —

THÈSE

POUR

LE DOCTORAT

DE L'ORGANISATION MUNICIPALE

EN DROIT ROMAIN

DES ATTRIBUTIONS

DES MAIRES ET DES CONSEILS MUNICIPAUX

EN DROIT FRANÇAIS

THÈSE POUR LE DOCTORAT

PAR A. VAUTIER

MAUBEUGE

IMPRIMERIE, LIBRAIRIE ET LITHOGRAPHIE E. BEUGNIES

UNIVERSITÉ DE FRANCE

ACADÉMIE DE DOUAI   FACULTÉ DE DROIT

THÈSE

POUR LE DOCTORAT

L'acte public sur les matières ci-après sera soutenu le Jeudi 7 Juillet à deux heures de l'après-midi.

PAR

VAUTIER (Antoine-Jules)

Né à Paris, le 19 Janvier 1856

Le Candidat devra en outre répondre à toutes les questions qui lui seront faites sur les autres matières de l'enseignement.

PRÉSIDENT : M. DANIEL DE FOLLEVILLE, doyen.

SUFFRAGANTS :
MM. FÉDER,   professeur
JOBBÉ-DUVAL,
MICHEL,   agrégés chargés
GARÇON,   de cours.

FACULTÉ DE DROIT DE DOUAI

MM.

DANIEL DE FOLLEVILLE, A., officier d'Académie, doyen, professeur de code civil et chargé du cours de droit international privé.

DRUMEL, officier d'Académie, député, professeur de droit romain.

FÉDER, professeur de code civil.

POISNEL LANTILLIÈRE, agrégé, chargé d'un cours de droit romain.

JOBBÉ-DUVAL, agrégé, chargé du cours de droit administratif et du cours d'histoire du droit.

BEAUREGARD, officier d'Académie, agrégé, chargé du cours de droit commercial.

MICHEL, agrégé, chargé d'un cours de droit romain et du cours d'histoire générale du droit public et privé.

LEPOITTEVIN, agrégé, chargé du cours de procédure civile et du cours de droit des gens et de législation comparée.

PIÉBOURG, agrégé, chargé d'un cours de droit romain et du cours de pandectes.

GARÇON, agrégé, chargé du cours de législation criminelle et du cours sur l'enregistrement.

CHEVALLIER, agrégé, officier d'Académie, chargé du cours d'économie politique.

VALLAS, agrégé, chargé d'un cours de code civil.

LACOUR, agrégé, chargé d'un cours de code civil.

CÉLICE, agrégé, chargé d'un cours de code civil.

Doyen honoraire : M. BLONDEL, chevalier de la Légion d'honneur, officier de l'Instruction publique, conseiller à la Cour de cassation.

MOREL, licencié en droit, secrétaire, agent comptable.

COUSIN, licencié en droit, bibliothécaire.

A MON PÈRE

DROIT ROMAIN

DE L'ORGANISATION MUNICIPALE

CHAPITRE Ier

Conditions diverses des villes

Pendant une période assez longue Rome amena dans ses murs les peuples qu'elle avait vaincus ; l'incorporation fut donc le premier mode de propagation de la cité romaine ; mais lorsqu'elle se sentit suffisamment peuplée Rome ferma ses portes et n'accorda plus le droit de cité que comme récompense des services rendus et parfois aussi pour terminer d'une manière durable une guerre difficile, sans que jamais cependant elle voulût se le laisser arracher par des peuples qui gardaient les armes à la main. Le Sénat fit plus : il décomposa le droit de cité, distingua les différents avantages qu'il présente aux citoyens, les accordant par degrés aux peuples amis ou vaincus ; de là une série de situations très différentes.

Les éléments du droit de cité étaient le *jus suffragii*, le *jus honorum*, le *jus commercii*, le *jus connubii*. Le *jus suffragii* était le droit de voter dans les comices ; le *jus honorum adipiscendorum* était l'aptitude aux dignités et aux magistratures publiques ; le *jus commercii* était le droit d'acquérir et de transmettre la propriété des choses par les modes du droit civil, ce qui impliquait la possibilité d'acquérir et de transmettre par testament ; le *jus connubii* était le droit de contracter une union productive de tous les effets que les Romains avaient attribués au *matrimonium justum*, comme, par exemple, la *patria potestas*, l'agnation et toutes leurs conséquences.

L'ensemble de ces différents droits, la *civitas romana*, n'appartenait primitivement qu'aux patriciens ; il est en effet certain que la plèbe, quelle qu'en fut l'origine, n'avait ni le *jus suffragii*, ni le *jus honorum*, ni le *jus connubii* avec les patriciens. Les réformes de Servius Tullius firent des plébéiens de véritables citoyens en leur accordant le *jus suffragii;* mais ce ne fut que lorsque le *jus honorum* et le *jus connubii* furent obtenus par la plèbe, après une lutte dont le caractère n'a été bien compris que de nos jours et qui fut principalement l'effort de l'aristocratie des cités conquises par Rome pour participer aux droits de l'aristocratie conquérante, que l'on put donner d'une manière absolue le nom de *civitas* à la condition faite aux individus et aux villes les plus favorisés.

Jus Latii. — Le *jus Latii* est une condition inférieure à la *civitas romana;* c'était primitivement la condition des villes du Latium, il forma ensuite une sorte de condition particulière que Rome concéda en Italie et dans toutes les provinces. Nous allons indiquer quels étaient les privilèges dont se composait le *jus Latii*.

A l'époque de Gaïus et d'Ulpien les individus faisant partie du *nomen latinum* étaient privés de droits politiques ; ils n'avaient ni le *jus suffragii*, ni le *jus honoris*. Ils jouissaient du *jus commercii*, nous en avons la preuve par le

passage suivant d'Ulpien : « Mancipatio locum habet inter
« cives Romanos et latinos colonarios latinosque junianos,
« eosque peregrinos quibus commercium datum est » (*Reg.*
xix, 4.) Il n'est question ici que des Latins coloniaires et des
Latins juniens, car à l'époque d'Ulpien les anciennes villes
du Latium jouissaient toutes du droit de cité. Les Latins n'a-
vaient pas le *connubium*, ils ne pouvaient l'obtenir que par
des concessions spéciales, c'est encore un passage d'Ulpien
qui nous l'apprend : « Connubium habent cives romani cum
« civibus romanis ; cum latinis autem et peregrinis, ita si
« concessum sit (*Reg.* v, 4). »

Les cités du *nomen latinum* étaient indépendantes et
n'étaient pas gouvernées par des magistrats romains ; elles
gardaient la jouissance de leurs lois propres (Tite-Live,
xxix, 15).

Mais le principal privilège des Latins consistait dans la
facilité singulière avec laquelle ils pouvaient parvenir à la
cité romaine.

1° Le latin qui venait s'établir à Rome, en laissant dans
sa ville des descendants de sa race, pouvait se faire inscrire
sur les registres du cens et devenait ainsi citoyen romain.
C'est ce que nous apprend Tite-Live (xli, 8) : « Lex sociis
« ac nominis Latini, qui stirpem ex se domi reliuquerint,
« dabat, ut cives fierent. »

2° La loi *Servilia repetundarum*, rendue vers l'an 650 de
la fondation de Rome, promettait le droit de cité comme
récompense à tout latin qui aurait accusé un magistrat
romain de concussion et l'aurait fait condamner ; Cicéron se
réfère à cette disposition (*pro Balbo*, 24).

3° La *causæ probatio*, procédure au moyen de laquelle le
Latin prouve devant le magistrat qu'il est le père d'un enfant
âgé d'une année, né d'un mariage contracté en présence de
sept citoyens romains, avec une femme d'une condition au
moins égale à la sienne. A la suite de cette déclaration le

latin, sa femme et son enfant acquièrent la *civitas* et, par un effet rétroactif, le père acquiert la puissance paternelle sur l'enfant (ULPIEN, *Reg.* III, 3 — GAÏUS, I, 29 à 32).

4° L'*erroris causæ probatio,* dont Ulpien (*Reg.* VII, 4) nous parle en ces termes : « In potestate parentum sunt « etiam hi liberi, quorum causa probata est per errorem « contracto matrimonio inter disparis conditionis personas », ne s'appliquait pas seulement aux Latins, elle pouvait aussi faire arriver à la cité romaine des pérégrins. Un mariage se trouve nul parceque, à l'insu des parties ou de l'une d'elles, il n'y avait pas *connubium* ; un enfant est né de cette union ; l'homme ou la femme peuvent justifier de la cause de cette erreur et l'effet de cette justification est de rendre citoyens romains ceux qui étaient latins ou pérégrins.

5° La cité romaine est acquise à l'affranchi latin qui a servi un certain temps parmi les *vigiles Romæ* ; ce mode établi par une loi Visellia exigeait six ans de services ; il fut ensuite réduit à trois ans par un sénatusconsulte (ULPIEN, *Reg.* III, 5).

6° Un sénatusconsulte qui ne nous est pas autrement connu décidait qu'une femme latine, qui aurait trois enfants *vulgo sorcepti,* aurait droit à la cité romaine. Le *triplex enixus* (ULPIEN, *Reg.* III, 1 *in fine*) remplace pour les femmes la *causæ probatio* qui ne peut servir qu'à un latin et non à une latine.

7° En vertu d'un édit de l'empereur Claude, le droit de cité est acquis au latin qui a construit un navire contenant au moins dix milles mesures et qui pendant six ans a transporté du blé à Rome (ULPIEN, *Reg.* III, 1 et 6).

8° Ulpien indique aussi (*Reg.* III, 1) que le droit de cité s'acquière pour le latin *ædificio et pistrino,* c'est à dire lorsqu'il bâtit une maison on établit une boulangerie. Les paragraphes 33 et 34 du commentaire I de Gaïus, qui s'occupent du même sujet, s'expriment ainsi : « Item Neronis

« edicto cavetur, ut si Latinus de perficiendo ædificio Romæ
« non minùs quam partes duas tertias patrimonii sui impen-
« derit, jus Quiritium consequatur. Qui autem Romæ pistri-
« num institueret, quod diurnos non minùs quam singulos
« frumenti modios pinseret, ad jus Quiritium perveniret
(*Novum Enchiridion* de GIRAUD). »

Dans tous ces cas, à l'exception de la *causæ probatio* et
de l'*erroris causæ probatio*, le latin qui acquérait la cité
romaine l'acquérait seul ; ses enfants restaient latins. Gaïus
nous en donne la raison (ɪ, 93 et 94) ; on le faisait pour
sauvegarder l'intérêt des enfants, qui pouvaient avoir un
domaine propre qui aurait été perdu pour eux s'ils passaient
sous la *patria potestas* du droit romain ; c'était si bien là le
motif de la restriction imposée que l'enfant pouvait être mis
sous la *patria potestas*, s'il y avait pour lui intérêt à cela.
C'est ce qu'exprime Gaïus (ɪ, 93) en disant : « Quod ita
« demum is facit, si causa cognita æstimaverit hoc filiis
« expedire. »

9° Arrivons maintenant à l'exercice par le latin d'une
magistrature dans la cité dont il fait partie, il devenait dans
ce cas citoyen romain ; ce privilège est mentionné par Gaïus
(ɪ, 96). On a beaucoup discuté la question de savoir si dans
ce cas le droit de cité était acquis aussi à la femme et aux
enfants du latin ; la découverte de la loi de Salpenza apporta
un nouveau texte qui permit de compléter le texte de Gaïus
fort incomplet. Le chapitre 21 de cette loi dispose que le
Latin qui aura géré une magistrature acquerra le droit de
cité ainsi que sa femme, ses enfants et ses ascendants. Cette
extension du droit de cité à la femme, aux enfants et aux
ascendants des magistrats est-elle une disposition exceptionnelle ou formait-elle le droit commun ! Cette question a
été fort vivement discutée. Pour expliquer le chapitre xxɪ
de la loi de Salpenza, Mommsen (1) a voulu voir dans le

(1) Mommsen, *Les droits mun. de Salp.*, etc, p. 405, n° 40.

paragraphe 96 de Gaïus l'indication d'une double espèce de *jus Latii*, dont l'un aurait été *majus* et l'autre *minus* et il proposait pour ce paragraphe la restitution suivante : « Quod « jus quibusdam peregrinis civitatibus concessum est, tri- « buto jure majoris latini. Eo enim differunt Latium majus « et minus, quod majus Latium. est cum non solum qui « magistratum gerunt, sed conjuges et parentes et liber; « etiam eorum qui magistratum gerunt, civitatem romanam « consequuntur ; minus Latium est cum hi tantum, qui vel « magistratum vel honorem gerunt, ad civitatem romanam « perveniunt. » D'après lui Salpenza jouissait du *majus Latium*. Mais plus récemment Studemond (2) a proposé une autre restitution du même texte, qui confirme l'existence d'un Latium *majus* et d'un Latium *minus*, mais avec d'autres effets ; voici cette restitution : « Aut majus est Latium « aut minus ; majus est Latium cum et hi, qui decuriones « leguntur, et eii qui honorem aliquem aut magistratum « gerunt civitatem romanam consequuntur ; minus Latium « cum hi tantum qui magistratum gerunt ad civitatem « romanam perveniunt. » L'extension du droit de cité ne doit pas avoir lieu par conséquent en faveur des femmes, enfants et ascendants, ainsi que l'indiquait Gaïus dans les paragraphes 93 et 94 que nous avons déjà cités ; la disposition de la loi de Salpensa est exceptionnelle et il faut en chercher ailleurs l'explication, ce n'est pas le *majus* ou *minus* Latium qui nous la donne.

Cette explication se trouve dans la condition privilégiée des Latins d'Espagne qui se rapprochait de celle des villes latines avant la soumission du Latium ; les Latins de Salpenza jouissaient du *connubium* comme en avaient jouis les membres de l'ancienne confédération latine. Nous allons justifier cette assertion et pour cela nous indiquerons quelles

(2) Studemond, *Du profit à tirer pour les antiquités du Nouvel examen de Gaïus* (Mém. du congrès des phil. à Wuerburg, p. 190-131.)

étaient les différentes sortes de latinité et quels droits elles conféraient.

Le *jus Latii* comprend les *Latini veteres*, les *Latini coloniarii* et les *Latini juniani*.

Les *Latini veteres* sont les peuples de l'ancien Latium réunis en une association puissante dans laquelle Rome entra en l'an 200, après la bataille du lac Régille (TITE-LIVE, II, 33), et que plus tard en l'année 416 elle détruisit. A cette époque plusieurs cités latines obtinrent le *jus civitatis*; les autres continuèrent à former le *nomen latinum*. Nous avons dit que les latins avaient le *commercium* avec les Romains et que si Ulpien ne parlait pas des *Latini veteres* c'est qu'à son époque ils n'existaient plus; on peut encore citer dans ce sens le passage de Tite-Live (XLI, 8), où il est dit que les Latins « liberos suos Romanis mancipio dabant. » Quant au *connubium* il est certain que le *jus Latii*, tel que nous le font connaître Gaïus et Ulpien, ne le contenait pas; mais il en était autrement à l'époque de la confédération latine, il est facile d'en donner plusieurs preuves. La sœur d'Horace était fiancée à un Albain (TITE-LIVE, I, 26); Tite-Live rapporte (I, 49) que Tarquin le superbe « Octavio Manilio Tusculano « (is longe princeps latini nominis erat) filiam nuptam dat»; mais le texte le plus concluant est celui où Tite-Live nous dit (VIII, 14) en parlant des conditions faites aux villes latines par les Romains en l'année 416 : « Ceteris latinis populis « connubia commerciaque ademerunt » . On peut donc en conclure que jusqu'en l'an 416, c'est à dire jusqu'à la dissolution de la confédération latine, les Latins participaient au *connubium* avec les Romains.

La condition des *Latini coloniarii* est en général la même que celle des *Latini veteres*; les mêmes modes d'acquérir les droits de cité s'appliquent aux uns comme aux autres, ils n'avaient pas le *connubium*, mais cela s'explique facilement puisque les premières colonies latines ne furent fondées qu'après l'an 416, alors que le *connubium* était retiré aux *Latini veteres*. Quant au *commercium* il n'est pas douteux qu'ils n'en aient toujours joui.

Quant aux *Latini juniani* ce sont des affranchis dont la condition fut organisée par la loi Junia Norbana, rendue en l'an 671 de Rome, en dérogation du principe ancien d'après lequel il n'y avait à Rome que des affranchis citoyens. Les causes générales qui impriment à l'affranchi cette condition de Latin sont au nombre de trois (GAÏUS, I, 17) : 1° le maître a manifesté sa volonté d'affranchir mais sans recourir à l'une des formes solennelles ; au lieu de demeurer esclaves comme sous l'ancien droit ces personnes deviennent libres mais ont la qualité de Latins. (GAÏUS III, 56). 2° Si une personne avait un esclave *in bonis*, tandis qu'un autre avait sur lui le *nudum dominium ex jure Quiritium*, cet esclave ne pouvait être affranchi le *dominus ex jure Quiritium* n'ayant pas la puissance dominicale ne pouvait disposer de l'esclave, le propriétaire bonitaire ne le pouvait pas non plus n'ayant pas un droit complet ; la loi Junia Norbana permit au propriétaire bonitaire de donner la liberté, mais l'affranchi n'était que latin (GAÏUS, I, 54, III 56). 3° La troisième cause fut établie par une loi *Ælia Sentia*, qui décide que l'esclave affranchi avant l'âge de trente ans serait Latin, à moins que l'affranchissement n'eut été fait par la vindicte, en vertu d'une juste cause examinée et approuvée par un conseil (GAÏUS, I, 8). Les *Latini juniani* jouissaient de la même condition que les *Latini coloniarii* ; comme eux ils jouissent des modes d'acquérir le droit de cité que nous avons indiqués ; comme eux aussi ils n'ont pas le *connubium*. Ils jouissent du *jus commercii*, mais une restriction fut apportée par la loi Junia Norbana à leur droit de jouer un rôle dans un testament et à leur aptitude à la tutelle ; ils pouvaient jouer les rôles de *libripens*, de *familiæ emptor* ou de témoins dans le testament d'autrui, être institués héritiers ou légataires, mais ils n'avaient pas le *jus capiendi directo*, c'est à dire qu'à moins d'être devenus romains du vivant du testateur ou dans les cent jours de son décès ils ne pouvaient recueillir la succession ou le legs (ULP., *Reg.* XX, 8 ; XVII, 1; XXII,3) ; ils ne pouvaient être nommés tuteurs testamentaires (ULP. *Reg.* XI, 16). Enfin la loi Junia Norbana leur refusait le droit de tester (ULP. *Reg.* XX, 14).

Nous avons dit avant de passer en revue les différentes sortes de Latins que ce qui expliquait la disposition exceptionnelle, inscrite dans le chapitre XXI de la loi de Salpenza et par laquelle les habitants ayant géré une magistrature acquéraient le droit de cité avec toute leur famille, était l'existence du *connubium*. Pour expliquer comment ce droit leur avait été accordé, il suffit de se reporter au dire de Pline (Natur. Hist. III, 4) qui nous apprend que Vespasien concéda à tous les habitants de l'Espagne le *Latium vetus*. Cette expression de *Latium vetus* signifie sans doute que l'on accorda aux habitants de l'Espagne la même situation qu'aux anciens latins, que nous avons montrés jouissant du *connubium* antérieurement à la guerre de 416 ; et il ne peut en être autrement attendu que Pline n'emploierait pas cette expression s'ils n'avaient obtenu quelque chose de plus que le *jus Latii* ordinaire, qu'il ne pouvait être question à cette époque de droits politiques et qu'au point de vue du droit privé la situation supérieure des anciens Latins consistait précisément dans la jouissance du *connubium*.

COLONIES. — L'habitude de fonder des colonies se trouve chez la plupart des peuples de l'antiquité et elle existait très anciennement chez les différent peuples italiques ; Rome elle même était une colonie d'Albe la Longue. Lorsque les Romains avaient soumis un peuple et l'avaient dépouillé en tout ou en partie de son terriroire, ils assuraient leur domination en y transplantant un certain nombre de citoyens entre lesquels ils partageaient les terres conquises ; ces citoyens établis à demeure fixe formaient une garnison en même temps qu'une population agricole.

Jusqu'à l'époque des Gracques les colonies eurent un but principalement militaire ; à partir de ce moment elles changèrent de caractère et furent fondées dans un but purement social. Avec les guerres civiles nous voyons reparaître les colonies militaires ; les empereurs en établirent aussi beaucoup.

Jusqu'à l'époque de Sylla la fondation des colonies était décrétée par un sénatusconsulte qui lui-même était confirmé par une loi. Les membres de la colonie étaient des Romains de bonne volonté, des Latins à qui l'on n'accordait pas pour cela le droit de cité ; enfin si le nombre ne suffisait pas, s'il ne se présentait pas d'hommes de bonne volonté, le consul tirait au sort parmi les citoyens les plus aptes au service militaire. La loi qui confirmait le sénatusconsulte établissant la colonie fixait le nombre de jugera de terre assignés à chaque colon et nommait une commission chargée de l'organisation de la colonie. Cette commission, composée de trois membres élus par les *comitia tributa* et investis de l'*imperium* pour un certain temps par une loi curiate, conduit les colons au lieu assigné, forme les lots et les divise entre les colons ou moyen d'un tirage au sort.

Depuis l'époque de Sylla et sous l'empire les colonies furent fondées par un décret de l'*imperator*, agissant en vertu de son *imperium militare*, et installées par des *legati* de celui-ci. Les colonies avaient un Sénat et des magistrats dont les attributions étaient analogues à celles des magistrats de la métropole : Aulu-Gelle nous dit (*Nuits att.* XVI, 13) : « Coloniæ quasi effigies parvæ simulacraque. »

On a beaucoup discuté la question de savoir si les habitants des colonies *civium romanorum* conservaient le droit complet de cité et le droit de venir voter à Rome. Les auteurs

qui tiennent pour la négative disent qu'il était naturel que
Rome, qui envoyait dans ses colonies la partie la plus
infime de la plèbe, leur retirât le droit de vote ; à cela nous
pouvons répondre que les Romains étaient trop jaloux de
leurs droits politiques et que, si un effet aussi important que
la perte du droit de suffrage avait dû résulter de l'*adscriptio
in coloniam,* on ne manquerait pas de le trouver mentionné
chez les auteurs anciens. Ils ajoutent que l'exercice par les
colons du droit de suffrage eût été incompatible avec le double rôle qu'ils avaient à remplir comme soldats et comme
cultivateurs et qui exigeait leur présence continuelle ; nous
répondons à cela que toutes les colonies n'étaient pas des
stations militaires et que l'intérêt même des colons les aurait
empêchés de quitter trop souvent leurs champs pour aller
voter à Rome. Enfin ils objectent un texte où Cicéron (*De
lege agraria,* ii, chap., xxvii) énumère les avantages que
perd l'habitant de Rome lorsqu'il va habiter les colonies et
parmi eux le suffrage ; il est facile de détruire cet argument,
il suffit de remarquer que Cicéron parle non pas du droit de
suffrage, mais du suffrage, *suffragium,* et qu'il le cite parmi
les avantages que donne le séjour de la ville comme la
jouissance du forum.

M. Chambellan (1) a proposé un autre système : les colons
Romains avaient le droit de suffrage mais ils en perdaient
l'exercice en cessant d'habiter Rome ; cela résulte d'après
lui de ce fait que les Latins *in civitatem romanam per mi-
grationem et censum transibant* (2), pour pouvoir user du
bénéfice de la loi qui leur permettait de donner leurs suffrages
à Rome. Cet argument repose sur une confusion, car il
s'agissait ici pour les Latins, en accomplissant cette double
condition non pas d'obtenir l'exercice d'un droit qui leur
appartenait, mais bien d'acquérir le droit de cité. On peut
ajouter que les habitants des municipes n'avaient pas non

(1) *Etudes sur l'hist. du dr. franç.,* n° 144, p. 425. (2) Tite-Live, xli, 8

plus résidence à Rome et personne n'a jamais songé à nier qu'ils aient eu le droit de venir voter à Rome.

Nous pensons que les colons conservaient le droit complet de cité et qu'ils pouvaient venir voter à Rome : Appien (*Bell. civ.*, I, 10) raconte que lorsque Tiberius Gracchus proposa une de ses lois agraires, chacun des deux partis, craignant de ne pas avoir la majorité, fit venir un grand nombre de citoyens des colonies. Les anciens habitants des villes, dans lesquelles venaient s'établir des colons, n'avaient aucune part à l'administration de la colonie.

Dès que Rome fut entrée dans l'association latine, des colonies d'une nouvelle espèce sortirent de cette association et après qu'elle fut dissoute Rome continua d'établir des colonies latines. Des citoyens romains pouvaient entrer dans une colonie latine, mais ils renonçaient par là au même droit de cité (CICÉRON, *pro Cæcina*, 33. — GAÏUS I, 131; III, 56). Les colonies latines étaient considérées comme de petits états indépendants faisant partie du *nomen latinum* et alliés de Rome ; elles se gouvernaient elles-mêmes, avaient leurs magistrats et leur sénat, leur cens et leurs censeurs. Il fut décidé en 550 que, douze d'entre elles ayant abandonné les Romains pendant la guerre, leurs registres seraient apportés à Rome et soumis aux censeurs romains (TITE-LIVE, XXIX, 15 et 37).

Nous avons indiqué précédemment en parlant du *jus Latii* quelle était la condition juridique des *Latini coloniarii*.

La principale différence entre les colonies et les municipes était que pour les premières il ne pouvait y avoir de lois propres, elles ne se servaient que des lois romaines et que les autres au contraire gardaient la jouissance de leurs lois particulières. Plus tard cette différence disparut lorsque les villes prirent l'habitude d'adopter les lois romaines et surtout après que Rome eût fait de l'adoption du droit romain la condition de la jouissance de la *civitas cum suffragio*.

Préfectures. — On appelait préfectures des villes qui avaient perdu le droit de s'administrer elles-mêmes et dans lesquelles un ou deux magistrats municipaux étaient remplacés par un ou plusieurs fonctionnaires envoyés de Rome et nommés préfets. Il y a trois sortes de prefectures :

La première classe comprend les villes qui, tout en gardant une organisation municipale indépendante, demandent à Rome un préfet pour mettre un terme aux dissensions intestines qui les déchirent. C'est ce qui arriva pour Capone, qui en l'an 436 de Rome se fit envoyer un préfet (Tite-Live, ix; 20).

La deuxième classe renferme les villes que Rome prive par punition de leur organisation municipale. Nous pouvons encore ici citer la ville de Capone qui en 543, par suite de trahison dans la deuxième guerre punique, se vit retirer toute indépendance municipale ; il fut décidé que chaque année ou y enverrait un préfet *ad jura reddenda* (Tite-Live, xxvi, 16). Un assez grand nombre d'autres villes sont indiquées comme ayant été punies de la même manière.

Enfin à la troisième classe appartiennent les villes récemment incorporées dans lesquelles Rome envoyait un préfet pour y rendre la justice ; c'est la classe la plus nombreuse des préfectures. Ces villes avaient leurs assemblées et leurs lois municipales ; elles avaient même des magistrats choisis parmi les habitants de la cité et élus par les comices locaux ; elles ne perdaient donc en aucune façon leur indépendance municipale, seulement elles ne pouvaient pas nommer de duumvirs. Cela ressort clairement de la loi Julia municipalis (chap. vi) et d'un texte de Festus *(præfectura)* où il dit *neque magistratus habebant*. M. de Savigny a montré *(Hist. du dr. rom. i, p. 56)* que ce mot *magistratus* était ici synonyme de duumvirs. Le préfet n'avait donc que l'administration de la justice et n'avait pas à se mêler des affaires intérieures de la ville.

A l'origine ces préfectures étaient des municipes *sine suffragio* ; Rome après la soumission des villes à qui elle laissait leur organisation municipale leur envoyait un magistrat pour les surveiller. La plupart des préfectures de cette troisième classe devinrent soit des municipes *cum suffragio* soit des colonies militaires ; Festus en parle comme d'une chose tombée en désuétude. Elles rentrent donc parmi les municipes. Quant aux préfectures des deux premières catégories elles ne furent jamais qu'une exception peu nombreuse. La transformation des préfectures de la troisième classe en municipes avait dû avoir lieu avant la fin de la guerre sociale.

PROVINCES. — Les provinces sont des territoires **extra** italiques soumis par la guerre au peuple romain et **devant** payer un tribut ; ces territoires ont une organisation administrative à la tête de laquelle se trouvent des magistrats romains.

L'acte qui précédait la *redactio in provinciam* était la *deditio* du peuple vaincu ; Tite-Live (I, 38) nous en donne la formule qui contenait un abandon absolu de tout ce qui appartenait aux vaincus. Quelquefois les Romains usaient complétement des droits qu'ils avaient obtenu sur les peuples déditices, les villes étaient détruites et les populations vendues comme esclaves. Si les déditices restaient en liberté leur condition était la pire de toutes, ils n'avaient d'égaux que les esclaves ayant subi un châtiment infamant et devenus libres ; les déditices ne pouvaient devenir citoyens romains. Souvent au contraire Rome laissait aux déditices leur ville et continuait à les regarder comme un peuple ; les propriétés particulières restaient en possession des anciens propriétaires. Mais Rome conservait toujours le *dominium* ; ce qui restait aux particuliers était une sorte de possession (GAïUS, II, 7) qui procurait les mêmes avantages que la propriété, mais qui n'ayant pas le caractère absolu du *dominium ex jure Quiritium* ne pouvait être acquis ni transféré par les modes du droit civil. Le droit prétorien vint donner plus d'efficacité à cette possession en accordant des actions utiles correspondant aux actions réelles du droit romain. Le but des Romains, en établissant cette fiction d'après laquelle le sol provincial appartenait de droit à l'Etat, était dé pouvoir imposer aux immeubles situés dans les provinces une contribution foncière ; car ils voyaient dans l'impôt non pas un salaire légitime des services rendus par l'Etat mais la conséquence d'un droit supérieur. L'impôt foncier était donc à leurs yeux un prélèvement fait par le propriétaire sur un bien dont il a abandonné la jouissance. C'est aussi pour cela que ni l'*ager romanus* ni le sol italique n'étaient soumis à l'impôt foncier ; les particuliers ayant sur eux le véritable droit de propriété, le *dominium ex jure Quiritium*, c'eût été une spoliation.

Les villes des territoires dont nous venons de parler étaient dites *civitates stipendiariæ deditiæ* ; bien que soumises à l'*imperium* du magistrat romain placé à la tête de la province elles gardent une certaine administration communale.

Il y a aussi dans les provinces des *civitates fœderatæ* et des *civitates liberæ* : les *civitates fœderatæ* sont des villes qui, alliées à Rome par un traité, ne se régissent que par leurs lois nationales et ne sont gouvernées que par leurs propres magistrats ; n'ayant point fait *deditio* leur sol est resté leur propriété et ne doit point d'impôt foncier, mais généralement ces villes sont obligées par leur traité à fournir à Rome des secours d'hommes et d'argent. Les *civitates liberæ* ont aussi une administration municipale absolument libre, mais leur autonomie ne provient plus d'un traité comme pour les villes précédentes, mais bien d'une loi ou d'un sénatusconsulte ; elles sont soumises à l'impôt, leur liberté n'étant qu'une liberté de fait accordée par le peuple romain.

On trouve en outre dans les provinces un grand nombre de colonies et de municipes ; nous en avons parlé des premières, nous nous occuperons des autres tout à l'heure. La seule chose à dire ici est que les colonies et municipes de province étaient dans une condition inférieure aux colonies et municipes situés en Italie : le sol des colonies et municipes de province, étant *ager provincialis*, n'était pas susceptible de *dominium ex jure Quiritium* et était soumis à l'impôt foncier. Ceci va nous amener à dire un mot du *jus italicum*.

Le *jus italicum* est une prérogative accordée à des villes ou à des territoires et qui procure aux habitants, considérés comme tels, certains avantages. L'institution du *jus italicum*, mentionnée pour la première fois par Pline (*Hist. nat.*, iv, 9), existait certainement sous les premiers empereurs ; on croit que son origine se trouve dans les lois qui après la guerre sociale ont unifié l'Italie en la distinguant des provinces.

On pense généralement que le *jus italicum* n'a été concédé qu'à un petit nombre de villes et qu'il ne pouvait être accordé qu'aux colonies et aux municipes.

En quoi consistait le privilège résultant du *jus italicum !* D'abord les immeubles compris dans le territoire de la ville, qui l'avait obtenu, étaient par là même susceptibles du *dominium ex jure Quiritium* et par conséquent des modes civils d'acquisition (*mancipatio, usucapio*). En second lieu, le *jus italicum* a une grande importance au point de vue du cens et de l'impôt ; les habitants de chaque ville d'Italie sont recensés par leur magistrat d'après la formule suivie à Rome et la liste ainsi dressée est envoyée à Rome aux censeurs, il en était de même pour les habitants des villes ayant obtenu le *jus italicum* ; cela ressort de ce que les fragments des jurisconsultes relatifs au *jus italicum* et conservés par Justinien se trouvent au Digeste au titre *De censibus* (L, XV). Quant à l'impôt foncier, n'existant pas sur les terres susceptibles de propriété quiritaire, les territoires investis du *jus italicum* n'y étaient pas soumis. En troisième lieu, le *jus italicum* procurait certains avantages personnels aux habitants des villes qui en jouissaient : ainsi en vertu des lois Junia et Papia Poppæa on est exempté de certaines charges, notamment de la tutelle et de la curatelle, *propter liberos*, c'est à dire lorsque l'on a un certain nombre d'enfants ; à Rome il suffit d'en avoir trois, en Italie il en faut quatre et cinq dans les provinces (Institut. *De excusatione tut. vel curat.* I, 25) ; mais le citoyen d'une ville qui a reçu le *jus italicum* n'aura pas besoin d'avoir cinq enfants, il lui suffira d'en avoir quatre, c'est ce qui explique pourquoi la loi 7 du titre *De Censibus*, tirée du commentaire de Gaïus sur les lois Julia et Papia Poppæa, nous fait connaître un certain nombre de villes ayant reçu le *jus italicum* ; ainsi encore en Italie la loi Furia *de sponsu* établit que les *sponsores* et *fidepromissores* ont le double avantage d'être libérés de leur engagement *biennio*, c'est à dire par le seul délai de deux ans et de n'être tenus envers le créancier que *pro partibus virilibus* ; dans les provinces au contraire la loi Furia n'a pas d'effet et les *sponsores* et *fidepromissores* sont tenus *in perpetuum* et *in solidum* (GAÏUS, III, 121 et 122) ; mais les habitants des villes ayant le *jus italicum* jouissent du privilège établi par la loi Furia.

On a cru longtemps sur la foi de Sigonius que le *jus italicum* constituait une condition intermédiaire entre celle des Latins et celle des pérégrins ; cette opinion a été réfutée par M. de Savigny (VERMISCHTE SCHRIFTEN, t. 1, p. 29-80), qui attribue au *jusitalicum* les effets que nous venons de mentionner, mais qui en ajoute un quatrième, la jouissance d'une organisation municipale indépendante. La preuve résulterait, suivant lui, de ce que'sur des pièces de monnaie de douze villes se trouve la figure de Silène, figure qui est la marque de l'indépendance municipale. Mais ce n'est pas là un argument sérieux ; en effet, d'une part, sur les douze villes dont il s'agit il y en a sept pour lesquelles il n'est pas certain qu'elles eussent le *jus italicum* et, d'autre part, beaucoup de villes qui avaient incontestablement le *jus italicum* ont des monnaies qui ne portent pas la figure de Silène. Il n'y a donc aucun rapport entre le *jus italicum* et la liberté municipale, qui peuventexister l'un sans l'autre (1). Il en est de même du *jus civitatis,* il ne peut aux yeux de personne se confondre avec le *jus italicum* qui, même après la constitution de Caracalla déclarant citoyens tous les sujets de l'empire, assurait à certaines villes une condition privilégiée.

Municipes. — Tous les auteurs anciens font dériver *municeps* de *munus* ; ce mot avait trois significations qui nous sont indiquées par le jurisconsulte Paul (Loi 18, Dig. *de Verb. signif.* L, XVI): « Munus tribus modis dicitur : uno « donum, et inde munera dici, dari, mittive : altero onus, « quod cum remittatur, vacationem militiæ numerisque « præstat ; inde immunitatem appellari. Tertio officium : « unde munera militaria, et quosdam milites munificos « vocari. » A chacun de ces trois sens de *munus* se rattache une application de *municipium* et une espèce de *municipes.*

La première classe comprenait les peuples qui avaient conclu avec Rome un traité d'*hospitium publicum,* c'est-à-dire un traité qui lui assurait la jouissance de tous les avantages que Rome procure à ses habitants, le droit d'user du Forum, des bains, du théâtre, c'est-à-dire les avantages constituant le *munus.* Les *municipes* de cette classe lorsqu'ils se trouvaient à Rome jouissaient donc de tous les privilèges des habitants de Rome, à l'exception du *jus*

(1) Charles Revillout, *Revue historique,* t. I, p. 341.

honorum et du *jus suffragii* ; mais par une juste réciprocité ils avaient à supporter leur part des charges envers l'Etat.

Telle était la condition de la ville de Cère ; Tite-Live indique qu'en vertu d'un sénatusconsulte (v. 50) un *hospitium publicum* fut conclu avec Cère. Soumis anx charges publiques, il fallait nécessairement que les Cérites qui se trouvaient à Rome fussent inscrits sur un registre particulier indiquant leur fortune, et c'était là l'origine des *tabulæ Cæritum* (1).

On peut remarquer que cette première classe de *municipes* est en général non pas la condition d'une cité, mais plutôt la condition de membres d'un peuple ou d'habitants d'une ville exerçant individuellement ou isolément des droi's concédés au peuple ou à la ville dont ils font partie. C'est à cette première catégorie de *municipes* que l'on peut appliquer deux passages de Festus. *Municipium :* « Initio fuisse « municipium id genus hominum dicitur, qui, cum Romam « venissent, neque cives romani essent, participes tamen « fuerunt omnium rerum ad munus fungendum una cum « civibus Romanis, præterquam de suffragio ferendo aut « magistratu capiendo ; » et *municeps* : « Item qui ex aliis « civitatibus Romam venissent quibus non licebat magis- « tratum capere sed tantum muneris partem. »

Les municipes de la seconde classe sont ainsi définis par Festus : « Alio modo *(municipium dicitur)* cum id genus « hominum definitur, quorum civitas universa in civitatem « Romanam venit. » Il ne s'agit donc plus ici d'individus considérés isolément, mais de villes entières qui obtenaient le droit de cité tout en gardant leurs lois et leur indépendance municipale ; les habitants de ces municipes jouissent de tous les droits et supportent toutes les charges des citoyens romains, sauf qu'ils n'ont pas les droits de suffrage

---

(1) DEMANGEAT, tome I, p. 165.

et d'honneur. Festus caractérise ainsi les droits de ces *municipes* : « At Servilius ait initio fuisse, qui ea condi-
« tione cives Romani fuissent ut semper rempublicam sepa-
« ratim a populo Romano haberint Cumanos videlicet......
« qui æque cives Romani erant, et in legione merebant sed
« dignitates non capiebant. » Les habitants de la ville de Cère devinrent un municipe de cette classe vers l'an 549 (1); cette condition était souvent accordée par Rome comme récompense, nous en trouvons dans Tite-Live divers exemples : ainsi (VI, 25 et 26) les *Tusculani* l'obtinrent en retour de la soumission montrée à Camille; les *Fundani* et les *Formiani* (VIII, 14) pour avoir laissé durant toute la guerre avec la confédération latine les armées romaines passer librement sur leur territoire.

Les *municipes* de la seconde classe prennent part aux droits et aux charges de tous les citoyens romains, en cela ils ressemblent à ceux de la première catégorie; mais leur condition diffère en ce que ces droits et ces charges leur viennent de leur qualité de citoyens et non pas d'un traité comme dans la première classe; en outre il s'agit ici, comme nous l'avons déjà dit, non plus d'individus isolés, mais de cités entières auxquelles on donne le nom de *municipia*.

Les habitants de ces *municipia*, qui n'ont ni le droit de suffrage ni celui d'arriver aux honneurs, sont citoyens romains et gardent une administration indépendante et leurs lois particulières (2).

La troisième classe de municipes comprend ceux qui avaient obtenu le droit de cité complet ; leurs habitants entrent dans la plèbe rustique romaine et en conséquence sont inscrits dans les tribus. Mais ces villes devaient adopter les lois romaines, c'est-à-dire devenir *populus fundus* ; c'était la condition indispensable pour acquérir la *civitas*

(1) Demangeat, I, p. 165.
(2) ibid. p. 166.

cum suffragio. Cicéron nous l'apprend *(pro Balbo, c. 8)* : « Ipsa denique Julia, qua lege civitas est sociis et Latinis « data, fundi populi facti non essent, civitatem non habe- « rent. In quo magna contentio Heracliensium et Napolita- « norum fuit, cum magna pars in iis civitatibus fœderis sui « libertatem civitati anteferrent. » Il ressort encore de ce texte que jamais la condition de *populus fundus* n'était imposée : la ville pouvait rester municipe de la deuxième catégorie et garder ses lois propres, ou au contraire elle adoptait les lois romaines et alors elle acquérait l'entière jouissance de tous les droits politiques. Festus donne des *municipes* de la troisième classe la définition suivante : « Tertio, cum id genus hominum definitur, qui ad civitatem « Romanam ita venerunt uti municipia essent sua cujusque « civitatis ut coloniæ. » Pour comprendre sa définition nous devons faire remarquer que par suite du double lien qui rattache les *municipes* à leur ville d'origine en même temps qu'à Rome, leur nom de *municipes* prend la signification de bourgeois ; puis que, les colonies romaines étant dans les mêmes conditions que les municipes, on finit par appeler leurs habitants *municipes coloniæ*. Les *municipes* de la troisième classe, tels qu'ils sont définis par Festus sont donc des citoyens romains, non domiciliés à Rome et bourgeois d'une autre ville ; c'est le dernier sens de *municeps*, celui qui finit par absorber tous les autres.

L'extension du droit de cité ne fut pas extrêmement rapide ; la nécessité pour les peuples, qui voulaient arriver au droit de cité complet, d'abandonner leurs lois fut longtemps un obstacle ; plus tard ce fut Rome qui l'accorda moins facilement. Attirant tout ce que les villes italiennes renfermaient d'hommes riches et influents par le droit de cité accordé à tous ceux qui exerçaient une magistrature dans les villes alliées, le patriciat romain se souciait peu de voir augmenter encore la plèbe. Ce fut l'origine de guerres terribles, après lesquelles les peuples alliés quoique vaincus parvinrent presque tous à leur but Après la ruine de la confédération latine, les villes du Latium furent dotées des droits que nous avons indiqués en traitant du *jus Latii*, mais quelques unes d'entre elles reçurent le droit de cité sans suffrage comme récompense ; d'autres que Rome craignait reçurent le droit de cité complet, tels furent les Lanuvini, les Nomentani, les Arcini, les Pedani (TITE-LIVE, VIII, 14). Après la seconde guerre punique quelques villes obtinrent en récompense de leur fidélité le droit de cité complet, puis pendant bien longtemps il n'y eut plus d'admissions nouvelles. Les habitants de l'Italie qui n'avaient pu obtenir le droit de cité que les lois de Livius Drusus proposaient de leur accorder se soulevèrent ; ce fut ce que l'on appela la guerre sociale. Rome fit alors des concessions et par une loi (90 ans av. J. C.) accorda le droit de cité à tout le Latium et à une partie de l'Etrurie (CICÉRON, *pro Balbo*, c. 8). En 89 après la fin de la guerre un plébiscite accorda aux Italiens et aux étrangers domiciliés en Italie le droit de cité complet à condition de faire, dans les soixante jours, devant le préteur la déclaration qu'ils voulaient être Romains ; tel était le cas du poëte Archias d'Antioche, inscrit sur les registres de la cité d'Héraclée (CICÉRON, *pro Archia*, 4). Ces lois ne furent pas rendues sans une vive opposition de la part de la noblesse romaine ; Cicéron nous apprend *(pro Archia*, 5) que les censeurs de l'année 89, Julius et Crassus, refusèrent de dresser les listes du cens, Un peu plus tard (49 ans av. J. C.) le droit de cité fut aussi accordé dans toute sa plénitude aux Gaulois cispadans et transpadans. Il n'y eut plus alors dans toute l'Italie que des *municipia civium romanorum* ; que des villes par conséquent soumises au droit romain et dont les citoyens votaient, nommaient les magistrats, aspiraient aux honneurs et concouraient à toutes les affaires publiques.

Nous avons déjà dit que les habitants des municipes se

confondaient avec la plèbe rustique ; nous allons montrer
rapidement quel fût le rôle et la condition de la plèbe rustique
et par conséquent des habitants des municipes. Le *populus
romanus Quiritium* se composait primitivement des patres,
auxquels s'adjoignirent bientôt les chevaliers *equo publico*
et la plèbe urbaine formée d'affranchis et de gens exerçant
des métiers sédentaires. La plèbe rustique se composait des
villes voisines, que la politique royale avait incorporés dans
la cité et à qui des terres avaient été concédées en dehors de
l'enceinte primitive de la ville ; la plèbe rustique ne faisait
partie ni des tribus ni des curies urbaines, elle était répartie
dans les vingt-six *pagi* de la campagne et jouissait du droit
de cité, mais sans les droits de suffrage et d'honneurs. Après
l'année 509 (av. J. C.), les pagi furent groupés en seize tribus
rustiques et ces tribus réunies au peuple des curies formèrent l'assemblée curiate; mais l'organisation de ces comices,
qui rendait illusoire la concession faite à la plèbe rustique,
amena une scission terminée par un traité établissant le tribunat. Par suite de conquêtes incessantes et de la création
de nouveaux municipes, la plèbe rustique devint de plus en
plus nombreuse et en 240 (av. J.C.) elle formait trente et une
tribus sur trente-cinq. Admise au partage de toutes les
magistratures, la plèbe rustique obtint aussi vers cette
époque la prépondérance dans les comices grâce aux modifications apportées aux assemblées centuriates : la centurie
devint une division de la tribu, chaque tribu fut divisée en
cinq classes et chaque classe contint deux centuries, l'une
de *seniores*, l'autre de *juniores*. Depuis le siège de Veïes
tous les citoyens de la première classe composaient la che-
valerie *equo privato* et par conséquent tous les habitants
des municipes qui possédaient cent mille as d'une livre ou
après la première punique quatre cent mille sesterces,
étaient chevaliers romains et formaient la presque totalité
de ceux-ci. Caton et Cicéron faisaient partie de cette cheva-

lerie, qui avait à lutter pour parvenir aux magistratures non seulement contre les patriciens, mais aussi contre les vieilles famille plébéiennes parvenues aux honneurs depuis les lois de Licinius Stolon (386 av. J. Ch.). On trouve dans Cicéron (*pro Sylla*, 6, 7 et 8. — *pro Planc.*, 6 et 9) de nombreuses traces des préjugés qui existaient au sujet des habitants des municipes et des difficultés qu'avaient ceux-ci pour arriver aux honneurs, mais ce n'étaient que des préjugés et au point de vue de la capacité et de la condition juridique il n'y avait aucune différence entre les habitants des municipes et les anciens citoyens romains.

Mais, comme nous l'avons déjà vu, en même temps qu'ils étaient citoyens romains, les habitants des municipes étaient bourgeois de leur ville ; c'est ce que dit Cicéron (*De legibus* ii, ch. 1 et 2) : « Ego, me hercule, et illi (Catoni) et omnibus « municipibus duas esse censeo patrias, unam naturæ, « alteram civitatis. »

Chaque municipe conserva la plus grande liberté dans l'administration de ses affaires intérieures, il eut son sénat, ses magistrats, ses comices, mais les lois qu'il votait ne concernaient plus que son administration particulière ; le pouvoir politique était concentré à Rome et c'était là que les Italiens venaient exercer leur droit de suffrage et se mêler aux grandes luttes politiques ; on le voit du reste par de nombreux passages de Cicéron (*pro Muræna*, 28. — *In Verr.*, act. I, 18).

Si l'on admet, comme nous l'avons démontré, que les habitants des colonies romaines gardaient leur droit de suffrage, il n'y a plus à la fin de la République aucune différence entre les colonies et les municipes ; les unes et les autres jouissaient d'une même indépendance. Les quelques préfectures qui restaient avaient aussi reçu le droit de suffrage et d'honneurs et sauf qu'elles ne pouvaient nommer leur magistrat supérieure chargé de la juridiction, les habitants avaient les mêmes droits politiques que ceux des municipes. C'est ce qui explique que dans le langage usuel le nom de municipes soit donné à toutes les villes italiennes, mais les actes législatifs, tels que la loi *Julia municipalis*, continuèrent à distinguer avec soin, les municipes, les colonies et les préfectures.

Nous montrerons bientôt comment de l'Italie les municipes se répandirent dans les provinces, mais auparavant nous allons parler d'une difficulté qui a surgi de l'examen des fragments des lois municipales qui régissaient deux municipes espagnols, Salpenza et Malaga. De quelques parties de ces lois, qui datent de 82 ou 83 après J.-C., il semblerait résulter qu'il y avait des municipes latins, du moins c'est ce qu'affirment un certain nombre d'auteurs ; quant à nous, nous adoptons l'opinion de ceux qui pensent que jamais une ville latine ne pouvait être un municipe et que par conséquent Salpenza et Malaga jouissaient de la cité romaine. Les partisans de l'opinion contraire à celle que nous allons développer disent que Malaga aurait été une cité fédérée, et Salpenza une ville stipendiaire, que l'une et l'autre, ayant reçu de Vespasien le droit de latinité comme toutes les villes espagnoles dont les habitants n'étaient pas encore citoyens, furent appelées municipes et que leurs habitants n'étaient pas citoyens romains ; ils citent à l'appui les chap. XXVIII et XXIX de la loi de Salpenza et le chap. LIV de la loi de Malaga.

Nous répondrons d'abord que tous les auteurs anciens sont unanimes à ne donner le nom de municipes qu'à des *oppida civium romanorum* : en effet en Italie tous les municipes furent des villes qui avaient reçu, en tout ou en partie, le droit de cité romaine, et tous les écrivains, qui nous ont donné des définitions des municipes, sont d'accord sur ce point que la jouissance de ce droit était le caractère principal des municipes. Tous d'ailleurs écrivaient à une époque

postérieure à la rédaction des tables de Salpenza et de
Malaga. En outre, l'on peut invoquer le témoignage de Pline
qui avait été procurator de l'Espagne et devait la connaître
parfaitement et qui nous dit *(His. natur.* III,III, 1) : « In
« Bœtica oppida omnia numero CLXXV. In iis coloniæ IX,
« municipia VIII, Latio antiquitus donata XXIX, libertate VI,
« fœdere III, stipiendiaria CXX. » Il distingue donc les municipes des villes *Latio antiquitus donata.* En parlant de
l'Espagne citérieure (*His. natur.* III, IV, 1) il nous dit
encore : « Provincia ipsa continet oppida CLXXIX. In iis colo-
« nias XII, oppida civium Romanorum XIII, Latinorum vete-
« rum XVIII, fœderatorum unum, stipendiaria CXXXV. » Ici il
ne parle plus de *municipia,* mais la place occupée dans la
phrase par les *oppida civium romanorum* entre les colonies
et les villes latines, prouve bien qu'il s'agit des municipes
comme dans la première énumération. Enfin, en parlant de
la Lusitanie, il s'exprime ainsi (*His. natur.* IV, XXXV, 4) :
« Tota populorum XLVI, in quibus coloniæ sunt quinque,
« municipium civium romanorum unum, Latii antiqui tria,
« stipendiaria XXXVI. » Ce dernier passage est tout à fait
concluant et l'autorité de Pline est d'autant plus importante
qu'il était presque contemporain des lois en question.

Passons maintenant à l'examen des textes qui nous sont
opposés ; s'il en résulte qu'à Salpenza et à Malaga il y avait
des latins, cela ne suffit pas pour qu'il y ait lieu de conclure
que tous les citoyens fussent latins et que la latinité était la
condition du municipe. Du reste il y avait dans les colonies
et les municipes des mélanges de populations de conditions
diverses, et il se pourrait très bien que Malaga et Salpenza,
quoique *municipia civium romanorum,* aient renfermé un
certain nombre de latins. Nous avons dit que le premier texte
opposé était le chap. XXVIII de la table de Salpenza qui traite
de la *servorum manumissio apud IIviros ;* on y lit : « Si
« quis municeps municipii Flavii Salpensani qui latinus erit,

« apud Hviros.... servum suum servamve suam.... manu-
« miserit..... liber esto, libera esto..... utique optimo jure
« latini libertini liberi sunt erunt. » Cela veut dire tout
simplement que le municipe de Salpenza contenait des
municipes latins et comme nous l'avons dit ce mot signifiant
simplement bourgeois peut s'appliquer aussi bien à un Latin
qu'à l'habitant même du municipe ; mais il ne ressort pas le
moins du monde de là que tous les *municipes* de Salpenza
fussent latins ; cette disposition revient tout simplement à
dire que personne ne peut conférer par affranchissement
une condition supérieure à la sienne. Quant au chap. XXIX
où le législateur s'occupe du cas où un latin est nommé
tuteur et où il est dit : « Qui tutor hac lege datus erit.... tam
« justus tutor esto, quam si is civis romanus et adgnatus
« proximus civis romanus tutor esset ; » nous y ferons la
même réponse qu'au texte précédent, il suffit de supposer
qu'il existait des Latins dans le municipe de Salpenza pour
que la loi muuicipale ait eu à s'ocuper des cas où ces latins
affranchiraient leurs esclaves ou deviendraient tuteurs.
Arrivons maintenant au chap. LIV de la loi de Malaga, qui
donne l'énumération des conditions d'aptitude nécessaires
pour être admis aux fonctions publiques, et où nous voyons
exclu celui « Qui in earum qua causa erit, propter quam si
« civis romanus esset, in numero decurionum conscripto-
« rumve esse non liceret. » Il ressort tout simplement de là
qu'à Malaga les Latins étaient admis aux magistratures, et
il n'y a rien là d'étonnant puisque l'élément latin devait être
représenté. En résumé, de ces trois textes nous pouvons
dire qu'il résulte qu'à Salpenza et à Malaga des populations
latines étaient adjointes aux citoyens romains, que les lois
de ces deux villes accordaient une part dans l'administration aux deux éléments, mais qu'il est impossible de
conclure qu'il existait des municipes latins, surtout lorsqu'aucun auteur ancien n'a rien dit sur la nature des
municipes qui puisse autoriser une semblable supposition.

Pour terminer cette discussion, nous allons encore donner
un dernier argument tiré du chap. XXII de la *lex Salpensana*,
qui est ainsi conçu : « Qui quæve ex hac lege ex ve edicto
« imperatoris Cæsaris Augusti Vespasiani, imperatorisve
« Titi Cæsaris Augusti, aut imperatoris Cæsaris Augusti
« Domitiani, patris patriæ civitatem romanam consecutus
« consecuta erit, is ea in ejus qui civis romanus hac
« lege factus erit: potestate manu mancipio cujus esse
« deberet, si civitate mutatus mutata non esset, esto. »
De ce texte il ressort qu'il y a eu une loi et deux édits
qui ont réglé la condition de ces villes ; de ces deux édits,
l'un est de Vespasien et de Titus, l'autre de Domitien, c'est-à-dire qu'ils doivent être placés le premier
entre 71 et 74, l'autre avant 85. Ces édits concernaient certainement la condition juridique des habitants de Salpenza,
car la loi est mentionnée partout dans les tables lorsqu'il
s'agit de la tenue des comices, de la nomination des magistrats et de tout ce qui concerne l'administration de la cité,
tandis que les deux édits ne sont mentionnés que dans les
deux passages où il s'agit de l'acquisition de la cité romaine.
Pline nous apprend (*Hist. nat.* III, IV, 15) que Vespasien
donna le droit de latinité à toute l'Espagne ; ne serait-ce pas
par un des édits dont il est parlé dans la loi de Salpenza !
Mais si déjà Vespasien donne le droit de latinité, que peut
ajouter Domitien, sinon la cité romaine. Cette concession de
la latinité ne pouvait dans tous les cas modifier la condition
de villes qui jouissaient de droits supérieurs à la latinité,
c'est-à-dire les villes fédérées, or Malaga était une ville
fédérée (PLINE, *Hist nat.* III, III, 2) et il est à présumer qu'il
en était de même de Salpenza ; ces deux villes durent par
conséquent conserver leur condition de villes fédérées plutôt
que de devenir villes latines, ce qui les eût fait passer à un
état inférieur à leur condition précédente ; d'ailleurs il eût
été tout à fait contraire à la politique impériale de ne pas
donner aux villes fédérées une condition supérieure à celle

dont elles jouissaient, alors que d'autres villes jusque là moins favorisées arrivaient au *jus Latii* ; il est à présumer que ce fut l'objet de l'édit de Domitien, Malaga et Salpenza devinrent des municipes, c'est-à-dire des villes jouissant de la cité romaine. Quant à la présence de Latins, elle est facile à justifier : on attribua à nos deux villes, comme à la plupart des autres municipes, un territoire plus ou moins étendu et dont la population était devenue latine en vertu de l'édit de Vespasien ; admis comme habitants du municipe, ces latins purent briguer les magistratures et parvenir par leur exercice à la cité romaine ; la loi municipale devait donc régler les effets de cette admission et réglementer les conséquences juridiques des actes faits par les latins, notamment pour l'affranchissement et les tutelles.

Nous croyons avoir démontré que Salpenza et Malaga étaient des villes romaines comprenant un élément latin et non des municipes latins (1). Du reste, la deuxième solution aurait le très grand désavantage de rompre avec toutes les idées reçues jusqu'à présent au sujet des municipes.

Revenons maintenant à notre sujet et examinons rapidement comment le régime municipal se répandit dans tous les pays soumis à la domination romaine. Les Romains ne conçurent que bien tard l'idée d'un empire romain et pendant longtemps ils ne comprirent que la *civitas romana*, ville unique, dominatrice et supérieure à toutes les nations qui l'entouraient ; pour devenir puissante, la cité dut admettre comme citoyens des peuples entiers et ce fut ainsi que l'Italie devint romaine, mais ce qu'il faut bien remarquer c'est que Rome ne fut pas capitale de l'Italie, ce fut l'Italie qui devint romaine et ne forma qu'une seule cité. Tous les habitants des municipes italiens venaient à Rome pour briguer les magistratures ou prendre part aux comices ; ils y

(1) Voyez à l'appui de ce système : DEMANGEAT, I, 167 ; ZUMPT, *Studia romana*, p. 269 et suiv. ; GIRAUD, les *Tab. de Salp et de Mal. p. 22*.

prenaient part en qualité de citoyens romains ; mais ils n'étaient quelque chose que considérés individuellement, les diverses villes qu'ils habitaient, politiquement, n'étaient rien. Chacune de ces villes avait d'ailleurs une organisation municipale et les habitants réglaient leurs affaires intérieures avec la plus grande liberté.

Un peu avant notre ère, quand le forum romain ne fut plus qu'un champ de bataille où dominaient les factieux, puis sous l'empire lorsque les nominations de magistrats ne furent plus qu'une apparence, les principaux habitants des municipes abandonnèrent Rome pour concourir à l'administration municipale de leurs villes respectives. Il en fut de même pour les provinces, où les concessions de droit de cité avaient été aussi fort nombreuses. Les citoyens riches et influents, ne pouvant plus trouver à Rome un champ d'activité pour leur ambition, préférèrent se retirer dans les villes où la vie municipale leur offrait une compensation.

Le droit civil romain s'était répandu avec le droit de cité ; les nombreuses colonies latines étaient régies par lui ; nous avons dit que les municipes devaient l'être aussi ; les pérégrins qui se trouvaient en rapport constant avec les colonies ou les municipes arrivaient à jouir du même droit, jusqu'au jour où ils obtenaient aussi le droit de cité. Du reste, les concessions fréquentes du *jus civitatis* faites par les empereurs, soit dans un but politique, soit dans un but fiscal, en multipliant les citoyens multipliaient l'usage du droit civil romain et rendaient le droit de cité si commun que la constitution, par laquelle Caracalla l'accorda à tout l'empire, passa presque inaperçue.

Toutes les villes devinrent alors des municipes et se donnèrent une loi qui était soumise à l'approbation impériale ; telles sont les lois de Salpenza et de Malaga. Nous allons maintenant aborder l'étude de l'organisation intérieure de ces municipes ; nous étudierons chacune des

parties de la puissance publique en suivant les modifications
que chaque époque a apportées à leurs attributions et à
leur influence. Nous examinerons la composition de la
population des villes et les différents ordres de citoyens, le
rôle du peuple dans l'administration de la cité, l'organisation
et les attributions de la curie, les différentes magistratures
et les fonctions dont elles sont chargées et enfin les emplois
inférieurs ou charges municipales. Puis nous terminerons
par un chapitre intitulé décadence des institutions municipales, dans lequel nous montrerons quelles sont les causes
qui ont amené la ruine du régime municipal et l'état auquel
il est réduit à partir de Constantin.

CHAPITRE II.

Composition de la population des villes.
Domicile. Ordres de citoyens.

La population des villes comprend deux catégories d'habitants : les *municipes* et les *incolæ* ; les premiers sont, comme nous l'avons déjà dit dans notre premier chapitre, les bourgeois de la ville ; les autres sont des étrangers qui sont venus y fixer leur domicile, car les *incolæ* ont une condition et une importance bien inférieures à celle des *municipes*.

Ulpien nous apprend (Loi 1, *princ. Dig, ad municipalem*, L, I) que l'on devient *municeps* par la naissance, l'affranchissement ou l'adoption : « Municipem aut nativitas facit, « aut manumissio, aut adoptio. » Nous trouvons encore dans la loi 7, au Code (*de incolis*, X, XXXIX), un quatrième mode, l'*allectio*.

La naissance est le mode principal d'acquisition de la qualité de *municeps* ; pour déterminer comment on naît *municeps*, on suit les mêmes règles que pour savoir quand un enfant naît citoyen romain ; s'il est né *ex justis nuptiis* il est *municeps* de la ville dont son père était citoyen au moment de la conception (ULP. *Reg.* V, 10) ; quant à celui qui n'est pas né *ex justis nuptiis* il suit la condition que sa mère avait au moment de sa naissance (Loi 9, *Dig. ad municipalem*, L, I). L'enfant né dans un *vicus*, rattaché à une colonie ou à un municipe, a pour patrie la cité dont le *vicus* fait partie (Loi 30, *Dig. admunic.* L, I). La loi 6 *(Dig.* L, I) nous apprend que l'on ne peut pas *recusare patriam*, c'est-à-dire que l'on ne peut pas abdiquer la qualité de citoyen de la ville dont on est *municeps* par la naissance, ou perdre cette qualité en se faisant naturaliser dans une autre cité soumise à la domination romaine, tout en conservant sa qualité de citoyen romain ; on peut toutefois aller habiter ailleurs et devenir *incola* dans une autre cité. Mais un *municeps* peut, en même temps qu'il abdique sa patrie, se faire naturaliser dans une cité qui n'est pas romaine et dans ce cas il y aura *abdicatio patriæ* en vertu d'un principe fondamental de la constitution romaine que Cicéron *(pro Balbo,* 11, 28) nous fait connaître en ces termes : « Duarum civitatum civis esse nostro jure « civili nemo potest. » De cette façon le *municeps* perdait à la fois sa qualité de citoyen romain et celle de *municeps*. Au déclin de l'Empire pour prévenir la desertion des villes et des curies les empereurs enchaînèrent d'une manière absolue les *municipes* à leur patrie. Si la qualité de *municeps* ne peut pas se perdre par la volonté de ceux qui la possèdent, si ce n'est dans le cas que nous venons de citer, il est des causes qui dépouillent de cette qualité par la force même des choses : tels sont les cas de *maxima* et de *media capitis deminutio.*

L'affranchissement est un fait qui peut être assimilé à la naissance, puisque c'est la naissance à la vie civile et que le patron est pour l'affranchi ce qu'est le père pour l'ingénu. Aussi l'affranchi a-t-il la même *origo* que son patron et il la transmet à ses descendants (Loi 6, *Dig. ad munic.* L, I) ; par suite de l'analogie qui existe entre la naissance et l'affranchissement pour l'acquisition de la qualité de *muni-*

ceps, l'*origo* acquise dans le second cas ne peut pas plus se perdre que dans le premier, sauf les cas exceptionnels que nous avons cités.

L'adoption ne créant qu'un pur lieu civil qui peut être détruit par l'émancipation, le *jus originis* qui en provient disparaît lorsque le motif n'existe plus (Loi 16, *Dig. ad munic.* L, I); du reste l'adopté, en même temps qu'il acquiert l'*origo* de l'adoptant conserve celle qu'il a reçue de son père (L. 15. par 3, *Dig. ad munic.* L, I), il est donc bourgeois de deux cités si l'adoptant est *municeps* d'une autre ville que la sienne.

L'*allectio* est une sorte d'adoption faite par la cité ; nous ne pouvons donner sur elle de détails, attendu que le seul texte où il en soit parlé est la loi 6 que nous avons citée tout à l'heure et qu'elle n'indique aucune des conditions ni aucun des effets de l'*allectio*. On présume qu'elle avait lieu lorsque les décurions, de même qu'ils pouvaient par un décret faire entrer dans la curie comme membre honoraire tel individu qu'il leur plaisait, accordaient le droit de bourgeoisie à un étranger au municipe ou à la colonie.

Nous avons dit que les *incolæ* étaient des étrangers qui avaient fixé leur domicile dans la ville ; la loi 7, au Code (X, XXXIX) nous dit en effet : « Incolas vero domicilium « facit. » Le *jus incolatus* dérive donc du domicile ; mais quand peut-on dire qu'une personne est domiciliée dans une ville ! Ulpien va nous répondre dans la loi 27 au Dig. *(ad munic.* L, I) : « Si quis negotia sua non in colonia, sed in « municipio semper agit, in illo vendit, emit, contrahit, eo « in foro, balneo, spectaculis utitur, ibi festos dies celebrat ; « omnibus denique municipii commodis, nullis coloniarium « fruitur, ibi magis habere domicilium, quam ubi colendi « causa diversatur. » Ainsi il faut véritablement avoir un établissement durable dans une cité et pouvoir jouir des avantages qu'elle procure, pour y être domicilié.

Toute personne peut établir son domicile là où elle le trouve convenable (Loi 31 au *Dig. ad municipalem*, L, 1), et elle peut en changer quand cela lui plaît pourvu qu'elle ne le fasse pas au moment où elle exerce une charge municipale (Loi 1, *Cod. de incolis*, X, XXIX); le domicile s'induit le plus souvent des circonstances. Le fils et l'esclave acquièrent, au moment de leur naissance ou de leur affranchissement, le domicile en même temps que l'*origo* du père ou du patron. La femme mariée suit le domicile du mari; il semble même qu'elle perde son *origo* et qu'elle soit libérée des conséquences de celle-ci, c'est du moins ce que dit la loi 38, *ad municipalem*, dans son § 3 (*Dig.*, L, I) : « Imperatores « Antoninus et Verus item rescripserunt, mulierem, quam- « diu nupta est, incolam ejusdem civitatis videri, cujus « maritus est : et ibi, unde originem trahit, non cogi mune- « ribus fungi. » La veuve garde le domicile du mari; mais elle le perd si elle convole en secondes noces (Loi 22, § 1, *Dig. ad munic.*, L, I). Le déporté est pendant toute la durée de sa peine domicilié à l'endroit où il la subit (Loi 22, § 3, L, I, *Dig.*); mais il n'en conserve pas moins son premier domicile et il doit en supporter les conséquencas en tant qu'elles sont compatibles avec son éloignement (Loi 27, § 3, *Dig.*, L, I). Les sénateurs sont domiciliés à Rome ou à Constantinople (Loi 8, *Cod. de incolis*, X, XXXIX): ils ne perdent pas pour cela leur *origo*, ils restent aptes aux honneurs dans la ville à laquelle ils appartenaient, leurs affranchis sont *municipes* de cette même ville, seulement leur qualité de sénateurs les dispensent des charges municipales (Loi 23, *ad munic.*, L, I).

Les difficultés en matière d'*origo* ou de domicile sont de la compétence du président de la province dont fait partie, non pas la ville à laquelle le *municeps* ou l'*incola* prétend appartenir, mais bien celle qui réclame ceux-ci pour les faire participer aux charges municipales (Loi 37, *Dig. ad munic.* L, I).

Les municipes renferment des personnes de condition différente ; c'est-a-dire que parmi les *cives* se trouvent des individus qui tout en faisant partie de la *civitas* ont des conditions juridiques diverses.

Nous trouvons d'abord les *populi attributi :* ce sont généralement d'anciens habitants qui recevaient le droit de se faire inscrire dans une colonie, sans acquérir la condition juridique des colons, ou les anciens possesseurs de terres concédées aux colons qui, n'étant dépossédés que partiellement, restaient dans la colonie sans en faire juridiquement partie, ou bien encore les habitants de villes latines ou stipendiaires ou de petites localités dont les territoires ont été attribués à un municipe ou à une colonie voisines. On ne peut savoir quelle était la situation de ces populations inférieures, mais il est toujours à présumer parce que nous avons vu en nous occupant des villes de Salpenza et de Malaga qu'elles prenaient part à l'administration municipale ; nous avons montré en effet qu'à Salpenza et Malaga, les Latins participaient à l'autorité.

Au premier rang dans les villes municipales se trouve l'*ordo decurionum*, dont nous nous occuperons bientôt avec détail; il correspondait à l'ordre sénatorial à Rome et jouissait de nombreux privilèges. L'ordre équestre qui vient ensuite ne semble pas avoir joué un grand rôle dans les municipes ; il se composait de tous les citoyens ayant un cens de 400,000 sesterces.

Au-dessous des décurions et des chevaliers venait la plèbe qui se divisait en plèbe urbaine et plèbe rurale : la première se composait surtout d'affranchis et de gens de métiers répartis en corporations, la seconde comprenait les populations des campagnes environnant le municipe ou la colonie ; cette division était la même que dans la cité romaine.

CHAPITRE III.

Rôle du peuple dans l'administration de la cité.

Nous venons de voir en terminant le chapitre précédent
que les *cives* ou *municipes* comprenaient plusieurs ordres
de citoyens ; c'est dans l'assemblée des *cives* que réside la
souveraineté administrative que Rome a laissée aux villes
municipales, et cette souveraineté le peuple l'exerce par lui-
même dans ses comices, par des magistrats nommés par
lui et par un sénat qui, recruté parmi les magistrats sortis
de charge, provient donc de la volonté populaire. Nous
allons dans ce chapitre étudier le pouvoir populaire dans
ses manifestations directes, mais auparavant nous devons
dire un mot des *incolæ.*

Les *incolæ* ne jouissent pas des mêmes droits que les
municipes ; ils sont astreints par le fait du domicile à supporter les charges de la cité, mais ne peuvent parvenir aux
honneurs (Loi 20, *Dig., ad munic.,* L, I) ; ils doivent obéir
aux magistrats de la ville qu'ils habitent et se soumettre à
leur juridiction (Loi 29, *Dig., ad munic.,* L. I). Les distinctions entre les *municipes* et les *incolæ* s'effacèrent au fur et
à mesure que les honneurs municipaux furent moins recherchés et elles finirent par disparaître entièrement.

De même qu'à Rome, le peuple exerce son pouvoir dans les comices ; nous allons examiner quelles étaient les attributions de ces comices. La première est l'élection des magistrats municipaux.

Les comices étaient présidés par un des magistrats municipaux, la *lex malacitana* confie cette mission à l'un des duumvirs, autant que possible au plus âgé des deux ; elle s'exprime ainsi dans son chap. LII : « Ex IIviris qui nunc « sunt, item ex his qui deinceps in eo municipio IIviri « erunt, uter major natu erit, aut si ei causa quæ inciderit « quominùs comitia IIviris, item ædilibus, item quæstori- « bus rogandis subrogandis hac lege habeto. » La *lex Julia municipalis* parle ainsi dans son chap. VII de cette présidence; mais sans indiquer le magistrat qui en est chargé. Le président des comices recevait les noms des candidats, proclamait et faisait proclamer les noms de ceux qui avaient obtenu le plus de suffrages.

Nous allons tirer de la *lex malacitana* quelques détails sur le fonctionnement des comices, il est probable que ce qui se passait à Malaga n'était pas une exception. Le peuple était divisé en circonscriptions électorales appelées curies ; on déterminait par la voie du sort une curie dans laquelle pouvaient voter les *incolæ*, citoyens romains ou latins, c'est ce que nous dit le chap. LIII : « Quicumque in eo municipio « comitia IIviris, item ædilibus, item quæstoribus rogandis « habebit, ex curiis sorte ducito unam, in qua incolæ, qui « cives Romani Latinive civis erunt, suffragium ferant, « eisque in eâ curiâ suffragii latio esto. » Le président envoyait en même temps chaque curie dans une enceinte particulière, où chacune d'elles votait au scrutin secret au moyen de tablettes : « Qui comitia ex hac lege habebit, is « municipes curiatim ad suffragium ferendum vocato ita, ut « uno vocatu omnes curias in suffragium vocet, eæque sin- « gulæ in singulis consæptis suffragium per tabellam ferant

« (chap. LV). » Chaque votant jetait sa tablette dans une corbeille confiée par le président à trois personnes, appartenant à une curie différente de celle qui y déposait ses votes ;
ces citoyens étaient chargés, après serment, de recevoir et
de dépouiller les votes : « Itemque curato, ut ad cistam cujus-
« que curiæ ex municipibus ejus municipi terni sint, qui ejus
« curiæ non sint, qui suffragia custodiant diribeant, et uti
« antequam id faciant, quisque eorum jurent : se rationem
« suffragiorum fide bona habiturum relaturumque (chap. LV,
« suite). » Chaque candidat avait droit de préposer un surveillant auprès de chaque corbeille ; ces surveillants , de
même que ceux chargés par le président de recevoir les
votes, votaient dans la curie auprès de laquelle ils étaient
placés : « Neve prohibito, quominus et qui honorem petent,
« singulos custodes ad singulas cistas ponant. Iique custo-
« des ab eo qui comitia habebit, item ab his positi qui
« honorem petent, in ea curia quisque eorum suffragium
« ferto, ad cujus curiæ cistam custos positus erit, eorumque
« suffragia perinde justa rataque sunto ac si in sua quisque
« curia suffragium tulisset (Chap. LV fin). » On dépouillait
alors les votes de chaque curie et dans chacune on proclamait les noms qui avaient obtenu la majorité, en commençant
par celui qui avait obtenu le plus de suffrages et ainsi de
suite, jusqu'à ce que l'on en eût un nombre égal à celui des
magistrats à créer ; en cas d'égalité entre plusieurs personnes, la qualité d'homme marié et le nombre des enfants
étaient des causes de préférence , et à position égale le
sort décidait : « Is qui ea comitia habebit, uti quisque curiæ
« cujus plura quam alii suffragia habuerit, ita priorem
« ceteris eum pro ea curia factum creatumque esse renun-
« tiato, donec is numerus, ad quem creari oportebit, expletus
« sit. Qua in curia totidem suffragia duo pluresve habuerint,
« maritum, quive maritorum numero erit, cœlibi liberos
« non habenti, qui maritorum numero non erit, habentem

« liberos non habenti, plures liberos habentem pauciores
« habenti, præferto, prioremque nuntiato ita ut bini liberi
« post nomen impositum aut singuli puberes amissi virive
« potentes amissæ pro singulis sospitibus numerentur. Si
« duo pluresve totidem suffragia habebunt et ejusdem
« conditionis erunt, nomina eorum in sortem coicito, et uti
« cujusque nomen sorti ductum erit, ita eum priorem aliis
« renuntiato (Chap. LVI). » On tirait alors au sort le nom des
curies et au fur et à mesure que le nom de chacune sortait
de l'urne, on proclamait les noms de ceux qu'elle avait élus
jusqu'à ce que la majorité des curies se fût prononcée en
faveur d'un nombre suffisant de candidats ; ils prêtaient
alors serment et étaient proclamés comme élus : « Qui
« comitia hac lege habebit, is relatis omnium curiarum
« tabulis nomina curiarum in sortem coicito, singularumque
« curiarum nomina sorte ducito, et ut cujusque curiæ nomen
« sorte exierit, quos ea curia fecerit, pronuntiari jubeto ; et
« uti quisque prior majorem partem numeri curiarum
« confecerit, eum, cum hac lege juraverit caveritque de
« pecunia communi, factum creatumque renuntiato, donec
« tot magistratus sint quod hac lege creari oportebit (Chap.
« LVII). » On procédait ainsi successivement à l'élection des
divers magistrats, duumvirs, édiles et questeurs (Chap. LIV).

Les candidats aux diverses magistratures se présentaient
eux-mêmes, c'est ce que l'on appelait la *professio* ; un sena-
tusconsulte avait étendu aux élections municipales la *lex
Julia de ambitu* en prononçant une peine de cent *aurei* et
l'infamie contre ceux qui employaient des manœuvres prohibées (Loi 1, § 1, *Dig., de lege Julia ambitus*, XLVIII, XIV).
Sans avoir recours aux manœuvres prohibées, les candidats
faisaient des démarches et des sollicitations personnelles;
nous en trouvons le détail dans Cicéron (*De petitione consulatus*).

S'il ne se présentait pas un nombre de candidats suffisant,

il appartenait au président des comices d'en désigner d'office
et le candidat ainsi présenté avait le droit d'en proposer un
autre et ainsi de suite ; à un jour donné tous ces noms étaient
publiés afin que le peuple pût en avoir connaissance, c'est
ce que nous apprend le chap. 51 de la *lex malacitana*. Cette
seconde forme se développa aux dépens de l'autre qui finit
par n'être plus connue ; il n'y eut plus d'autres candidats
que ceux qui étaient présentés par le magistrat. Les comices
cessérent alors d'exister et la nomination fut faite par la
curie ; mais à partir de quelle époque ce fait eut-il-lieu ! c'est
ce qu'il est difficile de préciser. A Rome nous savons que ce
fut Tibère qui supprima les comices, Tacite nous l'apprend
dans ses Annales (I, 15) ; mais il est peu probable que cet
édit s'appliquât aussi aux provinces : en effet la loi de
Malaga qui est contemporaine de Domitien nous fournit une
preuve que les pouvoirs populaires n'étaient en rien dimi-
nués du moins dans cette ville et tout porte à croire que le
peuple des provinces était encore investi du droit de nommer
les magistrats et cela dans tout l'empire (1). Il faut remarquer aussi dans ce sens que la tendance constante de la
politique impériale fut de favoriser les provinces et d'y
chercher un appui, en même temps que d'étouffer à Rome
toute trace de liberté. Nous pensons donc qu'il n'y eut pas
pour les municipes de disposition analogue à l'édit de Tibère
pour la ville de Rome ; ce ne fut qu'insensiblement et à des
époques très diverses que la nomination des magistrats
passa du peuple à la curie et ce changement se fit suivant
les pays et les circonstances.

Plus tard, à l'époque de la décadence des institutions
municipales, nous retrouverons le peuple participant de
nouveau à des nominations ; nous le voyons en effet (Loi **8**,
Cod. de defens. civ. I, LV) concourir à la nomination des

---

(1) GIRAUD, *Lex malacitana.* pag. 67.

defensores et à la désignation des *legati* envoyés à l'empereur (Loi 5, *Cod. de legat.* x, LXIII).

La nomination des magistrats fut à la fin de la république et au début de l'empire la principale attribution des comices des municipes ; on croit qu'elle ne fut pas la seule et qu'ils étaient appelés à prendre part à la confection de certaines lois. Evidemment les peuples qui acquéraient le droit de cité complet devenant, comme nous l'avons déjà dit, *populi fundi* c'est-à-dire adoptant complètement le droit romain, il ne pouvait plus y avoir place dans les *municipes cum suffragio* pour un droit local, ni pour des lois véritables. Mais il devait y avoir dans les villes des questions d'intérêt local, des règlementations intérieures dont les lois générales ne pouvaient s'occuper et pour lesquelles un pouvoir législatif avait dû être laissé au peuple des cités ; Cicéron nous en donne un exemple *(de legib.* III, 16) en nous disant : « Et « avus quidem noster singulari virtute quoad vixit restitit « M. Gratidio, cujus in matrimonio sororem aviam nostram « habebat, ferenti legem tabellariam » ; de l'ensemble du texte il est facile de voir qu'il ne peut s'agir que d'une loi à faire voter par les habitants d'Arpinum.

Quoiqu'il en soit il est bien difficile de donner des preuves du pouvoir législatif laissé aux habitants des municipes, les textes manquent ; on peut présumer que les citoyens des municipes avaient un certain nombre de questions locales à régler dans leurs comices, mais on ne peut dire jusqu'où allait leur droit, s'il provenait de traités faits avec chaque ville en particulier ou s'il était général. D'ailleurs ce pouvoir de règlementation disparut sans doute avant que les comices ne perdissent le droit de nommer les magistrats.

Plus tard, lorsque nous voyons le peuple retrouver le droit de prendre part aux nominations des défenseurs, apparaît une assemblée de *possessores*, qui devait se prononcer sur l'aliénation des biens des cités (Loi 3, *Cod. de vend. rer. civ.* XI, XXXI).

CHAPITRE IV

De la Curie ou Sénat municipal.

La curie est le conseil établi dans chaque cité pour administrer sa fortune et veiller à ses intérêts ; l'ensemble de ses membres prenait le nom de *ordo decurionum* ou *ordo* tout simplement. Mais dans quelles villes y avait-il une curie et des magistrats particuliers ; c'est ce que nous allons examiner.

La *lex Julia municipalis* établit des dispositions applicables dans les *municipia, coloniæ, præfecturæ, fora, conçiliabula* ; Paul ajoute à cette énumération *(Sentent* iv, 6, § 2) les *oppida,* les *vici* et les *castella,* mais il passe sous silence les *fora.* L'*oppidum* n'est du reste qu'une expression générale qui comprend toutes les villes un peu importantes, c'est ainsi que dans les textes de Pline que nous avons déjà cité, sont mentionnés des *oppida civium romanorum* et des *oppida latina.* Dans la table d'Héraclée les noms des villes mentionnées ne sont pas identiques dans tous les chapitres et c'est là que l'on doit trouver la solution de la question qui nous occupe (1). Les chapitres qui nous sont parvenus, à l'exception du dernier, traitent de la création des décurions

(1) Voyez DIRKSEN, *ad. Tab. Heracl.,* pag. 2 et suiv.

et des magistrats, ainsi que de la confection du cens et ils ne mentionnent ni les *vici,* ni les *castella,* ni les *pagi ;* on doit donc en conclure que ces localités n'avaient ni curie, ni magistrats, ni cens particulier. La loi 30 *(Dig.* L,I) que nous avons citée en montrant comment l'on devient *municeps* par la naissance, et la novelle de Théodose qui décide que la légitimation des enfants naturels nés dans un *vicus* se fera en les offrant à la curie de la cité à laquelle appartient ce *vicus (Nov.* THEOD. II. tit. XXVII, § 7), viennent encore montrer que les *vici* dépendaient de villes plus importantes et n'avaient pas de curie. Nous admettrons donc que ni les *vici,* ni les *castella*, ni les *pagi* n'avaient d'organisation municipale et que c'est pour cela que la table d'Heraclée ne les mentionne pas. Quant aux *fora* et aux *conciliabula,* ils sont dans la *lex Julia municipalis* mentionnés aux chapitres V, VIII, IX et X, qui traitent de la création des décurions et des privilèges de leur ordre ; on n'en parle pas dans les chapitres VI et VII, qui concernent l'élection des magistrats. En appliquant le même mode d'appréciation que tout à l'heure, on décide que ces villes avaient une curie, mais n'avaient pas de magistrats particuliers. On invoque contre cette décision deux phrases de la table d'Héraclée : « Qui-
« cumque, dit le chap. V, in municipiis, coloniis, præfecturis,
« foris, conciliabulis civium romanorum, IIviri, IVviri erunt,
« aliove quo nomine magistratum potestatemve..... habe-
« bunt ; » et dans le chapitre X : « Quibus hac lege, in
« municipio, coloniâ, præfecturâ, foro, conciliabulo in senatu
« decurionibus conscriptis esse non licebit, ne quis eorum
« in municipio, coloniâ, præfecturâ, foro, conciliabulo IIvi-
« ratum, IVviratum, aliamve quam potestatem, ex quo
« honore in eum ordinem perveniat, petito neve capito. »
L'argument que l'on prétend tirer du chap. V n'est pas concluant : ce chapitre prouve simplement que les habitants des *fora* et *conciliabula* prenaient part aux comices pour

la création des magistrats, de même que les habitants des municipes pouvaient voter dans les comices de Rome ; il indique de plus que, s'il y a des vides à combler dans la curie de ces *fora* ou *conciliabula*, le soin de choisir les nouveaux décurions appartiendra aux magistrats qui y président à l'administration de la justice, c'est-à-dire au magistrat du municipe ou de la colonie voisine. Dire : « quiconque dans les colonies, les municipes, les préfectures, les *fora* ou les *conciliabula* sera *IIvir*, *IVvir* par le suffrage des habitants ne pourra faire entrer de nouveaux membres dans la curie…. » ne signifie certainement pas que chacune de ces villes possédait des duumvirs, mais bien que les membres de la curie étaient choisis par les magistrats, qui avaient la ville sous leur juridiction et qui étaient certainement pour les *fora* et *conciliabula* les magistrats des municipes ou colonies, auprès desquels ils étaient placés. Quant au chapitre x, Dirksen pense qu'il s'y est glissé une erreur ; ce chapitre se réfère aux chapitres précédents et principalement au huitième, il développe les règles qui y sont posées et ne peut par conséquent établir une disposition qui leur soit contraire ; or au commencement du chapitre x on parle de ceux qui en vertu du chapitre viii ne peuvent pas être décurions, et à cet effet on énumère toutes les villes qui ont une curie et on cite par conséquent les *fora* et les *conciliabula,* puis la loi ajoute qu'aucun de ces indignes ne pourra dans une ville quelconque remplir une magistrature ; le graveur aura cru que les deux formules devaient être identiques et il aura pris sur lui d'ajouter aux colonies, municipes et préfectures les *fora* et *conciliabula*. Du reste, si l'on n'admettait pas cette correction, il faudrait en revanche considérer que les chapitres vi et vii, qui, en parlant de la nomination des magistrats, ne citent que les municipes, colonies et préfectures, renferment une erreur et ce seraient deux corrections à faire au lieu d'une. On pourrait d'ailleurs indiquer encore une autre manière d'expliquer le chapitre x; nous verrons plus tard que les membres des curies étaient choisis par les magistrats en exercice, parmi les anciens magistrats de la colonie ou du municipe ou enfin de la ville en général. Cela ne présente aucune difficulté en ce qui concerne le recrutement de la curie des colonies, municipes ou préfectures, mais qu'arrivera-t-il pour la curie des *fora* ou *conciliabula !* choisira-t-on les membres parmi les anciens magistrats de la colonie ou du municipe, prendra-t-on les individus originaires du *forum* ou du *conciliabulum* qui, après avoir été admis dans les magistratures du municipe ou de la colonie, seraient aptes à entrer dans la curie de leur localité ! Il nous paraît plus probable que les localités inférieures, quoique soumises aux magistrats du chef-lieu, devaient avoir des magistrats d'un ordre moindre, chargés de gérer le patrimoine de la ville ; ce serait alors à eux que se rapporteraient les mots du chapitre x « aliamve quam potestatem » et ils seraient corrélatifs de « in foro et conciliabulo » D'ailleurs dans cette même phrase on ne peut appliquer les mots « *IIviratum, IVviratum* » aux préfectures comprises dans la première énumération, pourquoi n'en serait-il pas de même des *fora* et *conciliabula*. Le chapitre x pose une loi générale édictant que les conditions d'aptitude pour parvenir à toute magistrature quelconque sont les mêmes que celles fixées pour l'entrée dans la curie, et il ne préjuge rien sur l'existence de magistratures en disant que « ceux qui, en vertu de la présente loi, ne peuvent être décurions, ni dans les municipes, ni dans les colonies, ni dans les préfectures, ni dans les *fora*, ni dans les *conciliabula*, ne peuvent non plus arriver au duumvirat ou à toute autre magistrature quelconque dans aucune de ces villes ». Quoiqu'il en soit de cette manière d'expliquer le chapitre x, elle a l'avantage de se servir du texte tel qu'il est.

Pour nous résumer, nous dirons qu'il ressort de tout ce qui précède que les municipes, les colonies et les préfectures avaient une curie et des magistrats particuliers, que les *fora* et *conciliabula* n'avaient qu'une curie, que les *vici*, les *castella* et les *pagi* n'avaient pas d'administration particulière et dépendaient des villes près desquelles ils étaient situés.

Les membres de la curie s'appellent *decuriones ;* voici l'étymologie que Pomponius donne de ce mot (Loi 239, § 5, *Dig. de verb. signif.* L,XVI) : « Decuriones quidam dictos « aiunt ex eo, quod initio, cum coloniæ deducerentur,decima « pars eorum, qui ducerentur, consilii publici gratia con- « scribi solita sit. » La curie formait une personne morale, une *universitas* (Loi 7, § 2, *Dig. Quod cujusc. univ.,* III, IV) ; ses membres étaient, croit-on, au nombre de cent. Comment se recrutaient les membres de la curie ! Nous distinguerons à cet égard deux époques, la première allant jusqu'au deuxième siècle de notre ère, la seconde contemporaine des jurisconsultes.

Pendant la première période, les renseignements sur la nomination des décurions nous sont fournis par la table d'Héraclée,dont le chapitre v est ainsi conçu : « Queicomque, « in municipieis, colonieis, præfectureis, foreis, conciliabu- « leis civium Romanorum IIviri, IVviri erunt, aliove quo « nomine magistratum potestatemve suffragio eorum, quei « quojusque municipii, coloniæ, præfecturæ, fori, concilia- « buli erunt habebunt : nei quis eorum quem in eo muncici- « pio, coloniâ, præfecturâ, foro, conciliabulo, (in) senatum « decuriones conscriptosve legito neve sublegito neve coop- « tato neve recitandos curato, nisi in demortuei damnateive « locum ejusve, quei confessus erit, se senatorem decurio- « nem conscriptumve ibei hac lege esse non licere. » Nous ne parlerons pas ici des magistrats chargés de choisir les membres de la curie, nous le ferons dans le chapitre suivant ; constatons seulement que c'étaient des magistrats municipaux qui avaient pour mission de choisir de nouveaux décurions dans des cas fixés par la loi ; ces cas sont au nombre de trois et se réfèrent tous à l'hypothèse où il s'est opéré un vide dans la curie, ce sont : le décès, une condamnation et enfin un troisième cas indiqué par ces mots « ejusve, qui confessus erit, se senatorem ibi hac lege esse « non licere » qui ont donné lieu à d'assez nombreuses interprétations. Nous croyons avec Dirksen (1) que cela signifie évidemment que, lorsqu'un indigne, admis par erreur dans la curie, se retire de lui-même pour échapper aux pénalités dont le chapitre VIII menace ceux qui occupent une place de décurion malgré leur indignité ou leur incapacité, il doit être remplacé comme le décurion mort ou condamné. Le chapitre X de la même table d'Héraclée nous apprend que les magistratures municipales pouvaient être exercées par les plébéiens et que ceux-ci, après être sortis de charge, entraient dans le sénat. Ce second mode d'admission dans la curie est-il distinct de ce que nous venons d'exposer ; est-ce parmi les anciens magistrats que celui qui choisissait les décurions devait prendre les nouveaux membres à inscrire à la curie ? Nous pensons que cela signifie que le magistrat chargé de prendre les nouveaux membres de la curie devait les choisir parmi les plébéiens, qui avaient rempli une magistrature, et que ce n'était qu'à défaut de ceux-ci qu'il pouvait prendre tout autre citoyen remplissant les conditions d'aptitude déterminées. Et quant à l'objection faite que le chapitre V, énumérant les cas où les magistrats peuvent procéder à la création de nouveaux décurions, ne mentionne pas celui où il s'agit de faire entrer dans la curie un magistrat sortant de charge, nous répondrons que le nombre des décurions étant limité, il ne suffisait pas d'avoir géré une magistrature pour pouvoir entrer dans la curie, qu'il

____

(1) DIRKSEN, 1 c., p. 27 et suiv.

fallait qu'il y eût des placee vacantes et que le chapitre v ne fait qu'indiquer dans quel cas il y avait lieu de nommer de nouveaux décurions et ne contredit nullement le chapitre x qui indique dans quelles catégories de personnes ils doivent être recrutés.

Examinons maintenant quelles étaient les conditions d'aptitude pour être décurions pend. nt cette première période ; cette matière est réglée par les chapitres vi à x de la table d'Héraclée et les conditions d'aptitude exigées, les causes d'indignité énumérées sont déclarées communes à l'obtention de la dignité de décurion et à l'exercice des magistratures ; cependant à cet égard un doute s'est élevé relativement à la première condition d'aptitude, l'âge de trente ans. Nous allons, pour que l'on puisse mieux en juger, donner le texte du chapitre vi : « Qui minor annos xxx natus est erit, neiquis « eorum post Kal. januar. secundas in municipio, colonia, « præfectura IIviratum, IVviratum neve quem alium ma- « gistratum petito neve capito nevc gerito, nisei quei eorum « stipendia equo in legione tria, aut pedestria in legione « sex, fecerit, quæ stipendia in castreis inve provincia « majorem partem sui quojusque anni fecerit, aut bina « semestria, qnæ ei pro singulis annis procedere oporteat, « aut ei vacatio rei militaris legibus plebeivescitis exve « foidere erit, quocirca eum inveitum merere non oporteat. « Neve quis, quei præconium dissignationem libitinamve « faciet, dum eorum quid faciet, in municipio, coloniâ, præ- « fectura IIviratum IVviratum aliumve quem magistratum « petito neve capito neve gerito neve habeto , neve ibei « senator neve decurio neve conscriptus, esto, neve sen- « tentiam dicito. Quei eorum ex eis, quei supra scripti sunt, « adversus ea fecerit, is HSL millia populo dare damnas « esto, ejusque pecuniæ quei volet petitio esto. » Il semble-rait d'après le texte de ce chapitre, où les mots « neve ibi senator esto » semblent se rapporter uniquement à celui qui « præconium, dissignationem, libitinamve faciet » que toute la première partie n'est pas applicable à l'entrée dans la curie et que les mineurs de trente ans peuvent être nommés décurions, sans avoir accompli de service militaire. Nous pensons que cette solution est préférable à celle qui consiste à dire qu'il y a dans ce chapitre un vice de rédaction. D'ailleurs il est facile de donner de ce fait une explication en faisant remarquer que la guerre sociale, qui avait beaucoup éclairci les rangs de la noblesse municipale, avait eu pour suite l'acquisition de la cité romaine par toutes les villes d'Italie et que dans ces conditions il était à craindre que l'on ne trouvât difficilement un nombre suffisant d'individus présentant des garanties de naissance et de fortune, si l'on s'était tenu trop strictement à cet âge de trente ans.

L'âge de trente ans, d'après la disposition de notre chapitre VI, n'était pas exigé de celui qui avait servi dans les légions, soit trois ans dans la cavalerie, soit six ans dans l'infanterie.

La loi *Julia municipalis* ne mentionne pas la fortune exigée pour parvenir à la curie ou aux magistratures ; un passage de Pline où il dit *(Epist.* I, 19) : « Ecce autem tibi « centum millium censum satis indicat quod apud nos « decurio es, » fait présumer qu'il fallait un cens de cent mille sesterces.

Quant aux causes d'indignité elles sont soigneusement énumérées par la table d'Héraclée ; nous en trouvons trois dans le chapitre VI, puis un grand nombre d'autres nous sont indiquées dans le chapitre VIII. Les trois professions indiquées dans le chapitre VI le *præconium,* la *dissignatio* et la *libitina,* c'est-à-dire les professions de crieur public, de l'individu chargé de désigner les places dans les théâtres et enfin d'employé des pompes funèbres, ne rendaient indigne de la qualité de décurion que pendant qu'on les exerçait. Nous allons maintenant passer rapidement en revue les divers cas d'exclusion renfermés dans le chapitre VIII.

« Qui furti, quod ipse fecit, fecerit, condemnatus, pactusve « est, erit ». Etaient donc indignes tous ceux qui soumis à l'action *furti* on été condamnés soit comme auteurs ou comme complices ou n'ont écarté l'accusation qu'au moyen d'un pacte ; il fallait cependant que l'accusé pour arriver à ce résultat ait donné une somme d'argent (Loi 6, § 3, *Dig.* III, II).

« Quive judicio fiduciæ, pro socio, tutelæ, mandati, inju- « riarum, deve dolo malo condemnatus est, erit ».

« Quive lege Plætoria, ob eamve rem quod adversus eam « legem fecit, fecerit, condemnatus est erit. » La loi *Plætoria* punissait ceux qui avaient abusé de l'inexpérience d'un mineur de vingt-cinq ans.

« Quive depugnandi causa auctoratus est, erit, fuerit ». L'*auctoratio* était une aliénation partielle de la liberté, sur la nature de laquelle on n'est pas d'accord ; dans tous les cas elle entraînait l'infamie.

« Quive in jure abjuraverit ».

« Quive in jure bonam copiam abjuravit abjuraverit, « bonamve copiam juravit juraverit, quive sponsoribus « creditoribusve suis renuntiavit renuntiaverit, se soldum « solvere non posse, aut cum eis pactus est, erit, se soldum « solvere non posse ; prove quo datum depensum est erit ; « quojusve bona ex edicto ejus, qui jure dicundo præfuit « præfuerit, præterquam sei quojus quom pupillus esset « reive publicæ causa abesset, bona possessa proscriptave « sunt erunt. » Sont donc écartés de la curie les débiteurs insolvables ou qui ont manqué de foi dans leurs obligations.

« Quive judicio publico Romæ condemnatus est, erit, « quocirca eum in Italia esset non liceat, neque in integrum « restitutus est, erit ; quive in eo municipio..... cujus erit, « judicio publico condemnatus est, erit ». Sont donc considérés comme infâmes tous ceux qui ont été frappés par un *judicium publicum.*

« Quemve calumniæ, prævaricationisve causa accusasse, « fecisseve quod judicatum est, erit ». Cette disposition ne comprend que la calomnie ou la prévarication qui ont eu lieu dans un *judicium publicum*, car celles là seules étaient frappées d'infamie (Loi 1 , princ. *Dig. de his qui not. inf.* III, II).

« Cuive apud exercitum ignominiæ causa ordo ademptus « est erit, quemve imperator ignominiæ causa ab exercitu « decedere jussit, jusserit ». Le renvoi ignominieux et la dégradation militaire rendaient à jamais indigne du décurionat et des magistratures.

« Quive ob caput civis Romani referundum pecuniam, « præmium, aliudve quid cepit, ceperit ». Cette disposition est conforme à la décision de la *lex Julia de adulteriis,* qui place au nombre des infâmes ceux qui ont à prix d'argent dénoncé un citoyen romain.

« Quive corpore quæstum fecit, fecerit ».

« Quive lanistaturam, artemve ludicram fecit, fecerit ». On appelait *lanista* celui qui dirigeait les exercices des gladiateurs et ce métier était considéré comme infâme ; quant aux comédiens ils étaient frappés par la législation romaine de nombreuses déchéances.

« Quive lenocinium faciet ». Cette profession, dont parle Ulpien dans la loi 4, § 2 (*Dig.* III, II), entraînait aussi l'infamie et avec elle de nombreuses incapacités.

Nous ne trouvons dans la table d'Héraclée aucune cause de dispense de la curie, car à cette époque le décurionat était un honneur recherché et personne ne songeait à en sortir.

Arrivons maintenant à notre deuxième période, à l'époque des jurisconsultes. Le mode de nomination des décurions est changé ; ils se recrutent à l'aide de nouveaux membres élus par eux-mêmes, cela résulte de la loi 6, *(de decur.* L,II), qui nous dit dans son § 5 : « Privilegiis cessantibus cœteris, « eorum causa potior habetur in sententiis ferendis, qui pluri- « bus eodem tempore suffragiis jure decurionis decorati sunt». On y voit donc que ceux-là donnaient les premiers leur avis dans les réunions de la curie, qui avaient obtenu le plus de suffrages ; en mentionnant des suffrages multiples, ce texte nous montre clairement qu'il ne s'agit pas d'un choix fait par un magistrat et comme les comices populaires n'existaient plus à cette époque, l'élection ne pouvait donc être faite que par les décurions eux-mêmes. Quant à l'époque précise de ce changement on ne la connaît pas, et nous pouvons en dire la même chose que de la disparition des comices,c'est que le même fait ne se produisit probablement pas partout en même temps. Quant aux conditions d'aptitude et aux causes d'indignité elles varièrent peu ; les diverses personnes énumérées précédemment continuèrent à être exclues, seulement l'énumération de la table d'Héraclée doit être complétée de tous les cas d'infamie établis postérieurement, soit par le préteur, soit par des lois, soit par des constitutions impériales. L'âge seul changea et vingt-cinq ans devint l'âge légal à l'époque des jurisconsultes (Loi 8, *Dig.* L. IV). La prohibition concernant les affranchis se maintient, ils ne peuvent jamais faire partie de la curie (Loi 17, § 8, *Dig.* et 22. § 2, *Dig.* L, I). Une certaine fortune est exigée, les personnes désignées pour la curie doivent remplir cette condition : « si facultates habeant » (Loi 12, *Dig.* L, II) ; mais nous ne savons si une quotité fixe était nécessaire.

Les décurions pouvaient être exclus de la curie quand il survenait en leur personne une cause d'indignité ; parfois aussi ils devaient l'être comme peine, soit perpétuelle, soit temporaire ; mais nous ne possédons sur ce sujet aucun détail précis.

Les causes d'excuses pour le décurionat sont peu nombreuses : les sourds et les muets pouvaient s'excuser d'une manière générale de tous les emplois publics ou civils (Loi 7, § 1, *Dig. de decur.* L, II) ; l'âge de cinquante-cinq ans permettait de refuser la **qualité de décurion** (Loi 2, § 8, *Dig.* L, II). Du reste lorsque nous examinerons les cas d'excuses pour les *honores* et les *munera*, nous verrons s'ils ne peuvent pas s'appliquer à l'exercice du décurionat.

Les décurions, nommés conformément aux règles que nous venons d'indiquer, étaient inscrits sur un tableau nommé *album ;* le rang de préséance et l'ordre des suffrages étaient déterminés par celui de l'inscription sur *l'album.* Nous trouvons dans un titre du *Digeste* les règles à observer pour ces inscriptions : il faut avant tout suivre la loi municipale de chaque cité, à défaut inscrire les personnes qui avaient obtenu des dignités par ordre du prince et ensuite seulement celles qui avaient géré des magistratures municipales (Loi 2, *Dig.* de albo scrib., L, III). Parmi ces dernières, on plaçait en premier lieu les *IIvirales*, si le duumvirat était la première magistrature de la cité, et chacun par ordre d'ancienneté ; venaient ensuite les *ædilitii* et les *questorii,* toujours par ordre d'ancienneté, et enfin ceux qui n'avaient géré aucune magistrature, d'après l'ordre suivant lequel ils étaient entrés à la curie (Loi 1, *Dig.* de alb. scrib., L, III). Si la nomination remonte à la même époque, est mis le premier celui qui avait obtenu le plus de suffrages, ou celui qui a le plus d'enfants (Loi 6, par. 5, *Dig.* de decur., L, II).

En général toutes les affaires communales d'une certaine importance étaient soumises à la délibération et à la décision de la curie, dont les attributions restèrent pendant les premiers siècles de l'empire assez semblables à ce qu'elles avaient été sous la république pour que nous puissions les étudier sans distinguer de périodes.

Les décurions siégeaient, donnaient leur avis et votaient

suivant l'ordre où ils étaient inscrits sur l'*album* (Loi 1, § 1, *Dig.* de albo scrib., L, III); les décisions étaient prises à la majorité des voix (Loi 19, *Dig.* L, I).

Les esclaves appartenant aux villes étaient affranchis par un décret de la curie, du moins pour les villes italiennes d'abord en vertu d'une loi *Vectibulici*, puis dans les villes de province en vertu d'un sénatusconsulte rendu sous Hadrien ; les formes prescrites par cette loi ne nous sont pas connues (Loi 3, *Cod.* VII, IX). Les médecins et les professeurs jouissaient de certaines immunités, mais elles ne s'appliquaient qu'à ceux qui étaient revêtus d'un caractère officiel et c'était la curie qui était chargée de leur donner l'autorisation d'exercer, après s'être assurée de leur capacité (Loi 1, *Cod.*, de prof. et med. X, LII) ; l'autorisation donnée par la curie n'entraînait pas par elle-même l'exemption des charges civiles, il fallait qu'elle fût formulée expressément dans le décret des décurions (Loi 5, *Cod.*, de prof. et medic. X, LII); le médecin ou le professeur qui ne se rendaient pas dignes de l'autorisation accordée, pouvaient se la voir retirer par un nouveau décret (Loi 2, *Cod.* X, LII. — Loi 11, § 3, *Dig.* L, IV). La curie donnait en certains cas des tuteurs aux impubères (Loi 19, *Dig.* XXVI, V). Enfin la principale fonction de la curie était la gestion du domaine de la cité : elle décidait de l'emploi des revenus, approuvait les comptes (*Lex Malac.* LXII, LXIV, LXVII).

Tous ces décrets de la curie rendus dans les limites de ses attributions ne pouvaient être annulés (Loi 5, *Dig.* L. IX); mais les décrets, pour lesquels les formes et les conditions exigées n'ont pas été observées, notamment quant au nombre des décurions qui les ont votés, sont nuls (Loi 2, *Dig.* L, IX). La curie ne peut faire aucune libéralité soit par remise de dette, soit autrement (Loi 1, *princ.* et § 1, *Dig.* L, IX) ; mais elle peut accorder des honoraires aux médecins et aux professeurs d'art libéraux (Loi 4, § 2 *Dig.* L, IX).

En dehors des attributions de la curie comme conseil public, les décurions peuvent être revêtus de fonctions individuelles ; dès l'époque des jurisconsultes eux seuls pouvaient parvenir aux magistratures et de préférence les charges publiques leur étaient attribuées. Ils pouvaient aussi être chargés de la perception de l'impôt et ce fut justement ce qui plus tard amena la ruine de la curie. Ces obligations entraînaient pour les décurions certaines incapacités ; spécialement chargés de surveiller la rentrée des impôts et la gestion du patrimoine des cités, ils ne pouvaient ni prendre la ferme des impôts (Loi 6 § 2, *Dig.* L, II), ni prendre à bail les biens publics, directement ou par personne interposée (Loi 2, § 1, *Dig.* L, VIII).

Tant sous la république qu'au début de l'empire le décurionat était un honneur très recherché et, comme nous l'avons déjà dit dans notre premier chapitre, la vie municipale avait absorbé tous ceux que la suppression de la vie publique avait forcés à quitter Rome. Les décurions formaient dans leurs villes respectives une sorte de noblesse analogue au patriciat romain et bien que le décurionat ne fut pas d'abord héréditaire et ne le devint que plus tard, les fils des décurions jouissaient d'uue grande partie des privilèges accordés à leurs pères. Un grand nombre de textes du Digeste distinguent les décurions et leurs familles, des plébéiens ; ils formaient donc une sorte de noblesse dans laquelle on entrait soit par la naissance, soit par la *cooptatio in curiam*. Ce second cas n'offre aucune difficulté, examinons seulement quand et comment la naissance, faisait entrer un enfant dans cette classe privilégiée.

L'enfant né *ex justis nuptiis*, conçu et né pendant que son père a la qualité de décurion, est fils de décurion et jouit des privilèges résultant de cette qualité ; en cas de *matrimonium justum* le moment de la conception doit seul être considéré pour déterminer la condition du fils, ainsi l'enfant, dont le père était décurion au moment de la conception, mais ne l'est plus au moment de la naissance, n'en est pas moins réputé fils de décurion (Loi 2, § 3 et 4, *Dig.* L, II). Les filles des décurions étaient traitées comme les fils et la noblesse se transmettait à tous leurs descendants *in infinitum* (Loi 9, *Cod.* IX, XLVII).

Les cas que nous venons de citer ne sont que des applications des principes généraux en matière de naissance, il y en a d'autres qui sont tout à fait des dispositions de faveur édictées pour les enfants. Ainsi le fils d'un décurion *remotus ad tempus*, n'en est pas moins réputé fils de décurion bien que conçu et né avant l'expiration de la peine et quand bien même le père viendrait à mourir avant de rentrer dans la curie (Loi 2, § 5 *Dig.* L, II). Si le père a été revêtu du décurionat à un moment quelconque depuis la conception et avant la naissance de l'enfant, celui-ci jouit du nom et des privilèges de fils de décurion (Loi 2, § 6, *Dig.* L, II,). A plus forte raison il en est de même de celui qui, conçu auparavant, serait né pendant que son père faisait partie de la curie et le fait que le père est ensuite réduit à l'état de plébéien ne signifie rien (Loi 9, § 15, *Dig.* XLVIII, XIX). En dehors de ces hypothèses tout individu reste plébéien, quels que soient ses rapports de parenté avec un décurion ; ainsi un fils de plébéien reste plébéien, quoique son père soit élu ensuite décurion (Loi 2, § 2, *Dig.* L, II). Mais nous savons par cette dernière loi que tout en restant plébéien, l'enfant conçu et né avant que son père ne soit décurion, est assimilé aux fils de décurions en ce qui concerne les peines à appliquer pour les différents crimes ou délits. On doit en conclure que les *filii decurionum* forment une classe privilégiée jouissant de l'immunité des peines et de certains honneurs dont nous ne connaissons pas l'énumération.

Nous distinguerons donc deux classes d'individus ayant des privilèges : d'abord des patriciens composés des décurions et de ceux de leurs enfants qui sont nés dans des conditions convenables pour être appelés fils de décurions, ils jouissent de tous les privilèges accordés aux décurions ; ensuite des plébéiens, qui par suite de leurs rapports de parenté avec des décurions, jouissent du privilège unique de ne pouvoirs être frappés de certaines peines, cette catégorie comprend le fils, en vertu du dernier texte que nous avons cité, les pères et mères du décurion (Loi 9, § 12 et 14, *Dig.* XLVIII, XIX) ; enfin le petit fils du décurion jouissait aussi du privilège d'exemption de certaines peines quand bien même son père serait plébéien (Loi 2, § 2 *Dig.* L, II).

Les peines qui ne pouvaient pas être prononcées contre les décurions, ni, par conséquent, contre leurs descendants patriciens ou contre les membres de leur famille qui, quoique plébéiens, jouissaient de cette immunité, étaient les mines et le travail des mines, les verges, le supplice de la fourche ; ils ne pouvaient non plus être brûlés vivants, ni livrés aux bêtes (Loi 9, § 11 *Dig.* XLVIII, XIX. — Loi 2, § 2, *Dig.* L, II. — Loi 12, *Cod.* IX, XLVIII). En cas de *crimina capitalia* la seule peine que l'on pût prononcer contre eux étaient la *deportatio* et la *relegatio*, c'est ainsi que nous voyons prononcer la déportation dans une île contre un décurion convaincu d'homicide et d'incendie (Loi 6, § 2, *Dig.* XLVIII, XXII). Les décurions ne pouvaient non plus être soumis à la torture et ce privilège subsistait pour eux, même lorsqu'ils avaient perdu leur qualité (Loi 14, *Dig.* L, II). Telles sont les règles communes aux deux catégories dont nous avons indiqué la composition ; tout ce que nous allons dire maintenant ne se rapportera plus qu'à la première, c'est-à-dire aux décurions et aux *filii decurionum*.

En cas de crime devant entraîner une peine capitale, c'est-à-dire entraînant la *maxima* ou la *media capitis deminutio*, le président de la province ne peut prononcer de sentence contre un décurion ou ses fils patriciens, il ne peut qu'arrêter le coupable et le tenir en prison et il doit en référer à l'empereur (Loi 27, § 1 et 2, *Dig.* XLVIII, XIX). Les patriciens ne pouvaient pas être soumis à certaines charges municipales, qu'on appelait *munera sordida* et qui paraissaient incompatibles avec leur dignité, c'est ce que nous apprend Papinien : « Exigendi tributi munus inter sordida munera « non habetur ; et ideo decurionibus quoque mandatur (Loi 17, § 7, *Dig.* L, I). » En justice le témoignage d'un décurion avait plus d'influence que celui d'un simple plébéien (Loi 3, princ. *Dig.* XXII, V). Le principal privilège honorifique des décurions était d'occuper des places spéciales dans les jeux, les spectacles et les festins publics ; on attachait une grande importance à ce privilège.

Tels étaient la composition, les attributions et les privilèges de la curie pendant la république et les premiers siècles de l'empire. Le décurionat était un honneur recherché et nous avons vu que les décurions formaient avec leurs enfants une noblesse municipale, dont les immunités étaient importantes ; nous avons montré aussi que la dignité de la curie avait assez de relief pour faire partager certaines de ces immunités à des parents des décurions, bien qu'ils fussent plébéiens. Mais à partir de Dioclétien apparaît la décadence : le recrutement de la curie devient difficile, les conditions d'aptitude deviennent plus faciles ; les cas d'indignité sont conservés, mais on arrive à déclarer que si les infâmes n'ont pas les honneurs du décurionat ils doivent néanmoins en supporter les charges : « Nec infames immu- « nitatem habere, cum hœc privilegii, non notæ sit, conve- « nit (Loi 12, *Cod.* X, XXXI) » L'exemption de la curie devient une immunité recherchée, car les décurions, ruinés par la responsabilité qu'ils encourent pour la perception des impôts, arrivent à former la partie la plus malheureuse de la population des villes. Nous reviendrons sur ce sujet dans notre dernier chapitre.

CHAPITRE V

Des Magistrats supérieurs des cités.

A côté de la curie se trouvaient les fonctionnaires chargés de l'administration, ils se divisaient en deux classes suivant l'importance de la mission qui leur était confiée. De là la distinction entre les *honores* et les *munera* : les premiers apportaient avec eux certains honneurs qui leur avaient donné leur nom et investissaient ceux qui les géraient d'une partie plus ou moins grande de la puissance publique, de ce que l'on appelait l'*imperium* ; les seconds n'étaient que des emplois inférieurs sans aucun pouvoir et sans dignité particulière. Nous allons dans ce chapitre parler des diverses magistratures réunies sous le nom d'*honores* ; les *munera* feront l'objet du chapitre suivant.

Le jurisconsulte Callistrate définit ainsi les *honores* (Loi 14, *Dig*. L. IV) : « Honor municipalis est administratio rei- « publicæ cum dignitatis gradu, sive cum sumptu, sive sine « erogatione contingens. » Les fonctions des magistrats étaient gratuites et ils étaient entraînés à de grandes dépenses soit pour se faire élire, soit pour donner des jeux ; mais il est probable que les mots *cum sumptu* se rapportent à la responsabilité considérable qui pesait sur les magistrats.

Nous avons déjà dit en parlant des conditions d'aptitude nécessaires pour être décurion, que celles-ci étaient les mêmes que pour parvenir aux magistratures ou *honores*; cette assimilation était du reste naturelle puisque c'était la gestion des *honores* qui donnait accès dans la curie. Nous ne reviendrons donc pas sur ce que nous avons exposé au chapitre précédent, nous nous contenterons d'ajouter quelques dispositions spéciales.

Il y avait une gradation à observer pour l'exercice des magistratures; pour l'époque des jurisconsultes la règle est ainsi posée par Callistrate (Loi 14, § 5, *Dig.* L, IV) : « Geren-
« dorum honorum non promiscua facultas est, sed ordo
« certus huic rei adhibitus est ; nam neque prius majorem
« magistratum quisquam, nisi minorem susceperit, gerere
« potest : neque ab omni ætate neque continuare quisque
« honores potest. » Bien qu'aucun texte ne nous l'apprenne, il en devait être de même sous la République, car les magistratures municipales étaient une image fidèle des magistratures romaines pour lesquelles la règle de la gradation des honneurs était constante. Sauf quelques exceptions, les honneurs municipaux étaient au nombre de trois et s'exerçaient dans l'ordre suivant : questure, édilité, duumvirat ; un intervalle de deux ans était exigé entre l'exercice de deux magistratures et nous avons vu que la *lex Julia municipalis* exigeait l'âge de trente ans pour l'admission aux honneurs, sauf pour ceux qui avaient accompli leur service militaire. A l'époque des jurisconsultes, l'âge est réduit à vingt-cinq ans, nous le voyons par la loi de Malaga. Les affranchis exclus de la curie étaient par cela même incapables de parvenir aux honneurs. Les débiteurs des cités ne pouvaient être admis aux honneurs avant d'avoir satisfait à leurs obligations ; cette matière est traitée par Ulpien qui nous indique quels sont les individus que l'on doit considérer comme débiteurs et de quelle manière ils devaient *satisfacere* (Loi 6,

§ 1, L, IV). Nous avons dit en parlant du rôle du peuple dans l'administration de la cité que pendant longtemps les magistrats furent nommés par les comices populaires; à l'époque des jurisconsultes cela ne se passait plus ainsi, les magistrats étaient nommés par un décret de la curie, le magistrat sortant de charge présentait son successeur et la curie le nommait sur cette présentation. Certaines constitutions impériales avaient décidé que les magistratures seraient déférées suivant l'ordre d'entrée dans la curie, mais des exceptions étaient apportées à cette règle, les citoyens les plus riches étant seuls en mesure de remplir avec éclat les fonctions qui leur étaient confiées et la ville trouvant dans la nomination des *locupletiores* des garanties sérieuses de bonne gestion (Loi 6, *Dig.* L, IV). Callistrate nous apprend qu'il fallait avant tout considérer la naissance et la fortune de celui à qui on conférait les honneurs (Loi 14, § 3, *Dig.* L, IV) ; et Paul nous dit (Loi 7, *Dig.* L, II) : « Honores et « munera non ordinationi, sed potioribus quibusque injun- « genda sunt. » Du reste, on devait aussi s'en référer aux dispositions de la loi municipale, dont les détails variaient avec chaque ville, qui pouvait enjoindre de choisir certaines personnes de préférence à d'autres (Loi 11, § 1, *Dig.* L, IV).

La fortune n'était pas une condition indispensable pour arriver à la dignité de décurion, elle n'était pas non plus exigée en principe de ceux qui aspiraient aux magistratures, mais elle jouait en fait le principal rôle dans le choix des magistrats. Pour éviter qu'il se produisit des abus et que les villes ne fissent peser tout le poids des honneurs sur les mêmes individus, le président de la province fut chargé de surveiller la répartition des honneurs entre les différents citoyens ; on craignait en effet que les villes ne ruinassent certains particuliers (Loi 3, § 15, *Dig.* L, IV). Le président prit l'habitude de présenter les candidats, puis il en arriva à donner mandat à la curie de nommer tel ou tel individu (Loi

1, § 3, *Dig.* XLIX, IV) ; c'était cette présentation que l'on appelait *nominatio*, la *creatio* restait à la curie. Quand le *præses* vint assister aux séances de la curie (Loi 1, § 4, *Dig.* XLIX, IV), la *nominatio* équivalut en fait à la *creatio* et les décurions ne firent plus qu'enregistrer un choix fait d'avance. Une autre cause, qui vint favoriser la *nominatio* du candidat par le *præses*, fut la responsabilité qui incombait au *nominator* sur la gestion du magistrat qu'il présentait ; les magistrats sortant de chage, à qui cette fonction incombait, se virent avec joie remplacés par le président dans la mission de *nominare successorem*.

Pour en terminer sur ces généralités concernant les *honores* en général nous devrions indiquer les causes d'excuses, mais comme elles leur sont communes avec les *munera* nous les traiterons lorsque nous aurons parlé de ceux-ci. Il en sera de même pour la responsabilité des fonctionnaires.

Nous allons maintenant examiner les différentes magistratures ; nous montrerons d'abord que les noms et les pouvoirs des différents magistrats municipaux variaient suivant les lieux ; mais comme en général les trois principaux magistrats avaient sous les noms de duumvir, d'édile et de questeur, l'un la présidence du sénat et des comices, la haute direction des affaires et la juridiction supérieure, le second la police et une juridiction inférieure, le troisième enfin la gestion du patrimoine des cités, nous rechercherons sous ces trois titres quelles sont les attributions des magistrats qui se sont occupés de ces trois branches de l'administration municipale.

Les lois municipales particulières qui nous sont parvenues, comme la *lex Salpensana*, la *lex Malacitana*, nous montrent à la tête des différentes villes qu'elles régissent des magistrats appelés duumvirs dont les fonctions administratives et judiciaires étaient analogues à celles que remplissaient les consuls avant l'institution de la préture. Mais les lois générales telles que la loi *Julia municipalis* supposent que d'autres magistrats que les duumvirs peuvent être à la tête de l'administration municipale ; on trouve en effet en différentes parties de la *lex Julia municipalis* : « Duumviri, « Quatuorviri erunt, aliove quo nomine magistratum potes- « tatemve..... habebunt. » Cette formule beaucoup plus large concorde avec ce que les auteurs anciens nous font connaître ; ils nous citent en effet des *Prætores, Dictatores, Quinquennales, Censores*, dont les attributions sont analogues à celles des duumvirs. Nous allons rechercher ce que signifient ces diverses dénominations et voir s'il y avait des différences entre les attributions de ces divers magistrats ; mais tout d'abord faisons remarquer qu'une certaine variété dans le nombre, les attributions et les dénominations des magistratures municipales n'a rien d'étonnant, puisque l'organisation de chaque cité reposait sur une loi spéciale et que pour les rédiger on consultait probablement les usages anciens des localités.

Rome, en admettant une ville dans le *nomen latinum* ou en accordant le droit de cité avec ou sans suffrage, lui laissait son administration municipale propre et par conséquent ne changeait rien aux noms ou attributions des magistrats ; c'est comme cela que l'on trouve des préteurs et des dicta- teurs, noms qui paraissent avoir été ceux qu'on employait d'habitude dans l'Etrurie et le Latium ; mais l'absence de textes ne permet que d'émettre des conjectures à ce sujet. Quoiqu'il en soit on doit penser que ces magistrats étaient les mêmes que ceux qui existaient avant l'admission des cités au *nomen latinum*, ou au rang de municipes. Le titre de préteur, dont Cicéron plaisante (*De lege agraria*, 2, 34), disparut peu à peu après la guerre sociale et les *leges municipales* concédées aux villes y substituèrent le nom de duumvir. Il n'y a pas à supposer que des préteurs munici- paux aient existé concurremment avec les duumvirs, puisque ceux-ci ont toujours conservé la juridiction ; ces titres de préteur ou de dictateur ne désignaient d'abord que la magistrature appelée ensuite duumvirat.

On ne peut douter que les *quinquennales* n'aient été des magistrats supérieurs puisqu'il est dit dans Apulée. (Métamorph. liv. x, pag. 344, BETOLAUD) que l'on n'arrivait à la magistrature quinquennale qu'après avoir parcouru la filière des autres honneurs. Le mot de *censor* devait être synonyme de *quinquennalis*, on doit le supposer puisque le censeur romain était aussi un magistrat nommé pour cinq ans ; du reste Cicéron nous montre (*In Verr*. II. 58) ces magistrats procédant à la confection du cens, qui avait lieu dans les municipes comme à Rome tous les cinq ans. M. de Savigny (1) prétend que la censure ou *quinquennalitas* était une magistrature particulière existant dans toutes les villes à côté du duumvirat et que le *quinquennalis* était le magistrat qui fut plus tard connu sous le nom de *curator reipublicæ ;* il s'appuie sur ce que les deux dignités de *quinquennalis* et de *curator* sont des magistratures suprêmes auxquelles on ne peut parvenir qu'après avoir passé par toutes les autres dignités.

Nous traiterons plus loin du *curator reipublicæ* et nous verrons que cette magistrature comprend un grand nombre des attributions les plus importantes du duumvirat, mais qu'elle ne prit naissance qu'à une époque assez récente et que le *curator* fut un fonctionnaire nommé par le pouvoir central. Chargé de la gestion du patrimoine municipal, s'il préside quelquefois au cens, ce ne peut être qu'au point de vue des impôts. Le *curator* ne se confondait donc pas avec le *quinquennalis*, il n'a pu que lui succéder comme il a succédé aux questeurs et à la plus grande partie des attributions des édiles ; et quant à l'argument disant que l'on ne pourrait comprendre que dans aucune inscription on ne trouve un *curator* inscrit à côté d'un *quinquennalis*, si ces deux

---

(1) *Histoire du droit romain,* pag. 58.

titres n'étaient pas synonymes, il est facile d'y répondre que, si ces deux titres ne se trouvent pas réunis, c'est qu'ils n'ont pas existé à la même époque et que les *quinquennales* avaient disparus quand furent institués les *curatores reipublicæ*.

L'opinion généralement admise est que le titre de *quinquennalis* était une dignité accidentelle qui venait se joindre tous les cinq ans à celle des duumvirs en exercice et ajouter à leurs fonctions la confection du cens; les duumvirs, prèteurs, dictateurs ou autres magistrats tenant le premier rang dans la cité ajoutaient à leur dénomination le titre de *quinquennales* ou de *censores*, l'année où ils remplissaient ces fonctions. Ce qui confirme dans cette opinion est que la *lex Julia municipalis*, qui parle dans son chapitre XI de la confection du cens, ne désigne aucun magistrat chargé spécialement de cette opération et dit seulement : « Qui in iis « municipiis, coloniis, præfecturis magistratum, maximamve « potestatem ibi habebit. » Mais il pourrait très bien avoir existé dans certaines cités des censeurs nommés tous les cinq ans et distincts des duumvirs : Tite-Live nous apprend (XXIX, 15) que dans les colonies latines le cens était fait par des censeurs jurés qui y étaient créés; Cicéron semble dire (*in Verr.*, II, 2, 53) que des censeurs existaient en Sicile comme magistrats distincts. Il aurait très bien pu arriver du reste que, dans des municipes importants, l'on établisse des censeurs municipaux pour alléger un peu les charges des autres magistrats; de même que la création des censeurs romains n'avait été faite que pour soulager les consuls déjà chargés de fonctions judiciaires et militaires.

Certaines villes avaient pour premiers magistrats des édiles; ainsi Arpinum, la patrie de Cicéron, avait pour magistrats uniques trois édiles nommés annuellement et qui réunissaient toutes les attributions divisées d'ordinaire entre les différents magistrats municipaux (Cic., *ad famil.*, XIII, 11, 3).

On trouve encore pour désigner les premiers magistrats des cités le nom de préfets; il ne faut pas les confondre avec les préfets envoyés de Rome et chargés de la juridiction dans les préfectures, nous en avons parlé dans notre chapitre 1er. Les préfets dont il est question ici sont des magistrats tout différents ; ils se divisent en quatre catégories : Si dans une ville quelconque l'empereur était élu au duumvirat ou à toute autre dignité il se faisait représenter par un *præfectus* (*Lex mun. Salp.*, XXIV) ; ce préfet, qui avait des pouvoirs exactement semblables à ceux des duumvirs, présentait ce caractère particulier qu'il n'avait pas de collègue. M. Giraud (1) en conclut que si l'acceptation des fonctions de duumvir par l'empereur était une marque de faveur, elle pouvait aussi être un expédient pour éviter des élections que des circonstances exceptionnelles rendaient impossibles ou difficiles. Dans ce cas l'empereur nommait un préfet qui gouvernait le municipe pendant la durée ordinaire de la magistrature. La seconde catégorie de préfets était nommée par les décurions quand pour une cause quelconque les magistrats supérieurs n'avaient pu être élus à temps pour entrer en fonctions à la date voulue ; ils avaient les mêmes pouvoirs que les duumvirs. La troisième catégorie comprend les citoyens à qui un duumvir en exercice déléguait tout ou partie de ses fonctions ; c'était en effet un principe du droit public romain que tout magistrat pouvait déléguer ses fonctions soit à un collègue, soit à un simple citoyen et dans ce dernier cas la délégation comprenait une partie de l'*imperium*, mais seulement en tant que cela était nécessaire pour exercer la charge confiée (Loi 5, § 1, *Dig.*, I, XXI). La quatrième catégorie de préfets comprenait les délégués envoyés par les duumvirs pour administrer les *minora oppida*, compris dans le ressort de leur juridiction.

(1) GIRAUD, *Salp.* et *Mal.* pag. 48 et suiv.

On trouve encore à l'époque des jurisconsultes le mot *magistratus* employé pour désigner les duumvirs ; ce sens résulte d'un grand nombre de textes, mais particulièrement des § 3 et 4 de la loi 4, au Digeste, *de Damno infecto*, (xxxix, ii). Ce mot *magistratus* désigne aussi quelquefois l'ensemble des magistrats municipaux, comme lorsqu'on disait dans l'ancienne France « le Magistrat d'une ville ».

Arrivons enfin à l'examen des attributions des duumvirs ; nous ne donnerons plus d'autre nom aux magistrats placés à la tête des cités puisque nous venons de montrer que les différents titres donnés étaient des équivalents du titre de duumvirs ou étaient attribués à des magistrats chargés de les remplacer provisoirement.

Jusqu'au règne de Nerva, les attributions administratives des duumvirs restèrent à peu près identiques à ce qu'elles avaient été sous la république ; ils avaient la direction générale de toutes les affaires qui n'étaient pas attribuées à des magistrats spéciaux et la surveillance des actes des magistrats inférieurs. Nous avons dit que c'étaient eux qui convoquaient et présidaient les comices et qui en proclamaient les résultats. Ils convoquaient et présidaient les assemblées de la curie ; ils veillaient aussi à l'exécution des décisions prises. Ils gèrent sous le contrôle de la curie les finances du municipe, ils mettent en adjudication les travaux publics et la location des propriétés communales, ils vendent en vertu d'un décret du sénat les *prædes prædiaque* des débiteurs du trésor public et sont chargés du recouvrement des amendes (*Lex malacit.* LXIII, LXIV, LXVI et LXVIII. On appelait *prædes* les fidéjusseurs qui s'étaient engagés envers les cités et *prædia* les gages fournis par les débiteurs des cités. Mais dès le règne de Nerva le *curator reipublicæ* les remplace pour la plupart de ces attributions. Les duumvirs ne représentaient pas la ville, aussi lorsque celle-ci devait agir en justice, les actions étaient intentées par et contre des syndics nommé par la curie ou par le duumvir en vertu d'une délégation de la curie (Loi 6, § 1, *Dig.* III, IV).

Nous avons dit précédemment que dans les municipes c'étaient les duumvirs sous le nom de *quinquennales* ou de *censores*, qui remplissaient les fonctions qui incombaient à Rome aux censeurs ; en cette qualité ils avaient deux attributions principales la *lectio ordinis* et la confection du cens. La *lectio ordinis* se bornait au soin de combler les vides qui venaient à se produire dans la curie ; nous avons vu en effet que la *lex Julia municipalis* déterminait avec soin les causes d'indignité ou d'exclusion de la curie et qu'elle chargeait le duumvir de veiller à ce qu'aucun indigne n'entrât dans la curie, mais elle ne lui donnait pas le droit de chasser un décurion arbitrairement et sans qu'il fût dans une des causes d'indignité fixées par la loi, c'est là une différence avec le pouvoir du censeur romain qui en vertu de son *jus censuræ* pouvait exclure du sénat un membre dont la conduite lui semblait répréhensible. Ajoutons encore que dans le chapitre V de la *lex Julia municipalis,* que nous avons cité, sont énumérés les cas dans lesquels il y a lieu à la création de nouveaux décurions et que parmi ces cas ne figure pas celui où un individu aurait été exclu par le censeur ; nous devons conclure de tout cela que le duumvir n'était pas juge de la question, lors même qu'un décurion se trouvait dans un des cas prévus par la loi. Le duumvir était donc uniquement chargé de nommer de nouveaux décurions et de faire rédiger l'*album*, et lorsque la *lectio in curiam* fut transférée des magistrats à la curie elle-même, il ne resta plus au duumvir que cette rédaction.

Dans toutes les villes jouissant de la cité romaine, colonies, municipes ou préfectures, le cens était fait par les duumvirs et l'on trouve sur sa confection des détails extrêmement complets dans la chapitre XI de la *lex Julia municipalis*. On y voit que le recensement ne s'appliquait qu'aux

citoyens romains, cela tient à ce que son utilité ne se faisait
sentir qu'au point de vue du service militaire, puisque les
citoyens romains seuls y étaient astreints. Il n'est pas parlé
des *fora* et des *conciliabula*, mais il est à présumer que le
cens y était fait par les magistrats ordinaires des cités au
territoire desquelles ils appartenaient, et les termes du chapitre XI suscité « Omnium municipum, colonorum suorum
« quique ejus præfecturæ erunt, qui cives romani erunt
« censum agito » ne s'opposent nullement à cette interprétation, car les habitants des *fora* ou *conciliabula* pouvaient
parfaitement être *municipes* ou *coloni* de la *civitas* dont ils
faisaient partie.

Dans les colonies latines, avant de procéder aux opérations
du recensement, les censeurs devaient prêter le serment
suivant, qui était le même que celui des censeurs romains ;
« se nec gratia nec odio quidquam acturum, sed sincero
« animo ea, quæ e republicâ essent, et deliberaturum et
« gesturum. » La loi *Julia municipalis* n'impose pas de
serment, parce que les duumvirs prêtaient à leur entrée en
charge un serment général, dont il est parlé au chapitre LVII
de la *lex malacitana*.

Le cens municipal devait être fait dans les soixante jours
de l'ouverture du recensement romain, conformément à la
formula census publiée à Rome par les censeurs, à l'entrée
en charge, et dans laquelle ils déterminaient quelles seraient
les bases pour les évaluations. Chaque citoyen devait se présenter, déclarer ses noms et prénoms, ceux de son père s'il
était ingénu, et de son patron s'il était affranchi ; sa tribu,
ses surnoms, son âge, indiquer s'il était marié et donner
l'énumération de ses biens. D'après ces déclarations et la
formula census, le *quinquennalis* opérait l'évaluation de la
fortune de chacun et la faisait inscrire sur des registres
publics. Ce travail terminé, la curie nommait des députés
chargés de porter à Rome les livres du cens et les duumvirs

devaient veiller à ce que les *legati* n'arrivassent pas à Rome moins de soixante jours avant la clôture du cens romain. Dans un délai de cinq jours, les censeurs devaient prendre livraison des registres qui leur étaient apportés et en faire transcrire de bonne foi le contenu sur les registres publics du peuple romain, qui devaient être ensuite déposés au lieu où se conservaient habituellement les registres du cens. Tous ces détails sont extraits du chapitre XI de la loi *Julia municipalis*.

Le *tributum ex censu* ayant été supprimé lors des guerres de Macédoine, et l'impôt foncier n'étant pas exigé des terres italiques, le cens n'avait à l'époque de la loi *Julia munici-palis* aucune application au point de vue de l'impôt, mais il avait un grand intérêt relativement tant au droit de suffrage qu'au service militaire. Dans les provinces au contraire, où, dès l'époque d'Auguste, le cens fut régulièrement établi, sa seule application fut de servir de base aux impôts et à leur répartition, qui était effectuée par les magistrats municipaux sous la surveillance de *censitores* envoyés dans les provinces par l'empereur.

La principale attribution des duumvirs résidait dans l'administration de la justice, le nom même de *duumviri juri dicundo* qui leur est donné dans les textes en est la preuve ; leur juridiction s'étendait sur tout le territoire de la cité qui les avait élus, territoire qui pouvait contenir outre la ville principale des localités de moindre importance. Quant aux limites de leur compétence, il est bien difficile de les déterminer par suite du manque de textes les concernant.

Dans le principe la juridiction des duumvirs fut illimitée ; ils avaient une indépendance presque absolue, qui disparut peu à peu entre les mains du pouvoir central qui enleva une grande partie des affaires au profit des lieutenants impé-riaux (1). Nous connaissons à peu près la compétence des

____

(1) SAVIGNY, *Hist. du droit rom.* p. 49.

duumvirs à la fin de la République par la *lex Rubria*, à
laquelle nous empruuterons ce qui va suivre. Le duumvir
peut nommer un *judex*, organiser un *judicium* et délivrer
une formule (xx) ; dans certaines affaires sa juridiction est
illimitée, mais en matière de prêts d'argent il ne peut connaître que jusqu'à quinze mille sesterces (xxii). En cas de
damnum infectum il peut enjoindre de fournir caution et, si
son décret n'est pas exécuté, donner immédiatement une
action en réparation de dommages, mais il ne peut pas
envoyer en possession (xx) ; il peut aussi prononcer dans
un *judicium familiæ erciscundæ* (xxiii). Relativement à
l'exécution, s'il s'agit d'une affaire où sa compétence est
illimitée ou d'un prêt d'argent inférieur à quinze mille sesterces, ou si le débiteur est *confessus in jure*, le magistrat
peut adjuger le débiteur au créancier, ou ordonner exécution
sur ses biens (xxii). Quant à la juridiction criminelle des
duumvirs elle est trop peu connue pour que nous puissions
en parler ; la juridiction gracieuse ne l'est guère plus, nous
savons seulement par les chapitres xxviii et xxix de la loi
de Salpenza que les duumvirs de ce municipe pouvaient
affranchir les esclaves ; en parlant des municipes nous
avons du reste attiré l'attention sur cette disposition. La *lex
salpensana* renferme aussi dans son chapitre xxix des
dispositions relatives à la dation des tuteurs : mais ces dispositions ne sont pas très claires et ont beaucoup
embarrassé les commentateurs. Après avoir exposé le cas
où il y a lieu à la nomination d'un tuteur par les magistrats
municipaux la loi prévoit deux hypothèses, suivant que la
personne qui a besoin d'un tuteur est ou n'est pas impubère ;
mais comment peut-il y avoir lieu à la nomination d'un
tuteur dans le second cas ! Ce serait bien applicable à la
tutelle des femmes, mais le texte porte : « Pupilli pupillæve
« non erunt. » M. Giraud (1) en a donné l'explication en

---

(1) *Salp. et Malag.* p, 123 à 159 ; *Malag.* p. 14.

montrant que la curatelle n'était pas au début distinguée de la tutelle. La loi des XII tables en effet employait pour désigner la curatelle des *furiosi* le même mot que pour la tutelle des pupilles : « potestas esto » (CIC., *de Invent.*, II, 50). Enfin à l'époque des jurisconsultes le mot générique *tutela* comprend souvent la *cura*, notamment en matière d'excuse. C'est donc dans ce sens générique que la loi de Salpenza emploie ici le mot *tutela*. Quant à la *nominatio* dont parle ce même chapitre, espèce de présentation faite au magistrat par ceux qui demandent un tuteur, elle n'est pas non plus embarrassante à expliquer : c'est une simple indication de personne ayant pour but d'éclairer le magistrat chargé de donner le tuteur, faite, s'il s'agit d'un pubère, femme ou mineur de vingt-cinq ans, par les personnes elles mêmes, et au contraire faite par les personnes à qui la loi donne mission de provoquer la nomination d'un tuteur ou curateur, s'il s'agit d'un impubère ou d'un *furiosus*. Cette modification apportée aux règles de la tutelle romaine ne peut avoir que des avantages ; le magistrat est éclairé par ceux qui sont les plus aptes à choisir la personne qui puisse veiller aux intérêts de l'incapable et cela ne lui ôte pas la liberté de choisir néanmoins qui lui convient.

Les attributions judiciaires des duumvirs, dont nous venons d'exposer l'état à la fin de la république, diminuèrent peu à peu au profit d'autres fonctionnaires ; nous allons dire en quoi elles consistaient à l'époque des jurisconsultes. Les magistrats municipaux n'ont plus d'*imperium* : « Ea quæ « magis imperii sunt quam jurisdictionis, magistratus « municipalis facere non potest (Loi 26, *Dig.* L. I) ; » mais ils ont encore la *jurisdictio* (Loi 29, *Dig.* L. I) et un certain droit de coercition qui en est la conséquence nécessaire : « Cui juridictio data est, ea quoque concessa videntur, sine « quibus jurisdictio explicari non potest (Loi 2, *Dig.* II, I). » Leur compétence civile est limitée à une certaine somme

(Paul *Sent.* v. 5, § 1), mais les parties peuvent s'entendre pour la proroger (Loi 28, *Dig.* l. 1). C'est par les duumvirs, délégués par le président de la province, que le fidéicommissaire peut contraindre l'héritier à accepter l'hérédité et à la lui restituer (Paul *Sent.* iv, l. § 2) ; nous voyons par cette disposition que dans toutes les matières qui sortent de la simple *jurisdictio*, les duumvirs ne pouvaient agir qu'en vertu d'une délégation expresse du président de la province ; la *jurisdictio* ne consistait véritablement que dans la faculté de donner un juge : « Jurisdictio est etiam judicis dandi « licentia » dit Ulpien (Loi 3 *in fine, Dig.* ii, 1).

L'affranchissement, l'adoption et l'émancipation sont des actes solennels qui ne rentraient pas dans la simple *jurisdictio* (Loi 3, *Dig.* ii, 1), mais le plus souvent les lois municipales accordaient aux duumvirs la *plena legis actio*, ce qui leur conférait par là même le droit d'affranchir, de prononcer une adoption ou une émancipation (Loi l, *Dig.* i, vii. — Paul, *Sent.* ii, xxv, § 4. — Loi 4, *Cod.* vii, 1). Quant à la *tutoris datio*, elle n'est comprise ni dans la *jurisdictio* ni dans l'*imperium* ; elle n'appartient qu'à ceux à qui elle a été accordée par une loi, un sénatusconsulte ou une constitution impériale : « Tutoris datio neque imperii est, neque « jurisdictionis ; sed ei soli competit, cui nominatim hoc « dedit vel lex, vel senatusconsultum, vel princeps (Loi 6, « § 2, *Dig.* xxvi, 1). » Nous avons vu que les magistrats de Salpenza jouissaient de ce droit et Ulpien nous dit (Loi 3, *Dig.* xxvi, v) qu'à son époque le *jus dandi tutores* avait été accordé à tous les magistrats municipaux. D'un autre côté ce même Ulpien nous représente la *datio tutoris* comme ne pouvant être déléguée par le président (Loi 8, *Dig.* xxvi, v) : « Nec mandante præside alius tutorem dare poterit, » et Paul nous dit que les magistrats municipaux ne peuvent donner un tuteur que sur l'ordre du président (Loi 46, § 6, (*Dig.* xvvi, vii : « Cum testamento duo tutores dati essent

« pupillo et alter ex his vita defunctus fuisset, in locum ejus,
« petente matre, ex præsidis provinciæ præcepto, a magis-
« tratibus alius tutor datus est. » On concilie ces textes en
faisant remarquer que dans le principe la fonction des
magistrats municipaux consistait simplement à transmettre
au président la *petitio*, la demande à fin de nomination d'un
tuteur et à désigner au choix du président la personne qui
paraissait devoir le mieux remplir ces fonctions. Le président
finit sans doute dans sa *datio tutoris* par confirmer toujours
la *nominatio* ou présentation faite par les magistrats municipaux, et c'est ainsi qu'on arriva naturellement à leur
reconnaître à eux-mêmes le *jus dandi tutores*. On le leur
avait déjà reconnu sous Domitien, puisque le jurisconsulte
Celsus, qui vivait à cette époque, nous apprend (Loi 7, *Dig.*
XXVII, VIII) qu'il y avait lieu d'exercer des poursuites « in
« magistratus qui tutorem dederunt » lorsque ces magistrats
« dolo vel culpâ fecerunt ut minùs pupillo caveretur » (1).

La juridiction criminelle fut de très bonne heure complètement enlevée aux duumvirs ; à l'époque des jurisconsultes
ils n'ont plus à s'occuper que de simples mesures de police
et de sécurité publique, ainsi que nous l'apprennent les
textes du *Digeste*. Ils doivent faire saisir et livrer au proconsul ou au président de la province les esclaves fugitifs
(Loi 4, *Dig.* XI, IV) ; ils peuvent faire emprisonner provisoirement les hommes libres et procéder à une première
instruction (Lois 6 et 10, *Dig.* XLVIII, III) ; ils peuvent enfin
infliger de légers châtiments aux esclaves, mais ne peuvent
les condamner au supplice (Loi 12, *Dig.* II, I).

Il ne restait donc véritablement à cette époque aux duumvirs que la juridiction, qui ne consistait, nous l'avons dit,
qu'à organiser un *judicium* ; en dehors de cela ils n'avaient
plus que les pouvoirs qui leur étaient délégués par le président de la province.

(1) Voyez sur cette matière DEMANGEAT, tom. I, pag. 360 et suiv.

Nous avons dit qu'après les duumvirs venaient les édiles municipaux et qu'ils formaient la seconde catégorie des magistrats préposés à l'administration des cités. Ils avaient des fonctions analogues à celles que remplissaient à Rome les édiles tant curules que plébéiens, et quoique inférieurs en dignité aux duumvirs, ils étaient considérés comme leurs collègues et ils les remplaçaient en cas d'absence. Nous avons déjà vu que dans les préfectures ils remplissaient les fonctions de duumvirs, sauf la juridiction qui était entre les mains du préfet. Les édiles furent, comme les duumvirs, dépouillés d'une partie de leurs attributions lors de l'institution des *curatores reipublicæ*, mais nous verrons en quoi consista cette immixtion lorsque nous arriverons à ces derniers magistrats. Etudions maintenant les attributions des édiles qui étaient à la fois administratives et judiciaires.

Les attributions administratives des édiles comprenaient la *cura urbis*, la *cura annonæ*, le *cura ludorum*.

La *cura urbis* comprenait le soin de la police, de la voirie et des bâtiments. Les édiles devaient veiller au bon ordre et à la sécurité des habitants ; c'est ainsi qu'ils devaient empêcher les rixes sur la voie publique (Loi *uniq.*, § 5, *Dig.* XLIII, x). Ils devaient avoir soin que les rues fussent bien aplanies, que les ruisseaux ne pussent nuire aux constructions, que des ponts fussent construits partout ou besoin était (Loi *uniq.*, *princ.*, *Dig.* XLIII, x) ; ils devaient empêcher de jeter sur la voie publique des immondices qui pourraient l'encombrer (Loi *uniq.*, § 5, *Dig.* XLIII, x), veiller à ce que les artisans n'encombrassent pas la rue devant leurs boutiques, cependant un foulon pouvait faire sécher ses étoffes à l'air et un constructeur de chars exposer sa marchandise, mais en prenant des précautions pour ne pas obstruer le passage (même loi, § 4) C'étaient encore les édiles qui devaient empêcher de pratiquer sur la voie publique des fossés ou des excavations ou des constructions quelconques; en cas d'infractions, ils pouvaient prononcer une amende et ordonner la destruction des travaux effectués ; si le contrevenant était un esclave il pouvait être fustigé par le premier venu (même loi, § 2). L'entretien de la voie publique et le curage des aqueducs devaient être faits par les proprétaires riverains ou même par les locataires, qui en retenaient le prix sur le montant des loyers (même loi, § 3). C'est au moyen d'amendes que les édiles forçaient les propriétaires à réparer ou à reconstruire les bâtiments menaçant ruine et placés près de la voie publique (même loi, § 1). Les édiles pouvaient aussi faire certains contrats au nom de la ville dans l'intérêt de l'hygiène publique, c'est ainsi que nous les voyons traiter avec des propriétaires de bains pour que les habitants de la ville puissent se baigner gratuitement (Loi 30, § 1, *Dig.* xix, ii).

La *cura annonæ* ne pouvait avoir dans les municipes une importance aussi grande qu'à Rome où les distributions gratuites de blé étaient commandées par la nécessité de nourrir une plèbe oisive et turbulente. Les édiles curules pouvaient à Rome établir un maximum pour le prix des denrées de première nécessité, mais on ne sait si les édiles municipaux avaient le même pouvoir. Il était en tous cas défendu aux décurions de fixer les prix des grains qui étaient importés (Loi 30, § 1, *Dig.* xlviii, xii). Les édiles devaient être aussi chargés de la police et de la surveillance des marchés, mais nous n'avons pas de textes qui nous donnent de détails à ce sujet, pas plus que sur les distributions de blé à faire aux habitants.

Nous ne sommes pas non plus très renseignés sur la *cura ludorum* dont les édiles étaient chargés concurremment avec les duumvirs ; ils avaient sans doute à organiser les jeux et les fêtes publiques et à veiller au maintien de l'ordre. Il est probable aussi que de même qu'à Rome les édiles complétaient sur leur propre fortune les sommes destinées par les villes aux jeux et aux fêtes.

Les attributions judiciaires des édiles comprenaient la juridiction commerciale ; ils pouvaient publier un édit qui se référait principalement aux nullités de ventes de meubles pour vices rédhibitoires (*Tit. de œdilitio edicto, Dig.* XXI, I). Mais en dehors de cela nous ne savons pas s'ils étaient compétents sur d'autres matières.

La troisième catégorie de magistrats supérieurs avait la gestion du patrimoine de la cité ; c'était généralement sous le nom de *quœstores* qu'ils étaient connus. Ils devaient veiller à la rentrée des impôts, qui consistaient principalement en droits payés dans les ports et sur les routes pour l'importation de certaines marchandises (Loi 16, *Dig. de public.*, XXXIX, IV).

A partir du règne de Nerva, apparaissent les *curatores reipublicæ*, nommés par l'empereur ; pris à partir de Constantin parmi les décurions ayant parcouru toute la carrière des honneurs municipaux (Loi 20, *Cod. Theod.* XII, I), ils deviennent les premiers magistrats municipaux. Les *curatores reipublicæ* obtinrent presque toutes les attributions des questeurs et si cette magistrature subsista, ce fut tellement privée de ses attributions que le *Digeste* n'en parle plus que comme d'un *munus* (Loi 18, § 2, *Dig.* L, IV). Voyons maintenant quelles étaient à l'époque des jurisconsultes les attributions des curateurs.

La gestion du patrimoine municipal comprenait principalement : la location des immeubles communaux, la revendication des biens usurpés, les poursuites pour le recouvrement des créances municipales et des legs faits aux cités, l'emploi des capitaux et la direction des travaux publics. Il n'y a pas à s'occuper des ventes et aliénations, car à l'époque des jurisconsultes les biens des cités étaient inaliénables.

Les immeubles communaux formaient la plus grande partie du patrimoine municipal et le mode d'emploi le plus commun que les villes pussent en faire était de les donner à bail. Les curateurs pouvaient consentir au nom des villes deux sortes de baux, c'est ce que nous apprend le jurisconsulte Paul (Loi 1, *Dig.*, VI, III) : « Agri civitatum alii « vectigales dicuntur, alii non..... Non vectigales sunt, qui « ita colendi dantur, ut privatim agros nostros colendos « dare solemus. Vectigales vocantur qui in perpetuum « locantur : id est hac lege, ut tamdiu pro illis vectigal « pendatur, quamdiu neque ipsis, qui conduxerint, neque « his qui in locum eorum successerunt, auferri eos liceat. » La première sorte de baux était semblable à ceux que passaient les particuliers et on les faisait généralement pour cinq ans (Loi 3, § 1, *Dig.*, L, VIII) ; les autres étaient des baux à long terme ou même perpétuels. ils avaient cela de particulier que même quand ils étaient faits à temps, non seulement ils n'étaient pas révocables tant que la redevance était payée mais que l'héritier du preneur succédait à son auteur dans son occupation (Loi 3, *Dig.*, VI, III). Les terres louées de cette façon s'appelaient *vectigales* du nom de la redevance appelée *vectigal*. Ce genre de baux ne pouvait être révoqué que par une autorisation spéciale du prince (Loi 11, § 1 *Dig.*, XXXIX, IV). Un pareil contrat tenait à la fois du louage et de la vente, mais on avait fini par décider que c'était un louage (GAÏUS, III, § 145) ; celui qui occupait l'immeuble n'était donc investi d'aucun droit réel et n'avait qu'une *actio conducti* contre la ville. Mais le droit prétorien vint modifier cet état de choses et accorder aux possesseurs des *agri vectigales* une action *in rem*, action qui fut donnée contre la cité elle-même (Loi 1, § 1, *Dig.*, VI, III) ; le préteur établit même pour protéger les possesseurs des *agri vectigales* un interdit spécial (Loi 1, *Dig.*, XLIII, IX). Le possesseur des *agri vectigales* fut ainsi investi d'une sorte de droit réel, qu'il put transmettre à ses héritiers, céder à des tiers par vente ou legs et même donner en gage ou hypothèquer (Loi 16, § 2. XIII, VII). Dans ce dernier cas si le contrat était résolu faute du paiement du *vectigal,* l'hypothèque s'évanouissait de plein droit (Loi 31, *Dig.,* XX, I). Les baux à long terme ou perpétuels furent transformés par l'empereur Zénon en un contrat particulier appelé emphytéose ; il décida qu'on devait en cette matière suivre avant tout les règles établies par les parties, qu'à défaut de convention la chose restait aux risques du bailleur mais que l'emphytéote était tenu à payer le *vectigal* tant qu'il n'y avait pas perte totale (Loi 1, *Cod.,* IV, LXIV). Justinien conserva les règles établies par Zénon quant aux risques de la chose et décida que l'emphytéote pourrait céder son droit en prévenant le *dominus* qui aurait pendant deux mois un droit de préemption et que le contrat d'emphytéose serait résolu de plein droit faute de paiement du *vectigal* pendant trois ans, sans que l'emphytéote dépossédé put rien retenir pour ses impenses ou améliorations (Lois 2 et 3, *Cod.,* IV, LXVI).

Les biens des cités étant inaliénables, il va de soi qu'ils pouvaient être utilement revendiqués entre les mains de tous possesseurs quelconques, fussent-ils acheteurs de bonne foi ; on réservait seulement en ce cas le recours de l'acheteur contre ses vendeurs : « Imperatores rescripse-« runt, agros reipublicæ retrahere curatorem civitatis « debere, licet a bonâ fide emptoribus possideantur, cum « possint ad auctores suos recurrere (Loi 9, § 2 *Dig.,* « L, VIII). » L'acheteur ne pouvait-il pas alors invoquer la prescription ! Nous savons que pour prescrire il faut que l'acquéreur possède *ex justa causa,* c'est-à-dire en vertu d'un acte qui est par nature susceptible de transférer la propriété, qu'il possède *bona fide,* c'est-à-dire qu'il croie que celui de qui il tient la chose en était propriétaire et pouvait l'aliéner. Ceci posé, examinons les différents cas qui peuvent se présenter. Le possesseur actuel tient la chose de bonne foi, en vertu d'un juste titre, d'un tiers qui, lui, détenait indument le bien communal, dans ce cas il nous paraît évident qu'au bout de dix ou de vingt ans il est propriétaire incommutable. On pourrait peut être dire que la loi 9. § 2, que nous venons de citer, doit s'appliquer et que le possesseur peut être évincé s'il a un recours à exercer contre son auteur, mais cela n'est pas ; Paul nous apprend en effet (*Sent.* v, ii, § 4) que la prescription peut être opposée à la cité et que celle-ci peut simplement recourir contre les magistrats qui n'ont pas défendu ses intérêts en temps utile. Le possesseur a reçu la chose du mandataire de la cité, du curateur par exemple ; nous distinguerons deux cas. 1° Il a cru acheter la propre chose du curateur, une pareille vente n'est réellement pas une *justa causa*, mais il y a bonne foi, car il s'agit d'une simple erreur de fait ; on admet alors que le titre putatif équivaut à la *justa causa* dans tous les cas, où les circonstances étaient telles qu'un homme raisonnable et attentif y aurait été trompé ; dès lors en s'appuyant sur la décision donnée par Paul (Loi 2, § 15, *Dig.*, xli, iv) à propos de la vente des biens d'un pupille, nous déciderons que dans ce cas encore la prescription était possible. 2° La vente a été opérée par le curateur, en vertu d'un décret de la curie, au profit d'un acheteur qui savait que l'immeuble vendu appartenait à la *civitas*, mais ne savait pas qu'il était inaliénable ; dans ce cas toute prescription est impossible, la *justa causa* fait défaut et quand même l'on admettrait qu'il y eût un titre putatif suffisent la prescription serait encore empêchée par l'absence de bonne foi (1). Dès l'époque du jurisconsulte Ulpien le président de la province était chargé de veiller à la conservation du patrimoine municipal ; si des biens publics étaient possédés par des particuliers le *curator* ne pouvait plus

____

(1) Voyez sur cette question de prescription, DEMANGEAT, i, pag. 545 et suiv.

procéder de son autorité propre à une revendication, car le
président devait rechercher et décider si la cité n'avait pas
plutôt intérêt à laisser les biens au possesseur actuel, en
lui imposant le paiement d'un *vectigal* (Loi 5, § 1, *Dig.*, L, x).

Le *curator reipublicæ* était chargé du placement des
capitaux de la cité et le plus souvent il les donnait en *mutuum*,
en ayant soin d'exiger une hypothèque ou un gage suffisant
(Loi 33, § 1, *Dig.*, XXII, 1). Il devait veiller au paiement
régulier des intérêts, mais tant qu'ils étaient payés et tant
que le débiteur présentait des garanties suffisantes, il lui
était recommandé de ne pas exiger le capital (Loi 33, *Dig.*,
XXII, I). Le curateur doit aussi poursuivre la délivrance des
legs ou fidéicommis faits au profit de la cité et exiger des
héritiers ou fiduciaires les cautions que ceux-ci peuvent être
tenus de fournir (Loi 38, § 2, *Dig.*, L, I).

Les travaux publics et la surveillance des édifices privés
étaient aussi dans les attributions des *curatores reipublicæ*.
Les travaux publics ne pouvaient être entrepris sans une
autorisation du prince ou du président de la province (Loi 9,
§ 4, *Dig.*, I, VIII); cette règle était principalement édictée en
vue des travaux de reconstruction des murs et des portes de
ville. Du reste il en était de même pour tout ouvrage nouveau
quel qu'il soit : « Publico vero sumptu opus novum sine
« principis auctoritate fieri non licere, constitutionibus
« declaratur (Loi 3, § 1, *Dig.*, L, x). » En dehors de l'autorisation du prince subsistait toujours l'autorisation de la
curie, que nous avons dit être nécessaire pour toutes les
dépenses; bien qu'aucun texte ne le dise il est probable que
la création des curateurs n'avait pas modifié cette obligation. Les curateurs avaient aussi succédé aux édiles pour la
surveillance des édifices privés, et cette surveillance était
devenue de plus en plus nécessaire au fur et à mesure que
les villes perdaient de leur prospérité.

Les *curatores reipublicæ* virent leurs attributions augmenter peu à peu et ils finirent par réunir en leur personne les fonctions de tous les magistrats municipaux, à l'exception de la juridiction qui reste toujours entre les mains des duumvirs. Ils avaient sous leur direction tous les fonctionnaires inférieurs dont nous allons parler et bientôt il en sera de même pour les magistratures, qui deviendront de simples *munera* comme nous l'avons vu pour la questure, ou qui disparaîtront.

CHAPITRE VI

Des autres fonctions publiques dans les cités.

Nous avons dans le chapitre précédent traité des *honores* ou magistratures supérieures, nous allons dans celui-ci parler des *munera*.

Le mot *munus* est ainsi défini (Loi 214, *Dig.*, L, XVI), par le jurisconsulte Marcien : « Munus proprie est, quod neces-« sarius obimus, lege, more, imperiove ejus, qui jubendi « habet potestatem. Dona autem proprie sunt, quæ nulla « necessitate juris, officii, sed sponte præstantur : quæ si « non præstentur, nulla reprehensio est : et si præstentur, « plerumque laus inest : sed in summa in hoc ventum est, « ut non quodcumque munus, id et donum accipiatur ; at « quod donum fuerit, id munus recte dicatur. » *Munus* signifiait donc, à proprement parler, un acte que l'on fait nécessairement par suite d'une contrainte légale ou morale. En cherchant la signification des mots *municeps* et *munici-pium*, nous avons dans notre premier chapitre indiqué les différents sens du mot *munus*, tels que les donne Paul : le caractère unilatéral des *munera* en faisait un présent, *donum;* leur caractère obligatoire en faisait un fardeau, *onus;* enfin lorsque le citoyen devient fonctionnaire, le *munus* constitue un *officium*. Les fonctions publiques importantes cessèrent de bonne heure de faire partie des *munera* pour former une classe séparée ; comme elles entraînaient avec elles une certaine considération, on cessa de les considérer comme des charges. Quant aux impôts, ils cessèrent de faire partie des *munera*, quand ils perdirent leur caractère unilatéral ; en effet après les guerres de Macédoine, l'impôt établi dans les provinces et qui fut le seul, n'était pas une prestation faite par les citoyens en vue de subvenir aux frais de l'Etat, mais bien un prix de bail pour des terres confisquées fictivement par le peuple romain. Nous devons donc définir les *munera :* l'obligation pour un citoyen de consacrer son temps ou sa fortune aux intérêts de la cité.

Les *munera* se divisent en charges personnelles et charges patrimoniales (Loi 1, *Dig.* L. IV) ; la définition de ces deux sortes de charges nous est donnée par Hermogénien (Loi 1 § 3, *Dig.* L, IV) : « Illud tenendum est genera- « liter, personale quidem munus esse, quod corporibus, « labore, cum sollicitudine animi ac vigilantiâ soleñniler « exstitit : patrimonii vero, in quo sumptus maxime postu- « latur. » Cette division n'a rien d'absolu, beaucoup de charges personnelles pouvaient entraîner des dépenses et les charges patrimoniales exigeaient de ceux qui les remplissaient certaine vigilance d'esprit ; quoiqu'il en soit, il faut s'attacher au caractère dominant.

Le citoyen appelé à remplir un *munus* ne pouvait s'en dispenser s'il n'était pas dans un cas d'exemption légale, mais il pouvait présenter un autre citoyen qu'il croyait plus apte que lui à remplir l'office auquel on l'avait désigné (Loi uniq. *Cod.* X, LXV). C'était le président de la province qui au besoin intervenait pour contraindre les citoyens à remplir les *munera* et le moyen ordinairement employé était d'envoyer la ville en possession de tous les biens du citoyen

récalcitrant ; parfois même on allait jusqu'à l'emprisonnement (Loi 9, *Dig.* L. IV).

Quant aux conditions d'aptitude aux *munera*, elles étaient
peu nombreuses ; il n'en était pas de même pour eux que
pour les *honores,* qui malgré les nombreuses dépenses qu'ils
entraînaient, étaient recherchés pour la considération qu'ils
procuraient ; les infâmes ne sont guère exclus que des
charges personnelles. Ni les mineurs de vingt-cinq ans
(Loi 8, *Dig.* L. IV), ni les femmes n'étaient appelés aux
munera personnalia; mais ils étaient soumis aux *munera
patrimonii* qui etaient de véritables impôts (Loi 3, § 10, *Dig.*
L, IV). En principe les citoyens seuls auraient dû être soumis aux *munera*, cependant les *incolæ* jouissant de la plus
grande partie des avantages que procurait la qualité de
citoyen, à l'exception de la participation aux honneurs,
furent soumis aux charges municipales (Loi 34, *Dig.* L. I.
— Loi 3, *Dig.* L, IV).

Nous ne savons comment se faisait la nomination aux
munera à la fin de la république et au début de l'empire,
mais l'absence même de textes nous montre que ce n'étaient
pas les comices qui nommaient à ces emplois inférieurs ;
ce soin rentrait probablement dans les attributions de la
curie. A l'époque des jurisconsultes, la désignation aux
munera émane certainement de la curie ; les décurions
étaient solennellement convoqués par le magistrat et procédaient, à la nomination des individus devant remplir chaque
munus, par un décret spécial, et cette nomination était notifiée par un officier public à la personne choisie (Loi 2, *Cod.*
X, XXXI). Ce décret de la curie était indispensable et étaient
nulles les nominations faites hors de la curie par un simple
édit des magistrats (Loi, 29, *Cod.* VII, LXII). Nous avons vu
cependant en parlant des duumvirs que la curie pouvait les
charger de nommer les syndics, chargés de représenter les
villes dans chaque procès, nous y reviendrons quand nous

7

arriverons, parmi les charges personnelles, à celle de *syndicus* ou *defensor*.

Nous avons dit qu'il y avait deux sortes de charges, les charges personnelles et les charges patrimoniales ; nous allons passer en revue les principales charges personnelles.

Une des charges personnelles les plus importantes était celle de *legatus* ; le *legatus* était un mandataire envoyé par les cités auprès de l'empereur pour traiter des affaires qui les intéressaient. La désignation des *legati* émanait probablement de la curie, ce qui le fait présumer c'est l'absence de dispositions à cet égard dans le Digeste, qui consacre cependant un titre entier à réglementer la matiére des légations ; ce qui confirme cette supposition, c'est le nom de *decretum* donné aux lettres contenant l'exposé de la mission du *legatus* (Loi 36, *Dig.* L, 1). Les lois 4, § 5, et 7, au Digeste, *de legationibus* (L, VII), semblent supposer que les *legati* étaient toujours pris parmi les décurions ; il était naturel en effet que la ville se fît représenter par des citoyens influents. Les débiteurs des cités et non les débiteurs du fisc étaient écartés des fonctions de *legati* (Loi 4, princ. et § 2, *Dig.* L, VII) ; cela tenait au privilège accordé aux députés de ne pouvoir être actionnés pendant la durée de leurs fonctions.

L'obligation pour les *legati* de remplir les fonctions qui leur avaient été confiées était sévèrement sanctionnée ; s'ils ne remplissaient pas leurs fonctions et ne justifiaient pas d'un empêchement de force majeure, ils étaient exclus de la curie ; mais il n'y avait pas de solidarité entre les divers *legati* chargés d'une même mission (Loi 1, *Dig.* L, VII). Le *legatus* ne pouvait s'occuper de ses affaires personnelles, ni de celles d'autrui avant d'avoir rempli son mandat (Loi 8, § 2, *Dig.* L, VII), à moins qu'il ne s'agit pour lui d'éviter un *damnum* ou une *injuria* (Loi 10, *Dig.* L, VII). Il pouvait aussi pendant sa mission, acheter une maison dans sa patrie, gérer et défendre les intérêts de son pupille (Loi 12, *Dig.* L, VII) ; il pouvait pour ses propres affaires se faire représenter par un procureur, et même exposer à l'empereur par un intermédiaire ses griefs personnels contre la ville qui l'avait envoyé (Loi 2, *Dig.* L, VII). Le citoyen désigné pour une mission pouvait se faire remplacer par un *vicarius*, mais nous voyons que le seul *vicarius* qu'on pouvait désigner était son fils (Loi 4, § 4 *Dig.* L, VII) ; cependant un absent pouvait, en supportant les frais de voyage, se faire remplacer par qui il voulait (Loi 11, *Dig.* L, VII).

Les *legati*, qui ne pouvaient pendant leur mission s'occuper de leurs propres affaires, avaient par une juste réciprocité le privilège de ne pouvoir être actionnés pendant le même temps ; ils avaient à la fois une exception dilatoire et une exception d'incompétence. L'exception dilatoire leur permettait de n'être pas actionnés dans leur patrie pendant leur absence ; cette exception leur appartenait aussitôt après leur nomination et avant même leur départ pour Rome (Loi 5, *Dig.* L, VII) ; il y avait cependant un cas excepté, c'était celui où une dette était stipulée payable pendant leur absence (Loi 3, *Dig.* L, VII). Pour expliquer l'exception d'incompétence, appelée *jus revocandi domum suam*, il nous faut rappeler que les habitants des municipes, étant à la fois citoyens de leur propre ville et citoyens romains, pouvaient être actionnés à Rome. Tout député, poursuivi à Rome pour un contrat passé *ante legationem* pouvait, au moyen de cette exception, réclamer le droit de n'être jugé que dans sa patrie (Loi 2, § 3, *Dig.* V, I).

La *legatio* étant une charge personnelle ne devait entraîner aucune dépense ; le *legatus* pouvait donc réclamer à la ville ses déboursés et une action lui était accordée à cet effet (Loi 7, *Dig.* III, IV). Souvent aussi la cité donnait à l'avance aux députés une somme fixe appelée *legativum* ou *viaticum* pour subvenir aux frais du voyage (Loi 18, § 12, *Dig.* L, IV).

Les causes d'excuses qui pouvaient être invoquées par les *legati* étaient soigneusement déterminées par la loi, nous en parlons ici parcequ'elles diffèrent de celles qui s'appliquent aux *honores* et aux autres *munera* et dont nous parlerons plus loin. Le père de trois enfants était dispensé des fonctions de député (Loi 1, *Cod.* x, LXIII) ; celui qui s'était acquitté d'une légation ne pouvait être tenu d'en reprendre une autre qu'après un intervalle de deux ans quand même il s'agirait de la continuation de la même affaire (Loi 8, § 1, *Dig.* L., VII). Nous avons dit que le père pouvait se faire suppléer par son fils ; dans ce cas c'était le père qui pouvait invoquer le bénéfice de l'exemption pendant deux ans ; dans les mêmes circonstances le fils ne pouvait pas s'en prévaloir (Loi 7, *Dig.* L, VII).

Un autre *munus personale* d'assez grande importance était celui de *syndicus* ou *defensor*. Le *syndicus* était chargé de représenter la cité soit en demandant, soit en défendant ; nous avons déjà dit qu'il était nommé soit directement par la curie, soit par le duumvir en vertu d'une délégation spéciale de la curie. Primitivement il devait être spécialement désigné pour chaque affaire, mais Paul nous apprend (Loi 6, § 1 *Dig.* III, IV) que cette règle avait disparu de son temps et qu'en vertu d'un usage généralement établi la plupart des villes nommaient un représentant général pour les représenter dans tous les procès.

Nous trouvons encore un assez grand nombre de charges personnelles ; ceux qui les remplissaient étaient sous les ordres des édiles et du *curator reipublicæ*. Nous ne ferons qu'en citer quelques unes, d'abord parce que ces charges n'avaient qu'une médiocre importance et puis parce que ces emplois variaient suivant les villes.

Les *exactores* ou *curatores ad colligendos civitatum publicos reditus*, étaient chargés de percevoir les différents revenus des biens communaux et de recouvrer les impôts établis au profit du municipe. Le classement de leurs fonctions parmi les *munera personnalia* (Loi 18, § 8 et 9, *Dig.*, L, IV) nous montre bien qu'ils n'étaient pas responsables de l'insolvabilité des contribuables. Il ne faut pas les confondre avec les *exactores* ou *susceptores*, que nous trouverons en parlant des *munera patrimonii*.

Le *curator pecuniæ publicæ* était un officier spécialement chargé de la garde et de l'emploi des sommes en espèces qui pouvaient se trouver dans la caisse municipale; le *curator pecuniæ publicæ* appelé aussi *curator calendarii* était nommé par le président de la province et n'était pas astreint à donner caution (Loi 9, § 7, *Dig.*, L, VIII).

La confection du cens, la répartition des impôts étaient faites par des employés appelés *censuales* (Loi 18, § 16, *Dig.*, L, IV).

La police était confiée à des agents appelés *irenarchæ*, nommés par la curie et confirmés par le président de la province (Loi uniq., *Cod.*, X, LXXV); leurs attributions nous sont détaillées par le jurisconsulte Modestin (Loi 6, § 1, XLVIII, III).

Enfin un grand nombre d'emplois divers étaient consacrés à la *cura annonæ*, au service de la voirie et des travaux publics sous la direction des édiles, des questeurs et plus tard du *curator reipublicæ*. En outre les citoyens étaient obligés d'accepter les fonctions de juges et de récupérateurs (Loi 13, *Dig.*, L, V). Toutes ces fonctions, quoique n'étant que des charges personnelles, pouvaient être pour les citoyens qui en étaient chargés la source d'une responsabilité considérable; toutes d'ailleurs pouvaient en vertu de l'usage ou des lois particulières de chaque ville obliger à certaines prestations qui les faisaient entrer dans la classe des *munera patrimonalia*; c'est ce que nous apprend le jurisconsulte Arcadius Charisius (Loi 18, § 27, *Dig.*, L. IV) : « Sed ea, quæ supra personalia esse diximus, si hi, qui

« funguntur, ex lege civitatis suæ, vel more, etiam de pro-
« priis facultatibus impensas faciant, vel annonam exigentes
« desertorum prædiorum damna sustineant; mixtorum defi-
« nitione continebuntur. » C'est-à-dire d'après ce jurisconsulte qu'elles deviennent mixtes, qu'elles tiennent à la fois
des charges personnelles et des charges patrimoniales que
nous allons examiner.

Toutes les charges patrimoniales exigeant un certain travail de corps et d'esprit de la part de celui qui les remplissait pouvaient être rangées dans la classe des charges
mixtes dont nous venons de parler; il n'y avait d'exception
que pour certains impôts ou prestations en nature appelées
intributiones. Les charges patrimoniales étaient de deux
sortes, Ulpien (Loi 6, § 5, *Dig.*, L, IV) nous l'apprend en ces
termes : « Sed enim hæc munera, quæ patrimoniis indicun-
« tur, duplicia sunt : nam quædam possessoribus injun-
« guntur, sive municipes sunt, sive non sunt : quædam non
« nisi municipibus, vel incolis. Intributiones, quæ agris
« fiunt vel ædificiis, possessoribus indicuntur : munera vero,
« quæ patrimoniorum habentur, non aliis, quam municipi-
« bus vel incolis. » Les *intributiones* comprenaient toute
espèce de prestation en nature, établie en vertu de l'usage
ou des lois municipales; elles étaient exigées de tout individu
possédant des terres dans le territoire de la cité : telle était
l'obligation pour un propriétaire de livrer une quote-part
des fruits de son fonds (Loi 18, § 25, *Dig.*, L, IV), ou de
fournir des bêtes de somme ou de trait et des chariots pour
le service des armées ou des postes (Loi 18, § 21, *Dig.*, L,
IV). Quant aux charges patrimoniales proprement dites,
elles étaient imposées aux seuls *municipes* et *incolæ*, elles
variaient à l'infini suivant les villes et n'étaient souvent,
comme nous l'avons déjà dit, qu'une transformation des
charges personnelles, quand la loi ou l'usage oblige les
citoyens à subvenir à leurs frais à des services qu'ils n'ont

en principe qu'à diriger. Nous ne nous arrêterons un instant que sur la perception des impôts, car elle fut la cause de la ruine des institutions municipales.

Dès l'établissement de l'empire le système financier fut lié à l'administration municipale ; Auguste fit procéder en l'an 735 de Rome à un recensement général des habitants de l'empire et en même temps à des opérations cadastrales. Le cens devait être la base de l'impôt à établir et quant au cadastre il servit à l'établissement de l'impôt foncier. On appelait *caput* ou *jugum* la quantité de terre que deux bœufs pouvaient cultiver et chaque propriété paya l'impôt d'après le nombre de *capita* qu'elle contenait.

Chaque année paraissait un édit qui fixait le nombre de *solidi* qui devaient être payés par chaque *caput* ; c'était ce qu'on appelait l'*indictio* ; s'il y avait lieu, l'empereur décrétait, sous le nom de *superindictio*, l'établissement de véritables centimes additionnels. L'*indictio* et la *superindictio* constituaient la *terrena capitatio*. Toutes les personnes qui n'étaient pas propriétaires devaient payer un impôt personnel appelé *plebeia* ou *humana capitatio*.

A côté de ces impôts directs fut établie une quantité considérable d'impôts indirects, tels que : l'impôt sur les affranchissements, la *vicesima hereditatum* ou droit de mutation d'un vingtième sur les hérédités, des droits de douane. Pour le recouvrement de ces divers impôts, le ferme fut généralement employée.

Quant aux impôts directs, ils furent primitivement perçus par le même système, la ferme leur était aussi appliquée ; mais bientôt on chargea les curies de leur perception. Nous ne savons au juste à quelle époque se fit cette transformation ; il est à présumer que, dès l'époque des jurisconsultes, un premier pas avait été fait dans cette voie, mais ce ne fut qu'après Constantin que ce système fut complètement organisé.

Aussitôt après la publication de l'*indictio* et de la *super-indictio*, la répartition se faisait, sous la direction de notables de la cité appelés *decaproti*, par des employés nommés *tabularii*. Ces *decaproti* étaient les dix citoyens les plus importants de la cité ; quant aux *tabularii*, leur emploi était un *munus personale*, ils n'avaient aucune responsabilité particulière. Les rôles ainsi arrêtés étaient remis à des *exactores* qui exigeaient les sommes dues par chaque contribuable et les remettait aux deux *susceptores* de la province.

Les *exactores* étaient nommés dans une assemblée solennelle de la curie, sur la présentation des *decaproti* et leurs noms étaient signifiés au président de la province (Loi 8, *Cod.* x, LXX). Les *decaproti* étaient responsables de la gestion des *exactores* ; les *exactores* répondaient aussi sur leur propre fortune de l'insolvabilité des contribuables ; la curie entière était responsable des *exactores* parcequ'elle les avait nommés. Ce mode de recouvrement de l'impôt, qui était bien supérieur à la ferme sous le rapport du rendement de l'impôt, donna de désastreux résultats ; les malheureux décurions, forcés de payer ce qu'on ne pouvait obtenir des contribuables, furent entraînés à la ruine. Nous verrons dans notre dernier chapitre quelles furent les conséquences de cet état de choses (1).

Examinons maintenant les différentes causes de dispense et l'étendue de l'immunité qui résulte de chacune d'elles au point de vue des différentes classes de charges publiques. Rappelons d'abord que ces dispenses s'appliquent aux *honores* comme aux *munera*, et que ce qui empêchait qu'on s'en prévalût autant pour les premiers, c'est l'honneur qui rejaillissait sur les personnus revêtues de ces charges importantes. Nous ne savons pas quelles furent les causes

(1) **Tous** ces détails sur les impôts sont tirés de l'introduction du *Cours de Droit romain* de M. MAYNZ.

d'excuses sous la république, mais elles devaient être semblables à celles que nous allons énumérer et qui nous sont connues par les textes des jurisconsultes classiques. On appelait *immunes* les personnes dispensées de remplir les emplois publics, *honores* ou *munera*, et immunité la dispense elle-même. Rappelons que les *municipes* seuls, en principe, pouvaient gérer les charges publiques et que si cette règle resta vraie pour les *honores*, elle cessa de l'être pour les *munera* auxquels de bonne heure les *incolæ* furent astreints.

L'âge de soixante-dix ans accomplis dispensait de l'exercice des charges personnelles (Loi 3, *Dig.* L, VI), mais il fallait que l'âge fût prouvé, soit par écrit, soit par tout autre mode légal de preuve (Loi 2, § 1, *Dig.* XXVII, I). Cette immunité ne s'étend pas jusqu'aux *honores*, dont on ne peut être dispensé que quand au grand âge viennent se joindre des infirmités qui rendent impossible l'exercice de ces honneurs (Loi 2, § 1, *Dig.* L, V) ; mais cette règle reçoit une limitation importante puisque nous savons que les personnes âgées de plus de cinquante-cinq ans ne pouvaient être, malgré elles, élevées au décurionat (Loi 2, § 8, *Dig.* L, II). Or nous savons qu'à l'époque des jurisconsultes il fallait être décurion pour parvenir aux autres honneurs ; les seules personnes qui ne pouvaient refuser à aucun âge les *honores* qui leur étaient déférés étaient donc celles qui avaient été élues au décurionat avant l'âge de cinquante-cinq ans ou qui, ayant consenti à entrer à la curie après cet âge, avaient reconcé à leur immunité. En ce qui concerne les *munera*, la règle elle-même fléchissait quelquefois, ainsi nous voyons (Loi 5, *Dig.* L, VI) que si une personne, qui n'avait encore rempli aucune fonction publique, acquiert dans sa vieillesse de la fortune, elle pourra être soumise à des charges exigeant des dépenses plutôt que du travail corporel.

Les infirmités étaient aussi une cause de dispense, mais

il est impossible de poser en cette matière des règles fixes ;
il y a une question de fait qui doit être appréciée par le président de la province (Loi 2, § 7, *Dig.* L, v). Il verra si la
personne à qui un *munus* a été déféré est en état de le
remplir ; il excusera plus facilement des charges qui demandent un grand travail corporel, moins facilement de celles
qui demandent surtout de la prudence et de l'expérience ;
les infirmités ne seront jamais une cause de dispense des
charges pécuniaires (Loi 2, § 7, *Dig.* L, v).

La pauvreté n'est pas à proprement parler une cause
d'excuse, elle est plutôt l'absence d'une condition nécessaire
pour pouvoir remplir les charges. En ce qui concerne les
honores, il est probable qu'une certaine fortune était nécessaire pour arriver au décurionat ; mais les décurions qui
avaient perdu leur fortune n'étaient pas dépouillés de leur
dignité et pouvaient donc en principe arriver aux honneurs.
Quant aux *munera*, il était de toute impossibilité de faire
supporter aux indigents les charges patrimoniales, mais ils
étaient alors soumis à des travaux corporels (Loi 4, § 2,
Dig. L, IV).

L'absence dans l'intérêt de l'Etat est un motif suffisant
pour refuser les honneurs et les charges personnelles ;
nous avons vu une application de cette immunité en nous
occupant des légations municipales. Si l'absence n'est pas
causée par un intérêt public, mais s'il est prouvé qu'elle est
légitime, elle dispense de la gestion des honneurs et des
charges personnelles. Ainsi cette dispense s'applique lorsqu'un citoyen d'un municipe est en appel devant l'empereur
et s'est rendu à Rome pour suivre son affaire (Loi 8, § 5,
Dig. L, v) ; lorsque des jeunes gens s'absentent pour leurs
études, ils sont alors dispensés jusqu'à l'âge de vingt-cinq
ans de tous les offices, qui ne sont pas charges patrimoniales (Loi 1, *Cod.* X, XLIX).

Le service militaire est aussi une cause d'immunité

absolue (Loi 3, § 1, *Dig*. L, IV), mais c'est plutôt une application du cas précédent qu'une nouvelle cause d'excuse. Le service militaire ne donnait d'immunité aux soldats que tant qu'ils étaient en campagne, mais nous verrons tout à l'heure qu'il y avait un cas de dispense spéciale pour ceux qui avaient obtenu le titre de vétérans.

Toutes ces causes d'excuse ont ce caractère commun d'être plutôt la consécration d'une impossibilité matérielle, que de véritables privilèges ; celles que nous allons énumérer maintenant ont plutôt le caractère contraire.

Le père de cinq enfants est dispensé de toutes les charges personnelles ; c'est une application des règles générales sur le *jus liberorum* : les Romains avaient établi pour encourager le mariage un grand nombre de privilèges. Peu importe que les enfants soient en puissance (Loi 2, § 5 *Dig*. L, v) ou émancipés, ils n'en sont pas moins comptés pour la dispense, mais les enfants adoptifs ne peuvent être compris dans le nombre fixé (Loi 2, § 2, *Dig*. L, v). Les enfants morts n'entrent pas non plus en ligne de compte, à moins qu'ils n'aient péri sur le champ de bataille (Loi 14 · *Dig*. L, v). Il en était de même des enfants captifs, ils ne pouvaient servir de cause de dispense (Loi 2, *Cod*. x, LI) ; mais s'ils mouraient en captivité ils étaient censés morts au moment où ils avaient été pris, c'est-à-dire sur le champ de bataille (Loi 3, *Cod*. x, LI). Les femmes, pouvant être tenues de certaines charges, en sont comme les hommes dispensées lorsqu'elles ont le *jus liberorum* (Loi 5, *Cod*. x, LI) ; il n'y a pas à leur égard à distinguer s'il s'agit de *justi liberi* ou de simples *spurii*. Le nombre des enfants ne dispense jamais ni des honneurs, ni des charges patrimoniales (Loi 2, § 1, *Dig*. L, v).

. Les vétérans étaient dispensés des honneurs et des charges personnelles ; il y a doute pour les charges patrimoniales. Papinien nous dit expressément (Loi 7, *Dig*. L, v) qu'ils n'en étaient pas dispensés ; d'un autre côté Arcadius Charisius (Loi 18, § 29, *Dig.* L, IV) nous les montre déchargés de certaines charges patrimoniales. Il est probable qu'il n'y avait pas de règle fixe et absolue et que les immunités des vétérans étaient plus ou moins étendues suivant les cités.

Les professeurs d'arts libéraux ont une immunité complète et ne sont pas même astreints aux charges patrimoniales (Loi 10, § 2, *Dig.* L, V). Modestin nous apprend que cette immunité, déjà ancienne, fut confirmée par Antonin le Pieux au profit des philosophes, des rhéteurs, des grammairiens et des médecins (Loi 6, § 8, *Dig.* XXVII, I) ; mais ce privilège n'appartenait qu'à ceux qui avaient été autorisés par la curie à exercer ou à professer ; il fallait aussi que le décret mentionnât la jouissance de l'immunité (Loi 5, *Cod.* X, LII). Les poëtes ne jouissaient d'aucun privilège (Loi 3, *Cod. de prof.* X, LII). Les athlètes émérites qui avaient combattu toute leur vie et qui avaient obtenu trois couronnes obtenaient la dispense de tous les emplois civils (Loi uniq. *Cod.* X, LIII). Les négociants et les armateurs, qui s'occupaient de l'approvisionnement de Rome, étaient dispensés à la fois des honneurs et des charges publiques (Loi 5, § 3, *Dig.* L, VI).

Les hauts dignitaires de l'empire, les membres des conseils des présidents de provinces, des proconsuls et des procurateurs étaient dispensés des honneurs et des charges dans la ville dont ils étaient originaires (Loi 12, § 1, *Dig.* L, V). Nul ne peut être investi à la fois de deux *honores*, ni ne peut être tenu d'exercer un honneur inférieur à ceux déjà gérés. Les *munera* ne pouvaient pas non plus être cumulés, ni même imposés successivement au père et au fils (Loi 1, *Cod.* X, XL).

Les excuses les plus évidentes ne peuvent être invoquées que par voie d'appel, porté devant le président de la province (Loi 11, *Cod.* VII, LXII. A défaut d'appel le citoyen est

réputé avoir renoncé à son excuse ou à son immunité et s'il ne remplit pas la charge imposée il est tenu
envers la ville de tous les dommages que sa négligence a pu
causer (Loi 7, *Cod.* vii, lxii). Le délai d'appel court du
jour du décret de la curie, si le citoyen désigné était présent
à la séance, sinon du jour de la notification qui doit lui être
faite (Loi 2, *Cod.* x, xxxi) ; si l'excuse est admise les frais
de l'appel doivent être supportés par la personne qui a présenté le candidat, par le *nominator* (Loi 2, *in fine,*
Cod. x, xxxi).

Les excuses se distinguent en : 1° excuses perpétuelles
ou temporaires, 2° excuses *a suscipiendo munere* et excuses
a suscepto munere, 3° excuses complètes ou partielles, 4°
excuses que le magistrat est forcé d'admettre et excuses
pour lesquelles il a un certain pouvoir d'appréciation. Reprenons ces quatre catégories.

Les excuses sont temporaires lorsqu'elles sont motivées
par une impossibilité matérielle d'exécution, comme dans
les cas d'indigence, d'infirmité ou d'absence ou lorsqu'elles
sont établies à titre de privilège pour un temps limité,
comme dans le cas d'intervalle entre deux *honores* ou deux
munera.

Les excuses ne sont en général que excuses *a suscipiendo
munere* (Loi 5, § 7, *Dig.* l, vi) ; mais elles pourraient dispenser même pendant la gestion de la magistrature, si un
cas de force majeure rendait impossible la continuation de
la fonction.

Les excuses complètes dispensent des *honores* et des
munera personnalia et *patrimoniorum,* mais elles sont
très rares ; il faut une concession particulière du prince
pour qu'elles puissent exister et en général les cas d'immunité ne s'étendent pas aux charges patrimoniales (Loi 12,
Dig. l, iv).

Dans tous les cas d'immunité, le président devait se borner à s'assurer que l'appelant était bien dans les conditions requises pour jouir de l'immunité ; mais son appréciation était toute puissante quand il s'agissait uniquement d'apprécier si un individu, d'ailleurs soumis aux charges, pouvait ou non suffire à celle qui lui avait été confiée ; cela arrivait dans les cas de maladie ou d'indigence (Loi 3, *Cod.*, x, L).

Les immunités sont en général personnelles : « Person- « nis datæ immunitates heredibus non relinquuntur, » dit Ulpien (Loi 1, § 1, *Dig.* L, vi) et même l'immunité accordée au père de cinq enfants lui est donnée surtout à cause de cette considération, que ses enfants subissent les charges à sa place (Loi 3, § 6, *Dig.* L, iv). Les immunités pouvaient néanmoins quelquefois être accordées à un individu et à ses descendants, d'une manière générale et dans ce cas elles subsistaient *in infinitum* (Loi 4, *Dig.* L, vi). L'immunité étant un privilège, on pouvait y renoncer et apposer à cette renonciation toute espèce de condition ; à défaut même de toute stipulation, le fait d'accepter un honneur ou une charge n'entraînait pas renonciation au droit de faire valoir une autre fois son excuse (Loi 2, *Dig.* L, vi).

Avant de terminer ce chapitre, nous allons dire un mot de la responsabilité des fonctionnaires.

Les fonctionnaires municipaux sont responsables, comme les *negotiorum gestores*, non-seulement de leur dol, mais même de leur faute ou de leur négligence : « Magistratus « reipublicœ non dolum solummodo, sed et latam negligen- « tiam, et hoc amplius etiam diligentiam debent (Loi 6, « *Dig.* L, viii). » Il ne suffit donc pas qu'ils apportent aux affaires de la cité le même soin qu'à leurs propres affaires. En cas de dol il sont tenus de donner à la ville le double du dommage qu'ils ont causé ; en cas de simple négligence, ils ne sont tenus qu'au simple ; leurs héritiers ne sont jamais tenus qu'au simple (Loi 9, § 4, *Dig.* L, viii). La responsabilité des fonctionnaires commence pour eux avec la nécessité de s'occuper de la gestion des affaires municipales ; en principe donc elle commence du jour où ils ont été nommés ou du jour où leur nomination leur a été notifiée. Tous les actes de gestion du patrimoine municipal se faisaient aux risques et périls du magistrat chargé de ces fonctions.

Les fonctionnaires doivent les intérêts des sommes appartenant à la cité, qu'ils ont entre leurs mains, soit qu'ils doivent les remettre à la cité en rendant leurs comptes (Loi 9, § 10, *Dig.* L, VIII), soit qu'ils les détiennent pour en faire, au nom de la cité, un emploi quelconque (Loi 9, *Dig.* L, VIII).

Les magistrats et fonctionnaires à leur sortie de charge devaient rendre des comptes. Nous voyons dans la *lex Malacitana* (chap. LVII) que les comptes devaient être rendus dans un délai de trente jours à partir du moment où le fonctionnaire, chargé du maniement des deniers ou des affaires, avait terminé sa mission et qu'ils étaient rendus soit à la curie, soit à un commissaire, nommé par elle dans une séance à laquelle assistaient les deux tiers au moins des membres inscrits. Les comptes, bien que rendus et apurés, peuvent être cependant révisés pendant un délai de dix ou de vingt ans, suivant qu'il s'agit des fonctionnaires eux-mêmes ou de leurs héritiers (Loi 13, § 1, *Dig.* XLIV, III).

CHAPITRE VII

Décadence des Institutions municipales.

Nous avons terminé l'étude du régime municipal, nous l'avons vu soumis à diverses vicissitudes; nous avons fait remarquer que la souveraineté, appartenant d'abord aux comices populaires, s'était déplacée pour passer entre les mains de l'*ordo decurionum*, qui formait une sorte de patriciat municipal. Nous avons montré les modifications subies par les attributions des magistrats; mais nous sommes restés en présence d'une autonomie presque absolue de la part des cités.

Après l'établissement de l'empire la vie publique se réfugia principalement dans les municipes; nous avons dit dans notre premier chapitre que les empereurs favorisèrent ce mouvement. Mais à partir de Dioclétien et de Constantin une centralisation excessive vint modifier profondément la constitution des cités en leur faisant perdre une grande partie de leur indépendance.

En parlant des impôts, nous avons dit que les décurions avaient de bonne heure été rendus responsables de la rentrée des impôts publics et qu'en cas d'insolvabilité des contribuables ils devaient y suppléer sur leurs propres biens; la qualité de décurion devint ainsi une cause de ruine et leur condition devint la plus onéreuse des conditions sociales. Ce qui avait été un honneur ne fut plus qu'une charge dont il y eut profit et tendance à sortir et l'exemption des fonctions curiales devint un privilège que les empereurs conférèrent aux hommes et aux classes qu'ils avaient intérêt à s'attacher. Ainsi naquit dans l'Etat une classe immense de privilégiés. On vit donc au fur et à mesure que les charges devenaient plus lourdes, le nombre de ceux qui étaient appelés à les supporter devenir de moins en moins grand ; de là cette tendance à fuir les villes, à éviter les fonctions qui jadis avaient été des droits et n'étaient plus que des charges, de là enfin la ruine des institutions municipales.

A l'époque où nous sommes arrivés il n'y a plus aucune distinction à faire entre l'Italie et les provinces, ni entre les villes qui furent autrefois des colonies, des municipes ou des préfectures, la condition de toutes est devenue identique ; on les appelle toutes municipes.

La distinction des habitants en *cives* et en *incolæ* subsiste encore ; mais elle a perdu toute importance, car il n'est plus question d'exclusion des *honores* pour les *incolæ*. Au lieu des deux classes de citoyens que nous avons trouvées dans les cités, il y en a maintenant trois : les patriciens et les plébéiens sont remplacés par les *immunes*, les décurions et la plèbe, parmi laquelle nous rangerons les *possessores*. On appelait *possessores* ceux qui, jouissant d'une certaine fortune territoriale, ne faisaient pas partie de la curie ; en principe le nombre des décurions resta toujours limité, mais en fait la classe moyenne diminuant de jour en jour tous ceux qui possédaient quelque fortune durent entrer dans la curie ; de sorte que la classe des *possessores* ne dût pas être bien nombreuse.

Nous avons dit que la curie se recrutait par elle-même, ce

que l'on appelait la *cooptatio*; les décurions élisaient eux-
mêmes de nouveaux membres lorsqu'il y avait lieu de compléter la curie; cela dura jusqu'à Constantin. Mais en fut-il
autrement depuis ce prince! on admet généralement qu'à
partir de cette époque les fils de décurions furent décurions
de droit et que tous les individus possédant une fortune
suffisante entrèrent par là même dans la curie. Nous ne le
pensons pas, nous croyons au contraire que l'élection ou
cooptatio fut toujours nécessaire et que l'hérédité de la
qualité de décurion fut simplement une aptitude héréditaire
à la curie, établie postérieurement à Constantin. Nous pensons aussi qu'une fortune quelle qu'elle fût ne permît jamais
de devenir de droit membre de la curie.

Remarquons d'abord que les noms de *subjecti, obnoxii,
succedanei, nexi curiæ* ne désignent pas ceux qui faisaient
partie de la curie, mais bien ceux qui étaient susceptibles
d'y être élus et ne pouvaient se soustraire à cette éligibilité.
Ceci posé, examinons les textes que mettent en avant ceux
qui pensent que le décurionat devint héréditaire pour les fils
de décurions. Vient d'abord la loi 31, au Code, *de decurionibus* (x, xxxi) : « Ex omnibus domibus producti, qui origine
« sunt curiales, ad subeundam publicorum munerum fonc-
« tionem protrahantur. » Cette loi doit s'entendre de ceux
qui sont *subjecti curiæ* et non de ceux qui sont décurions
d'origine, car nous verrons par l'ensemble des textes que
curiales signifie une classe d'individus pouvant par le fait
de leur naissance être appelés à la curie; ce sont les membres du patriciat municipal. Dans le Code théodosien le texte
correspondant à la loi qui nous occupe dit : « Qui origine
« sunt curiali; » on peut donc dire que notre loi 31 veut dire
que l'on peut rechercher partout où ils se cachent ceux qui
sont de famille curiale, car par leur origine ils sont soumis
aux charges et ne peuvent y échapper; mais elle ne signifie
pas autre chose. La loi 37 (*Cod.*, x, xxxi) en nous disant :

« Hi quos obnoxios curiæ... origo fecerit... nullam prorsùs
« spem curiam declinandi... accipiant » ne signifie pas que
ceux que leur origine fait *subjecti curiæ*, soient, de droit,
décurions à la mort de leur père, mais simplement qu'ils ne
pourront pas, si on les nomme, échapper à l'honneur qui
leur est déféré. Il en est de même des lois 35 et 55 (*Cod.*
x, xxxi) qui doivent s'entendre en ce sens que les fils de
décurions doivent être maintenus dans leur condition de
subjecti et que l'on ne leur permettra pas d'embrasser une
carrière, qui serait pour eux une excuse le jour où l'on vou-
drait les élire à la curie. Enfin les lois 29 et 44 (*Cod.* x, xxxi)
sont plutôt favorables que contraires à notre système ; l'une
permet au fils d'un décurion et d'une femme attachée à la
maison impériale de ne pas se laisser élire décurion ; l'autre
déclare que le seul lien du sang maternel ne peut enchaîner
à des fonctions dont toute femme est exempte.

De tous ces textes on ne peut donc pas conclure que les
fils de décurions aient été de droit membres de la curie ; tous
indiquent seulement qu'ils étaient *subjecti curiæ*, qu'ils ne
pouvaient refuser les fonctions de décurions ni échapper à
l'obligation que leur impose leur naissance. On pourra peut-
être dire que c'était là la situation de tous les citoyens
remplissant les conditions légales, obligés d'accepter les
fonctions de décurions si on les leur imposait ; nous allons
voir qu'il y avait à cet égard une différence entre les fils de
décurions et les autres *municipes*. Dans tous les cas une
élection était toujours nécessaire et la nécessité en est
formellement exprimée ; les empereurs Valentinien et
Valens nous disent en 365 (Loi 66, *Cod. Theod.* xii, 1) :
« Ordinibus curiarum, quorum nobis splendor vel maxime
« cordi est, non aggregentur, nisi nominati, nisi electi, quos
« ipsi ordines cœtibus suis duxerint adgregando ; » et en
395 nous trouvons (Loi 53, *Cod. Theod.* x, xxx) : « Libellis
« vel edictis factæ citra concilium publicum non valeant

« nominationes ; de quibus nec appellari necesse est, si
« solennitas deest. » En 362, Julien s'exprime ainsi (Loi 53,
Cod. Theod. xii, i) : « Decurionum filios necdum curiæ
« mancipatos et plebeios ejusdem civitatis cives, quos ad
« decurionum subeunda munera splendidior fortuna sub-
« vexit, licet nominare solenniter. » Tous ces textes sont
très concluants et nous montrent, surtout le dernier, qu'il
fallait une nomination solennelle pour faire entrer dans la
curie les fils des décurions.

Ils se trouvaient cependant dans une condition particulière, ils faisaient partie d'une noblesse municipale qui
seule était admissible aux honneurs et qui jouissait de nombreux privilèges ; ils étaient donc les candidats naturels
pour toutes les places qui se trouvaient vacantes dans la
curie. Ce qui était primitivement un droit devint une obligation et les fils des décurions étant les premiers appelés à la
curie, quand il y avait lieu de nommer de nouveaux membres, furent nommés *subjecti curiæ* par cela seul qu'ils
étaient de famille curiale. Ils n'étaient pas décurions par le
fait seul de la naissance ; au contraire ils étaient élus par la
curie lorsqu'il était nécessaire de combler les vides produits, soit par décès, soit autrement, sans que rien nous
prouve que ce fût le fils, et non tout autre antérieurement
inscrit sur la liste des *subjecti,* qui ait succédé à son père.

Du reste les partisans de l'opinion contraire sont obligés
d'avouer que la constitution qui a fondé l'hérédité ne nous
est pas parvenue ; il est plus vraisemblable de penser qu'elle
n'a jamais existé. Il serait bien étonnant du reste que ni le
Code de Justinien, ni celui de Théodose n'aient reproduit
une disposition aussi importante. Au contraire, notre opinion a l'avantage de s'accorder avec tous les textes que
nous possédons et de se trouver conforme avec ce qui existait dans la période précédente.

Ce qui était devenu héréditaire, pour les fils de décurions, c'était la qualité de *subjectus curiæ*, de *curialis*, car les patriciens seuls étaient légalement appelés à la curie, et ce n'était qu'en cas de nécessité que l'on pouvait avoir recours à la nomination de *possessores* plébéiens. Si l'on admettait que tous ceux qui possédaient vingt-cinq jugères de terre fussent décurions de droit, on ne comprendrait pas que les textes nous montrent des *possessores* distincts des décurions ; si même on accordait seulement qu'ils pussent toujours être élus à la curie, on ne comprendrait pas qu'il ait fallu, pour y faire entrer les enfants naturels, leur présenter l'appas du bénéfice de la légitimation, ni que l'on ait appelé *subjecti curiæ* uniquement les membres des familles sénatoriales.

. Les plébéiens et les patriciens après Constantin étaient dans une situation comparable à l'ancienne condition des étrangers vis à vis des *municipes*. De même que les *municipes*, pouvaient seuls parvenir aux fonctions publiques, de même toutes les fonctions se trouvèrent réunies dans les mains des décurions ; comme on ne pouvait prendre les magistrats que parmi ces derniers, les plébéiens restaient complétement en dehors des liens de la curie. Les empereurs cherchèrent plusicurs moyens de les faire entrer dans la classe des *curiales*, le principal fut la légitimation par oblation à la curie.

Les enfants naturels, quand bien même leur père eût été décurion, n'étaient pas *filii decurionum* et par conséquent *subjecti curiæ*. En 442, les empereurs Théodose et Valentinien décidèrent (Loi 3, *Cod.* v, xxvii) que si le père, décurion ou non, donnait son fils naturel à la curie, il pourrait lui transmettre la totalité de ses biens. Tout individu n'ayant que des enfants naturels, qu'il soit décurion ou non, peut donner tous ou quelques-uns de ses enfants et leur transmettre toute sa fortune ; s'il appartient à un *vicus* il les fait inscrire dans l'*ordo* de la cité dont le *vicus* fait partie. Le consentement des enfants n'était pas nécessaire, mais ils pouvaient échapper à l'honneur qui leur était imposé en refusant la donation ou l'hérédité.

Ce mode d'attirer des membres à la curie prouve bien que les plébéiens, quelle que fût leur fortune, n'étaient pas *subjecti curiæ*.

On a encore voulu se baser sur un rescrit qui fixe à vingt-cinq jugères de terre la fortune nécessaire pour être décurion (Loi 33, *Cod. Théod.*, xii, i), pour prouver que tous ceux qui possédaient cette quantité de terres étaient de droit membres de la curie. Ce texte nous apprend simplement que les membres de certaines colonies étant exempts de toutes les charges civiles, un grand nombre d'individus cherchait dans cette condition un moyen d'échapper à l'entrée dans la la curie. L'empereur supprime ce privilège, mais nous ne voyons nullement comment on peut tirer de là la preuve que tous les possesseurs de vingt-cinq jugères de terre seront décurions de droit.

Quant aux conditions d'aptitude pour le décurionat, elles sont devenues presque nulles ; l'âge de vingt-cinq ans n'est plus exigé, mais Constantin défend (Loi 19, *Cod. Théod.* xii, i) de nommer membre de la curie et de soumettre aux charges personnelles des individus âgés de moins de dix-huit ans. Quant aux causes d'indignité, il n'en existe plus à proprement parler : les infâmes ne peuvent avoir la dignité de décurion. mais ils en supportent les charges (Loi 12, *Cod.* x, xxxi).

La curie semble encore chargée de l'administration de la ville, mais la disparition d'une grande partie des revenus des villes et l'intervention constante du gouverneur réduisent considérablement son pouvoir. En revanche elle obtint dans l'ordre civil des attributions nouvelles : elle devint un bureau d'enregistrement. Des Constitutions impériales ayant décidé que les donations ne seraient valables que si elles étaient insinuées *actis intervenientibus* (Loi 1, *Cod.* THÉOD. III, v), cette formalité fut confiée aux curies ; elle consistait dans une transcription complète des actes sur des registres spéciaux. Bien que non exigée pour la validité des autres actes, l'insinuation pouvait leur donner une certaine authenticité et elle fut fréquemment employée.

Dans la période précédente, la perception de l'impôt était déjà une charge patrimoniale imposée aux décurions ; cette charge devint de plus en plus lourde au fur et à mesure que les malheurs des temps rendirent d'une part les demandes du Trésor exagérées et épuisèrent d'autre part la matière imposable. Les *decaproti* et *susceptores* ne suffisant plus à répondre sur leur propre fortune de l'insolvabilité des contribuables, on rendit la curie entière responsable.

Les décurions durent aussi fournir aux dépenses des cités et aux frais d'administration.

Il est interdit aux membres de la curie de quitter la ville sans une autorisation expresse du président de la province (Loi 16, *Cod.* x, xxxi) ; ils ne peuvent non plus vendre des immeubles ou des esclaves sans la même autorisation et ils ne peuvent l'obtenir qu'en justifiant d'une absolue nécessité. Si une succession vient à échoir à un curiale, les biens provenant de la succession ne peuvent être vendus ; l'argent doit être employé en acquisitions d'immeubles dont les revenus puissent être affectés aux charges de la curie (Loi 2, *Cod.* x, xxxiii) ; la loi qui édicte ces prescriptions ne fait plus aucune distinction entre les biens propres des décurions et ceux qui appartiennent à la curie considérée comme personne civile.

En compensation de toutes les charges qui les accablaient les décurions avaient conservé quelques privilèges ; ils étaient exempts de certaines peines infâmantes réservées aux plébéiens (Lois 16 et 17, *Cod.* IX, XLI). Mais ce qu'ils recherchaient le plus était l'immunité, qui à l'époque où nous sommes arrivés tend à devenir héréditaire. Les causes d'excuse sont restées les mêmes que celles que nous avons exposées précédemment ; mais il s'en ajoute un grand nombre de nouvelles. Tous les grands dignitaires de l'empire, les sénateurs de Rome et de Constantinople, les décurions qui arrivaient à la questure romaine jouissent de l'immunité et le plus souvent peuvent la transmettre à leurs descendants. Un grand nombre de constitutions ajoutaient continuellement de nouveaux cas d'excuse ou de privilège, si bien que le nombre de gens aptes à remplir les vides de la curie, diminuait au fur et à mesure que les besoins de celle-ci devenaient plus grands. Justinien pour y remédier abolit toutes les constitutions antérieures sur ce sujet et réglementa de nouveau cette matière (Loi 66, *Cod.* x. xxxi).

Nous voyons aussi prendre des mesures pour empêcher es décurions d'entrer dans des carrières qui procurent l'immunité : ainsi ils ne peuvent entrer dans le clergé que s'ils consentent à laisser la totalité de leurs biens à un parent qui deviendra curiale à leur place, ou à céder leur fortune à la curie qu'ils abandonnent (Loi 59, *Cod. Théod.* XII, 1).

Les fonctionnaires municipaux ont énormément perdu de leur importance ; il n'y a plus de différence entre les *honores* et les *munera*. Les devoirs des magistrats disparaissent devant leur qualité de décurions ; du reste leurs attributions avaient presque disparu par suite des progrès de la centralisation et de l'envahissement des fonctionnaires impériaux. Ils sont encore nommés par la curie, mais c'est plutôt une apparence qu'une réalité ; nous avons déjà montré dans un de nos précédents chapitres le gouverneur de la province présenter et pour ainsi dire nommer aux emplois. Quant aux attributions judiciaires, si longtemps importantes pour les magistrats municipaux, elles sont presque toutes entre les mains du président de la province.

C'est vers le milieu du quatrième siècle de notre ère que nous voyons apparaître dans les cités provinciales un nouveau magistrat désigné sous le nom de *defensor civitatis* ou *defensor plebis*. Les villes provinciales, dépourvues d'institutions, cherchaient un protecteur permanent auprès du sénat et du gouvernement central, pour les défendre de l'arbitraire des gouverneurs ; elles choisissaient quelque personnage influent, qui voulût bien se faire le défenseur de leurs intérêts. Ce fut cet exemple qui conduisit à la création du *defensor civitatis* ; on ignore quelle est la date précise de l'établissement de cette nouvelle fonction ; la plus ancienne loi qui en fasse mention porte la date de 364.

Le *defensor civitatis* était nommé dans chaque cité (Loi 1, *Cod. Théod.* I, XXIX) par une assemblée composée du clergé, des magistrats en exercice et émérites, des décurions et des simples possesseurs (Loi 8, *Cod.* I, LV) ; peut être faut-il penser que le peuple tout entier concourait à sa nomination, puisqu'on le voit souvent appelé *patronus plebis*. A la différence des magistrats il ne pouvait être pris parmi les décurions, mais on pouvait nommer toute personne de vie irréprochable (Loi 2, *Cod,* I, LV).

Le *defensor* doit protéger toutes les classes de citoyens sans exception, mais il doit surtout préserver le menu peuple des iniquités et des outrages des hommes puissants. Sa mission avait quelque analogie avec l'ancien tribunat de la plèbe et comme les tribuns il avait de nombreuses prérogatives. Il avait le droit de s'adresser sans intermédiaire au préfet du prétoire (Loi 8, § 1 *Cod.* I, LV). Il ne pouvait que signaler les abus, mais il ne pouvait les réprimer et n'avait pas le droit de prononcer d'amendes (Loi 5, *Cod.* I, LV).

L'institution des défenseurs n'atteignit pas le but que se proposaient les empereurs et, dès l'année 392, nous voyons une constitution qui rappelle ces magistrats à leurs devoirs (Loi 5, *Cod.* I, LV).

Justinien (Novelle xv) fit du *defensor* un véritable magistrat, qui entra dans la curie et la présida ; il put être pris dans les rangs des décurions, ses fonctions durèrent deux ans : il réunit en sa personne les attributions de tous les anciens magistrats et reçut la juridiction. Il put juger des délits peu importants et faire l'instruction des cas plus graves.

Ce fut la fin du régime municipal, il put subsister de nom encore un certain temps ; mais en réalité il avait disparu, la cité n'était plus qu'une circonscription administrative.

DROIT FRANÇAIS

DES ATTRIBUTIONS DES MAIRES

ET DES CONSEILS MUNICIPAUX

Avant de traiter des attributions des maires et des conseils municipaux, il nous a semblé qu'il était utile d'exposer quelle était l'organisation des municipalités, quel était le mode de nomination des maires et des conseillers municipaux. Nous avons pensé aussi que pour mieux juger l'organisation actuelle, il serait bon de jeter un coup d'œil rapide sur l'organisation municipale de l'ancienne France, tant au moyen-âge, que dans les derniers temps de la monarchie, et sur les diverses créations du droit intermédiaire.

Nous diviserons donc notre travail en deux parties précédées d'une introduction.

Cette introduction sera divisée en quatre chapitres, dans lesquels nous examinerons l'organisation municipale dans l'ancienne France, les diverses organisations qui se sont succédées depuis la loi des 2 et 15 décembre 1789 jusqu'à celle du 28 pluviôse an VIII et enfin l'organisation actuelle.

La première partie traitera des attributions des maires ;

trois chapitres correspondront aux attributions d'ordre judiciaire et civil, aux attributions d'administration générale et enfin aux attributions d'administration municipale.

La deuxième partie concernera les conseils municipaux et sera également divisée en trois chapitres : Délibérations réglementaires, délibérations proprement dites et enfin avis, vœux et réclamations ; nous ajouterons dans un chapitre supplémentaire les règles relatives à l'élection du délégué sénatorial.

INTRODUCTION

CHAPITRE Ier

De l'Organisation municipale de la France au moyen-âge.

Quatre nations distinctes, divisées chacune en une foule de petits peuples, occupaient le territoire des Gaules au moment du l'invasion germanique : les Celtes, les Aquitains, les Belges et les Romains. Ces derniers, venus beaucoup plus tard, imposèrent leur domination aux autres, qui de bonne heure acceptèrent le joug et ne cherchèrent jamais sérieusement à le secouer. Ils adoptèrent les mœurs, les arts et la législation des Romains et se fusionnèrent avec eux. Avant les invasions des barbares, la Gaule était arrivée à un haut degré de civilisation, elle comptait cent vingt cités, sorte de petites républiques aristocratiques jouissant de libertés municipales. Mais une fois que l'empire romain ne put plus défendre ses frontières, de nombreuses hordes de barbares se précipitèrent en Gaule, les unes ne firent que la traverser ; mais trois nations s'y établirent et vinrent se superposer aux autres nations que nous avons nommées en commençant : ce furent les Francs, les Bourguignons et le Wisigoths.

Les Francs qui étaient originairement établis sur la rive droite du Rhin, franchirent le fleuve vers l'an 253 et pénétrèrent peu à peu daus les Gaules jusqu'à Tournai et Cambrai (1). En 358 l'empereur Julien les laissa s'établir entre la Moselle et l'Escaut et ouvrit les rangs de l'armée romaine à ceux qui voulurent être enrôlés dans les légions. Ce ne fut qu'au cinquième siècle qu'ils furent véritablement maîtres d'une partie de la Gaule. Les Bourguignons ou Burgundes, venus plus tôt, s'établirent daus les provinces de la Gaule arrosées par le Rhône et la Saône (2). Les Romains leur reconnurent de bonne heure (413) la libre possession de ces pays. Les Goths vinrent également de bonne heure en Gaule, l'empereur Honorius leur accorda (419) la seconde Aquitaine avec Toulouse pour capitale.

Ces peuples importèrent tous leurs lois qui, pour la plupart promulguées après leur arrivée en Gaule, n'en conservèrent pas moins leur caractère essentiellement germanique. De la fusion de toutes ces races est née la nation française ; mais ce n'est naturellement qu'après des luttes sanglantes, de nombreuses révolutions que put se former son unité politique. Dès le sixième siècle, l'ordre social tend à se rétablir, et un droit municipal à se reformer.

De nombreux systèmes ont voulu expliquer les origines du droit municipal de la France. Nous allons les indiquer rapidement.

L'abbé Dubos (3) prétend établir, sur la foi de simples traditions, que chaque cité gallo-franque était gouvernée, sous l'autorité d'un *comte*, officier du roi et investi du pouvoir civil et militaire, par un sénat électif, analogue au sénat romain.

Le comte de Buat va encore plus loin que l'abbé Dubos ; il admet (4) une sorte de hiérarchie entre les comtes ou

___

(1) Hallam, *l'Europe au moyen-âge*, t. 1, page 8. — (2) Sidon, Apoll.. apud Bouquet, I, 785. — (3) *Histoire critique de la monarchie française*, t. III, liv. II, c. VI. — (4) *Origines de l'ancien gouvernement de la France*, t. I, l. V, ch. XXVII à XXXIV.

ducs des cités et les comtes ou ducs des provinces, qu'il subordonne à des préfets, analogues à ceux qui existaient dans les Gaules avant la conquête. Selon lui, ces comtes et ducs n'exerçaient leur juridiction que sur les citoyens inférieurs et les habitants des bourgs ; les citoyens du premier ordre obéissaient à un sénat électif, à la tête duquel était un président ou un tribun, administrateur local, et en même temps collecteur et dépositaire des deniers royaux. Ce président était nommé différemment selon les lieux, c'est tantôt un *maire, juge, mayeur, bourgmaitre*. Dans les cités épiscopales, telles que celle de Cologne, où l'évêque avait lui-même le droit de présider et de juger, de l'avis des échevins, ce président était l'envoyé ou commissaire de l'évêque. Mais quel que fût l'officier qui présidât dans une cité, le tribunal municipal était toujours le même, les bons bourgeois le composaient, et on jugeait toutes les causes municipales : on l'appelait communément *præsidium.* Comme le président n'exerçait pas la haute justice et ne connaissait pas des cas royaux, il y avait dans chaque cité, un juge royal, qui exerçait cette partie de la juridiction. Telle est l'organisation uniforme que le comte de Buat a créée avec plus d'imagination que de vérité.

Moreau exagéra encore le système de l'abbé Dubos et du comte de Buat (1) et sans égard aucun pour l'influence de la constitution des Francs, il donne pour unique base au système mérovingien l'organisation romaine.

M. de Montlosier ne voit dans le gouvernement de la France au moyen-âge qu'une aristocratie fortement constituée. Il admet avec l'abbé Dubos le maintien de l'organisation municipale des villes gallo-romaines (2), mais pense que cette organisation fut suspendue quand les Gaulois s'incorporèrent aux Francs, et que le régime germanique devint dominant et même exclusif.

(1) *Principes de morale,* t. ii, pag. 70, 73, 115, t. iv, p. 151 et 167. — (2) *De la Monarchie française,* t. i, p. 12, 13, 340.

Mably (1) critique l'hypothèse des sénats gaulois, il montre les différentes nations dont la conquête avait peuplé la Gaule, habitant pêle-mêle les mêmes contrées et voit dans les ducs, les comtes et les vicaires, assistés d'assesseurs choisis par le peuple, et daus les évêques et défenseurs des villes, aussi choisis par le peuple, les symptômes de l'organisation démocratique et républicaine.

Mlle de la Lézardière, dans sa *Théorie des lois politiques de l'ancienne monarchie*, nie comme Mably (2) la conservation du régime municipal gallo-romain et ne voit, dans le défenseur et les curiales, que les simulacres d'une institution anéantie.

Mably et Mlle de la Lézardière ont cela de commun, que tous deux se séparent de la tradition romaine.

De nos jours, le système gallo-romain a repris faveur et M. Augustin Thierry (3) surtout, s'est efforcé de montrer dans les communes du moyen-âge la continuation des formes, droits et franchises de la municipalité romaine. On peut dire qu'en général à notre époque les historiens et jurisconsultes français, parmi lesquels nous pouvons citer MM. Guizot et Raynouard ont suivi ce système; les Allemands, au contraire, à l'exception de M. de Savigny (4), ont presque tous cherché dans les institutions des Francs l'unique principe de notre régime municipal.

Un système que Pithou et Grosley (5) avaient essayé de faire prévaloir à une autre époque, le système celtique, a été repris par M. Laferrière (6), qui lui a rendu l'importance qu'il avait perdue.

Malgré l'autorité des auteurs de ces différents systèmes,

(1) *Observations sur l'histoire de France*, liv. I, ch. II, note 5. — (2) Tome VII, *Sommaire des preuves* p. 177 - 180. — (3) *Lettres sur l'Histoire de France, Essai sur l'Histoire de France. Considérations sur l'Histoire de France*, en tête des récits des temps mérovingiens, liv. III, IV et VI. — (4) *Histoire du Droit romain au moyen-âge.* — (5) *Recherches* pour servir à l'histoire du droit français. — (6) *Histoire du droit français.*

tous remarquables par l'érudition et le talent, nous pensons qu'il est bien difficile d'en admettre aucun, nous croyons plutôt que le droit municipal français a eu des origines très diverses ; mais surtout romaines et germaniques. Les pays au sud de la Loire avaient conservé en quelque sorte la nationalité romaine ; dans les pays limitrophes de la Seine, de la Meuse et du Rhin, s'exerçait au contraire dans toute son énergie l'action des peuples germaniques. « Il est « absurde, dit M. Augustin Thierry (1), de donner pour base « à une histoire de France la seule histoire du peuple franc. « Comment veut-on qu'un Languedocien ou un Provençal « aime l'histoire des Francs et l'accepte comme l'histoire de « son pays ? Les Francs n'eurent d'établissements fixes « qu'au nord de la Loire, et lorsqu'ils passaient leurs limites « et descendaient vers le sud, ce n'était guère que pour piller « et rançonner les habitants auxquels ils donnaient le nom « de Romains..... Du sixième au dixième siècle, et même « dans les temps postérieurs, les héros du nord de la France « furent des fléaux pour le Midi. »

Cette différence dans les institutions municipales remonte même encore plus loin ; sous la domination romaine elle-même, le *jus provinciale* (2) édicté pour la province des Gaules par les proconsuls et les présidents, pour introduire, selon le vœu consigné par l'empereur Adrien dans l'*edictum perpetuum*, un régime uniforme dans l'administration des provinces, le *jus provinciale*, respectait, dans une certaine mesure, les coutumes de chaque pays. « *Semper in stipulationibus et in cæteris contractibus*, disait Ulpien (*ad Sabinum*, l. L, tit. XVII, frag. 24), *id sequimur quod actum est. At si non pateat quod actum est, erit consequens ut id sequamur quod in regione, in quâ actum est, frequentatur.* » La persistance des coutumes locales est encore

<hr>

(1) *Lettres sur l'histoire de France*, p. 22. — (2) Voyez le *Commentaire* de Gaïus, rédigé de l'an 138 à l'an 161.

indiquée par ce fait que l'édit d'Alexandre Sévère permet d'exprimer les fidéicommis en langue gauloise *(sermone gallicano)*.

Le droit municipal romain se trouva donc forcément mêlé de coutumes diverses ; plus tard il fut en contact avec les lois germaniques qui purent aussi influer sur lui. Tout tend donc à montrer que l'organisation municipale du moyen-âge, venant d'origine si diverse, ne peut pas avoir de caractère général. Tantôt ce sont des conquérants qui s'établissent en maîtres après de sanglantes batailles et envahissent violemment le territoire ; tantôt, au contraire, ce sont des étrangers reçus ou appelés par les habitants et qui partagent les terres à l'amiable. Là ce sont les coutumes germaniques qui font loi ; ici c'est le droit écrit de Rome ou les traditions celtiques. Là c'est le régime féodal, la maxime : *nulle terre sans seigneur* ; ici c'est le franc alleu et la maxime : *nul seigneur sans titre*. Là c'est la commune jurée, naissant tantôt des concessions libres ou forcées des seigneurs, tantôt de l'insurrection des bourgeois ; ici c'est la commune consulaire, développement naturel des traditions romaines faiblement mêlées de droit féodal.

Nous croyons donc que les institutions municipales de la France, au moyen-âge, étant extrêmement variées, le seul moyen d'en donner une idée est de passer en revue les principales villes des diverses provinces. Il nous paraît utile cependant de parler d'abord des affranchissements de communes qui eurent une si grande importance pour le droit municipal du moyen-âge.

Dès le Xeme siècle, lorsqu'un grand nombre de cités, où s'exerçaient une industrie ou un commerce, furent devenues riches, elles songèrent à garantir leurs biens contre les exactions des seigneurs ; mais ce ne fut qu'au onzième siècle que le mouvement d'affranchissement devint général. Le but principal était de se défendre contre les vexations et d'empêcher les troubles et les guerres. Presque toutes les chartes de communes obligent les confédérés par serment à se secourir, à se défendre, à se venger les uns les autres contre tout agresseur et ennemi. (1) ; c'est un devoir qu'acceptent tous ceux qui s'établissent dans une ville (2). Tout dans les chartes communales des douzième et treizième siècles, offre le caractère de garanties données aux principes de liberté contre la tyrannie féodale. Les communautés d'habitants ont le droit de porter les armes, de faire la guerre à leurs ennemis particuliers et d'employer la force militaire pour faire exécuter toute sentence prononcée par leurs magistrats (3) ; personne ne peut être arrêté ni emprisonné s'il n'est accusé d'un crime capital et il est permis hors ce cas de l'arracher des mains des officiers qui voudraient le prendre (4). Toutes les questions relatives à la propriété sont décidées, non par le juge seigneurial, mais par des juges nommés par les bourgeois (5) ; les taxes arbitraires sont interdites au seigneur (6), l'égalité dans la répartition des impôts lui est commandée (7). Les habitants ne prêtent au seigneur le serment de fidélité qu'à la charge par celui-ci de s'engager aussi par serment à respecter leurs privilèges (8). L'établissement d'une commune était considéré comme une œuvre de pacification et d'apaisement. « *Institutionem pacis instituimus,* » dit Louis le Gros, en octroyant en 1128 la charte de la commune de Laon (9). « *Pacis institutionem et communiam dedimus et concessimus eosdem usus et consuetudines quos dicti burgenses tenuerant ante institutionem communiæ;* » tels sont les termes de la charte octroyée par Philippe-Auguste en 1187, aux bourgeois de Tournai (10). La royauté ne créa pas le mouvement, mais

(1) D'Achéri, Spicileg. x, 642 ; xi, 341. — (2) D'Ach. xi, p. 344. — (3) D'Ach. x, p. 643 ; xi p. 343. — (4) *Ordonnances des rois de France,* v, iii, p. 17. — (5) *Ordonnances d. r. d. F.,* t. iii, p. 204. — (6) *Ordonnances,* t. iii, p. 204. — (7) D'Ach. t. x. p. 350, 365. — (8) D'Ach. t. ix, p. 183. — (9) *Recueil des Ordonnances.* t. xi, p. 185. — (10) *Recueil des Ordonnances,* t. xi. p. 248.

elle l'encouragea et le soutint. Louis le Gros émancipa de nombreuses villes, notamment Noyon, Saint-Quentin, Laon et Amiens et c'est sous son règne et sous ceux de Louis VIII et de Philippe-Auguste que les principales villes, qui faisaient partie du domaine de la Couronne, furent admises à jouir des mêmes privilèges. De là l'adage du droit public de la France que « nul ne peut faire ville de commune sans le consentement du roi. » De nombreuses autorités confirment ce témoignage (1). Charles V, régent, écrivait en 1358 : « *Cum ad dictum dominum nostrum, et nos in solidum pertineat creare et constituere consulatus et communitates* (2). » Un arrêt du parlement de Paris supprime la commune de Chelles faute par elle de pouvoir représenter une concession royale. Les communes ne pouvaient être modifiées et supprimées que par des lettres du roi (3). C'était le roi qui donnait aux communes l'existence légale. L'existence des anciens municipes n'était pas pour cela remise en question, mais une concession royale était nécessaire pour l'obtention de droits nouveaux ou de privilèges extraordinaires.

Mais ce n'est pas à dire, parce que le pouvoir royal a pris une grande part à l'affranchissement des communes, que l'on doit rapporter exclusivement aux concessions royales le développement des institutions communales. Nous ne croyons pas non plus qu'il soit plus juste de dire avec M. Augustin Thierry que « dans le grand mouvement d'où « sortirent les communes au moyen-âge, tout fut l'ouvrage « des marchands et artisans qui formaient la population des « villes, et que dans la plupart des chartes de communes, on « ne saurait attribuer aux rois autre chose que le protocole,

(1) *Recherches sur les communes*, en tête du t. XI, des *Ordonnances du Louvre*, XXVIII. — (2) *Ordonnances du Louvre*, t. III, p. 505. — (3) *Lettres* de Philippe III (1282) pour Brioude, de Charles IV (1325) pour Soissons, et de Charles V (1373) pour Roye.

« la signature et le grand sceau (1). » Nous pensons que l'affranchissement des communes a été en quelque sorte l'œuvre collective du pouvoir royal et des habitants des villes.

On ne peut nier que la réaction de l'esprit municipal contre les monstrueux abus de la féodalité, n'ait éclaté sur beaucoup de points par des luttes à force ouverte ; les chartes de Laon, de Lens, de Beauvais, d'Amiens, de Vezelay furent arrachées par les armes, mais dans beaucoup d'autres lieux elles s'établirent par des transactions ou des achats (2). L'acte fondamental de la commune était il est vrai la conjuration ; M. Augustin Thierry prête au mot conjuration, le sens d'insurrection pour forcer la puissance publique à capituler, nous croyons que le mot de conjuration a un sens plus simple et qu'il ne signifie pas nécessairement qu'il y a révolte ou insurrection, mais bien un serment mutuel pour établir l'union. Conjurer c'était en appeler à la foi du pacte : « *Conjurare*, dit Ducange, *submonere, in jus vocare per fidem et sacramentum quo domino feudali obstrictus est quempiam citare.* » Les citoyens d'une ville opprimés par leur seigneur en appelaient au roi et prêtaient serment de se défendre réciproquement, c'était une conjuration (3).

Nous ne pensons pas que, quoique l'histoire des fondations de communes ait été mêlée à des troubles causés tantôt par les seigneurs, tantôt par les bourgeois, l'on doive penser que c'est de l'insurrection que procéda le mouvement communal. « Pendant longtemps, dit M. Guizot (4), « c'est au douzième siècle qu'on a rapporté l'origine, la pre- « mière formation des communes françaises, et on a attribué

---

(1) *Histoire du Tiers-Etat*, ch. 1. — (2) *Gallia christiana*, t. vi, col 142. ann. 1194 ; col. 145, ann. 1199 ; — *Histoire du Languedoc*, t. iii, preuv. p. 575. — (3) *Assises de Jérusalem*, ch. ccxxxiv qui a pour titre : « Ce sont ceux qui peuvent gagier ou semonder le Seignor ou conjurer de sa foi, et comment et lesquels non par l'assise ou l'usage du reiaume de Jérusalem. » — (4) *Cours d'histoire moderne*, t. iv, p. 130 et 131.

« cette origine à la politique et à l'intervention des rois. De
« nos jours ce système a été combattu et avec avantage ; on a
« soutenu d'une part que les communes étaient beaucoup
« plus anciennes qu'on ne le croyait ; que sous ce nom ou
« sous des noms analogues, elles remontaient fort au-delà
« du douzième siècle ; d'autre part, qu'elles n'étaient point
« l'œuvre de la politique et de la concession royales, mais
« bien la conquête des bourgeois eux-mêmes, le résultat de
« l'insurrection des bourgs contre les seigneurs..... J'ai peur
« que l'un et l'autre système ne soient incomplets, que tous
« les faits n'y puissent trouver place et que, pour bien com-
« prendre la véritable origine, le véritable caractère du
« tiers-état, il ne faille tenir compte d'un beaucoup plus
« grand nombre de circonstances, et regarder en même
« temps de plus près et de plus haut. »

Ce que le mouvement de cette époque féconde, eut de
vraiment civilisateur, il le dut, non aux révoltes presque
toujours malheureuses des bourgeois contre les seigneurs,
mais au concert préalable qui s'établit ordinairement entre
les forces supérieures qui dominaient la société ; il le dut
surtout au bienveillant patronage de la royauté. Louis le
Gros, Louis le Jeune et Philippe-Auguste avaient affranchi
un grand nombre de villes ; Saint-Louis accorda peu de nouvelles chartes, mais il confirma un grand nombre de celles
qui avaient été accordées par ses predécesseurs. L'affranchissement des communes rencontra beaucoup d'obstacles
de la part des seigneurs, mais cela se comprend ; on cherchait à limiter leur pouvoir et à le réglementer. Voici ce
que dit Guibert de Nogent (1) qui écrivait au xiie siècle :
« Commune est un mot nouveau et détestable. Et voici ce
« qu'on entend par ce mot : les gens taillables ne payent plus
« qu'une fois l'an à leur seigneur la rente qu'ils lui doivent.
« S'ils commettent quelques délits, ils en sont quittes pour

(1) *Communia novum oc pessimum nomen, etc.; Script. rer. francisc.,* t. XII, p. 950.

« une amende légalement fixée. » Mais malgré toutes les ré-
sistances intéressées, l'œuvre royale et libérale ne s'en accomplit pas moins.

Maintenant que nous avons brièvement indiqué les principaux caractères du mouvement communal, nous allons,
comme nous l'avons dit plus haut, examiner successivement les diverses organisations municipales dans chaque
province de la France.

PARIS. — Commençons par Paris : Lutèce, la ville des
Parisiens située, dit Jules César, dans une île du fleuve de
la Seine (1), fut, sous les empereurs romains', le siège des
gouverneurs de la Gaule et ne devint le séjour régulier des
rois qu'à partir de Hugues-Capet. Lors de la conquête des
Francs, Lutèce était en possession d'institutions municipales fort anciennes. Mabillon (2) rapporte un document du
septième siècle, le testament d'Eminethrude, souscrit à
Paris par un défenseur. M. Leroux de Lincy (3) a prouvé
que dès le quatrième siècle, les navigateurs parisiens jouissaient de plusieurs privilèges municipaux d'origine romaine
qui ont constamment subsisté sous les deux premières
dynasties. La confrérie des marchands de l'eau, « *confratria*
« *mercatorum aquœ Parisiensium,* » est indiquée sous ce
nom dans une charte de Louis VI de 1121. On l'appelait
aussi *hanse parisienne.* Cette charte fut confirmée par une
autre de 1170 où Louis VII déclare que les coutumes sont
telles de toute ancienneté, que personne ne peut amener
dans Paris de la marchandise par eau, etc. (4). Le roi
Philippe - Auguste et ses successeurs reconnurent les
privilèges de cette confrérie ou hanse. Plusieurs chartes de
1187 à 1220 sont relatives aux marchands de l'eau de Paris

---

(1) *Lutetia id est,* etc.; Cœsar, *de bello gallico,* liv. iii. — (2) *De re Diplomatica,*
supp.; App., nº 7. — (3) M. Leroux de Lincy, *Hôtel de Ville de Paris,* p. 27.

(4) *Consuetudines autem eorum tales sunt ab antiquo. Nemini licet aliquam mer-
catoriam Parisiis per aquam adducere....* (Leroy, *Dissertation,* etc., p. xcvi).

et augmentent ou étendent leurs privilèges (1); elles leur permettent de faire crier les marchandises dans la ville, de former un tribunal spécial appelé *petite justice*; les membres de la hanse obtinrent le droit de n'être jugés que par des magistrats de leur choix. En 1268, Saint-Louis donna au chef de la hanse le titre de « prévôt des marchands » et aux membres de l'association celui de « jurés de la confrérie des marchands de Paris. »

Le prévôt des marchands était élu par les bourgeois, qui se réunissaient chaque année, le jour de Saint-Roch. Il avait, avec l'assistance de ses quatre échevins, élus de la même manière, l'administration des revenus de la ville. La garde des remparts et des portes, l'inspection des rues, des quais, des ports, des eaux et des fontaines, la perception de la taille, des octrois et autres impôts passagers, tout ce qui est utile au repos et à la sûreté de la ville, étaient dans ses attributions. Le prévôt et ses assesseurs, assistés d'un greffier, d'un procureur, de plusieurs sergents et d'un certain nombre de conseillers, composaient le *parloir aux bourgeois*. Il rendait des sentences pour le commerce par eau et jugeait aussi comme arbitre des procès civils (2).

Il y avait encore un grand nombre d'officiers municipaux divers : les uns siégeaient à l'Hôtel de ville et aidaient le prévôt dans la direction des affaires ; d'autres veillaient à la tranquillité de la ville et exécutaient les ordres du prévôt ; d'autres enfin étaient commis à l'exécution des réglements et des privilèges relatifs au commerce par eau (3).

Tel fut Paris jusqu'à la fin du treizième siècle. Après les troubles qui signalèrent la jeunesse de Charles VI, on enleva aux bourgeois de Paris (1383) leurs franchises, leurs magistrats électifs, prévôt, échevins, etc. qui furent nommés

---

(1) LEBŒUF, *Histoire du diocèse de Paris*, t. I, p. 348. — (2) LEROUX DE LINCY, *Hôtel de ville de Paris*, app. n° 2. — (3) LEROUX DE LINCY, *Hôtel de ville de Paris*, ch. IV, p. 44.

par le roi (1). En 1359, après la mort d'Etienne Marcel, Paris en avait été quitte avec l'exécution des plus turbulents. En 1409, le duc de Bourgogne fit restituer aux Parisiens leur vieille constitution libre, le droit d'élire leur prévôt et de s'organiser en milices bourgeoises sous des chefs électifs. Sous Charles VII et Louis XI, leurs privilèges leur furent laissés, et rien ne porta atteinte aux franchises municipales de la ville de Paris.

ILE - DE - FRANCE. — L'Ile-de-France comptait de nombreuses villes dont nous allons passer en revue les plus importantes. Cette province n'a pas d'unité historique, elle n'a jamais eu d'institutions provinciales. Elle comprenait le Soissonnais, le Laonais, le Beauvoisis et le Vexin français.

Dans le Soissonnais, Soissons et Compiègne seuls peuvent attirer notre attention. Soissons, vers la fin du septième siècle au temps d'Ebroïn, maire du palais, conservait encore sa curie, puisque l'hagiographe d'un évêque de ce temps raconte qu'il convoqua les anciens et les chefs du peuple *(seniores et plebiscitos)* par les conseils et la sagesse desquels il avait coutume de traiter toutes les grandes affaires et de juger toutes les causes (2). La charte communale de Soissons émane de Louis le Gros ; elle ne permet pas d'exiger la main-morte de qui que ce soit (3). M. Augustin Thierry a écrit l'histotre de la commune de Soissons, dans ses lettres sur l'histoire de France (lettre xix). Compiègne fit toujours partie du domaine royal, Louis VII lui accorda une charte de commune.

Les principales villes du Laonnais étaient, Laon et Noyon. Noyon ville fort ancienne, fut longtemps régie par des

(1) Voyez MÉZERAY, *Abrégé de l'histoire de France*, t. ii, p. 124. — (2) Mélanges pour servir à l'histoire du Soissonnais, par DARCOSSE. — (3) AUGUST. THIERRY, *Lettres sur l'histoire de France*, lettre xix.

institutions municipales semblables à celles de Soissons. Elle obtint une charte de commune en 1108 de l'évêque Gaudri ; cette charte fut ratifiée par Louis le Gros et confirmée par Philippe Auguste. La charte communale de Laon date de 1109 ; elle lui fut accordée par son évêque et ratifiée par le roi Louis VI. La ville était à cette époque devenue le théâtre de grands désordres ; le siège épiscopal était occupé par un normand, du nom de Gaudri, prélat de mœurs militaires, qui opprimait et accablait de taxes les bourgeois. Cette charte fut scellée du grand sceau et acceptée par le roi moyennant une redevance annuelle. Elle donnait aux bourgeois de Laon le droit d'élire un majeur et des jurés ; elle abolissait les redevances féodales qu'elle remplaçait par un tribut fixe ; elle donnait l'égalité devant les juges communaux, épiscopaux ou royaux, le droit de n'être arrêté que par ordre du magistrat et d'être armé pour soutenir la liberté municipale contre les entreprises des nobles. Elle réglait aussi la compétence judiciaire pour les crimes et délits et les peines à y appliquer. En l'année 1112, l'évêque voulut revenir sur son consentement, le roi lui-même sollicité par lui retira son autorisation ; les bourgeois de Laon, menacés de nouveau, se soulevèrent et tuèrent l'évêque Gaudri. Les bourgeois firent appel à Thomas de Marle, sire de Coucy, qui ne put défendre Laon, et ne put résister au roi qui s'empara de son château de Crécy. Les troubles durèrent encore très longtemps, enfin en 1128 le successeur de l'évêque Gaudri établit une nouvelle commune sur les bases de l'ancienne. Louis le Gros en ratifia la Charte. Louis VII donna à la ville de Laon en 1177 une nouvelle charte confirmant la précédente. Philippe Auguste abolit la commune de Laon en 1190, mais dès l'année suivante il la rétablit. Enfin après diverses alternatives de confirmation et de suppression elle fut définitivement abolie en 1331, à cause de l'abus qu'en avaient fait les bourgeois ;

on établit à Laon un prévôt de la cité à gages, et l'on mit
la ville sous l'autorité du bailli de Vermandois (1).

Dans le Beauvoisis il n'y a guère que la ville de Beauvais
qui puisse attirer notre attention. « Les bourgeois de Beau-
« vais s'étaient constitués en commune spontanément ou
« comme s'exprime un contemporain par suite d'une conju-
« ration tumultueuse (2) » dit M. Augustin Thierry dans les
Lettres sur l'histoire de France, (Lettre xv). Ce fait eut lieu
en 1102.

Dans le Vexin ne se trouve aucune ville dont les institutions communales puissent attirer l'attention.

ORLÉANAIS. — Les villes d'Orléans et de Lorris sont
les seules dont il y ait lieu de parler. La charte municipale
de Lorris a été distinguée par M. Augustin Thierry, comme
offrant le curieux exemple de la plus grande somme de droits
civils sans aucuns droits politiques, sans aucune juridiction
et même sans attributions administratives. La ville était
largement dotée de franchises pour les personnes et pour
les biens, mais elle ne formait pas un corps et n'avait à
aucun degré de police, qui lui fut propre. Mais la popularité
de cette charte ne fit que grandir et s'étendre dans les siècles
où déclinèrent graduellement les municipalités à privilèges
politiques; elle fut alors l'objet de l'ambition d'un grand
nombre de villes, qui la sollicitèrent et l'obtinrent.

On rencontre dans le régime municipal primitif d'Orléans
des traces de la curie romaine. On y voit dix prud'hommes,
avec le titre tout romain de *decemprimi*, *decaproti*, sous la
juridiction ou la police du prévôt seigneurial ou royal. Au
moyen-âge les habitants d'Orléans voulurent faire ériger
leur ville en commune, ils s'insurgèrent en 1137. Leur

____

(1) Voir pour tout ce qui concerne la ville de Laon : AUGUSTIN THIERRY, *Lettres
sur l'histoire de France*, Lettres XVI, XVII et XVIII. — (2) *Epistolæ Ivonis carnotensis
episcopi, apud script. rerum francic.*, t. XV p. 105.

révolte fut comprimée par Louis VII (1), qui se contenta d'affranchir les serfs de l'Orléanais ; la ville d'Orléans resta libre quant à son administration urbaine, mais la justice tant au civil qu'au criminel fut exercée par un prévôt du roi. Les dix prud'hommes portés à douze furent appelés procureurs de ville et quelque temps après échevins (2).

NIVERNAIS. — Les villes du Nivernais étaient considérées comme dérivant des *castra* romains (3). Les corps municipaux des villes du Nivernais se composaient de quatre officiers, ce qui correspond à la division en quatre quartiers, qui remonte très haut et semble appartenir au régime municipal des *castra* romains. La capitale du Nivernais, Nevers avait quatre officiers municipaux appelés tantôt échevins, tantôt jurés par les chartes. La charte de Nevers de 1231 reconnaît aux échevins ou jurés les droits de juridiction, d'administration et de police à tous les degrès. Ces quatres personnes, quasi souveraines, choisissaient autant de notables qu'elles voulaient, pour les assister dans leurs jugements ou leurs délibérations. Sous le règne de Louis XII, à la suite de graves désordres, l'élection directe en assemblée générale fut supprimée et l'on institua un collège de trente deux conseillers ; ils étaient choisis au nombre de huit par chacun des quartiers de la ville et chargés d'élire les quatre échevins.

Les autres villes du Nivernais proprement dit n'ont pas d'importance au point de vue qui nous occupe, mais dans le Morvan, qui dépendait du Nivernais, se trouve Vézelay (4). Cette ville était arrivée au douzième siècle à une assez

(1) *Celeriter Aurelianensem regressus civitatem cum ibidem comperisset, occasione communiæ, quorumdam stultorum insaniam contra regiam moliri majestatem, compessuit audacter non sine quorumdam læsione* (Hist. Lud. VII, apud script. rer. Gallic. et Franc., t. XII, p. 124). — (2) Augustin Thierry, *Tableau de l'ancienne France municipale.* — (3) Guy Coquille, *Histoire du Nivernais* et spécialement page 208. — (4) Voir Augustin Thierry, *Lettres sur l'histoire de France,* Lettres XXII, XXIII et XXIV.

grande prospérité ; il y avait à Vézelay une abbaye, fondée
au neuvième siècle par le comte Gherard, dont l'église était
un lieu de pélérinage, ce qui n'était pas une des moindres
causes de la prospérité de Vézelay. Un diplôme de l'empereur Charles le Chauve, rendu à la demande du comte
Gherard, avait confirmé la donation, faite par celui-ci, de
tous ses droits de propriété et de seigneurie, et avait décidé
que l'abbaye et ses hommes, tant libres que serfs, seraient
affranchis de la juridiction de tout empereur, roi, comte,
vicomte ou évèque, présent et à venir. Malgré cette charte les
comtes de Nevers avaient toujours eu des prétentions sur
la seigneurie de Vézelay et leurs querelles avec les abbés
devinrent extrèmement vives dans les premières années du
douzième siècle. Les habitants devenus riches, encouragés
secrètement par le comte de Nevers, établirent une commune ; on ignore quelle fut leur organisation municipale et
quelles étaient les dispositions de leur charte, tout ce que
l'on sait c'est que leurs magistrats reçurent le titre de
consuls, comme ceux des villes du midi. Le comte de Nevers
entra dans la commune et jura fidélité aux bourgeois, mais
l'abbé refusa de reconnaître le nouvel ordre de choses, il
écrivit au pape, qui fit prononcer l'excommunication contre
les bourgeois de Vézelay, et au roi de France, Louis VII, qui
rassembla une armée et marcha contre le comte de Nevers.
Celui-ci, incapable de résister par la force à l'armée royale,
dut abandonner les bourgeois de Vézelay ; la commune fut
supprimée, les bourgeois furent condamnés à de grosses
amendes et l'abbaye recouvra le libre exercice de ses droits
de juridiction. Tel est en quelques mots l'histoire de la
commune de Vézelay.

ANJOU. — Angers, sa capitale, est d'origine romaine ;
elle fut fondée par Auguste et appelée par lui *Juliomagus ;*
on ne connaît pas les institutions municipales qu'elle pût

avoir au moyen-âge. Vers la fin du douzième siècle, Angers paraît avoir eu une milice organisée ; mais tout son gouvernement se bornait à un conseil de ville, dépendant des officiers du comte, dépourvu de juridiction et sans titre de fouctions spéciales pour aucun de ses membres. C'était plutôt une sorte de conseil consultatif ; et jusqu'en 1474 les habitants d'Angers n'eurent pas d'autres libertés. A cette époque, Louis XI leur donna une charte communale, qui établissait un maire, un sous-maire, dix-huit échevins, trente-six conseillers inamovibles et après la mort desquels, au fur et à mesure de leur décès, le peuple en élirait de nouveaux de trois ans en trois ans. Cette charte accorde la liberté des assemblées du corps municipal, le droit de nommer un receveur des droits établis en faveur de la ville, la juridiction du maire sur la ville, ses faubourgs et sa banlieue, sauf réserve du crime de lèze-majesté. Le roi confie au corps municipal la garde des clefs des portes et des chaînes de la ville, donne au maire le droit d'avoir un grand sceau et des sceaux moindres pour l'exercice de la justice et de l'administration, l'établit aussi conservateur des privilèges de l'université d'Angers, honneur qui, jusque-là, avait appartenu aux comtes et aux ducs. Aucun membre du corps municipal, aucun habitant ne peuvent être arrêtés que par commandement du roi. Le maire est encore chargé de surveiller les fours, moulins, poids et mesures, corporations industrielles (1) Telles sont les principales dispositions de la charte accordée aux habitants d'Angers, en 1474, et obtenue sans insurrection, ni demande de leur part.

Les autres villes de l'Anjou n'ont pas d'institutions municipales bien connues ; du reste aucune d'entre elles n'étaient bien importantes au moyen-âge. On croit seulement que les institutions municipales de l'Anjou avaient en

---

(1) Tout ce qui regarde Angers est tiré d'*Angers et l'Anjou*, par M. BLORDIER-LANGLOIS.

général un caractère paroissial. « *Necesse ci fuit*, est-il
« dit dans les vieilles formules de cette province, *advocare
judices seu et vicinos circa manentes seu et universa paro-
cia illa* (1). »

MAINE & PERCHE. — Les principales villes du
Maine étaient le Mans, sa capitale, Laval, Sablé ;
Mortagne et Nogent-le-Rotrou faisaient partie du Perche.
De toutes ces villes, le Mans seul eut des institutions muni-
cipales, ou du moins c'est la seule sur laquelle des rensei-
gnements à peu près certains soient parvenus jusqu'à nous.

Les institutions municipales du Mans sont fort anciennes : dans deux testaments, datés de 615 et de 642, Bertrand
et Hadouind, évêques du Mans, enjoignirent que ces testaments fussent ouverts dans la cité du Mans, présentés aux
magistrats municipaux *(municipalibus)* et rendus exécutoires (2). Une charte de Clotaire III, de 657 à 669, confirmée
par Childebert III, le 3 mars 698, accorde aux habitants du
Mans le droit de nommer leur duc ou comte (3). Il est vrai
que plus tard on ne trouve plus trace de ce droit, mais il est
probable qu'il en subsista des vestiges, au moins pour les
magistrats de la cité. En 1071, la ville du Mans devint le
théâtre d'une insurrection et les habitants établirent une commune jurée (4). Ce fut la première en France, mais elle ne dura
pas longtemps ; en 1073, menacés de la colère de Guillaume,
duc de Normandie, ils y renoncèrent après que celui-ci leur
eût promis de ne pas les punir et de respecter les anciennes
coutumes (5). Les habitants du Mans obtinrent des libertés
municipales à la suite des ordonnances sur les corps d'arts
et métiers rendues par le comte du Maine, de 1317 à 1328.

(1) *Formulæ Andeg.*, XXI. — Appendice à l'*Essai sur l'histoire du droit au
moyen-âge*, par M. GIRAUD, t. I. — (2) *Gesta pontificum Cenomansium apud* MABIL-
LON, *in analectis* ; édit. in-folio, p. 208. — (3) *Gest. pont. Cenom.*, p 288. — (4) *Gest.
pont. Cenom.*, p. 308. — (5) *Gesta. pont. Cenom., apud script. rer. Gall.*, t. XII, p. 41.

En 1481, Louis XI créa l'Hôtel de ville du Mans, en récompense de la fidélité des Manceaux, qui avaient chassé les Anglais de leur ville et l'avaient livrée au roi (1).

TOURAINE. — M. Augustin Thierry affirme (*Tableau de la France municipale*), mais sans indiquer ses sources, que pour les villes de la Touraine la forme de municipalité la plus générale et la plus ancienne était l'administration financière, avec ou sans droits de police, exercée par deux élus. Nous allons entrer dans quelques détails sur la capitale de la Touraine, sur Tours.

Tours est l'ancien *Cæsarodunum*, municipe romain, qui devint la capitale de la troisième lyonnaise, sous le règne d'Honorius. Vers le sixième siècle il se forma autour du monastère de Saint-Martin une nouvelle ville, qu'on entoura de murailles au neuvième siècle et qui prit le nom de *Castrum novum* ou Chateauneuf (2). Vers l'an 1125 les habitants de cette nouvelle ville se révoltèrent contre l'évêque et se donnèrent une organisation communale ; une transaction obtenue par la médiation du roi réduisit ce changement à un gouvernement de dix prud'hommes, dépourvus du droit de juridiction (3). La cité de Tours était gouvernée depuis un temps immémorial par une constitution où tous les pouvoirs appartenaient à quatre prud'hommes, élus chaque année par le corps entier des habitants ; mais on ne connaît pas au juste l'étendue de leurs attributions.

Au treizième siècle les deux villes furent réunies en une seule et le corps municipal fut composé de quatre prud'hommes, élus par la cité et deux choisis par le bourg de Chateauneuf. Aux assemblée de ce corps assistaient outre les six élus, un représentant de l'archevêque, des délégués

(1) *Essais histor. sur le Maine*, par RENOUARD. — (2) *Histoire des anciens comtes d'Anjou* (1681). — (3) *Recueil des ordonnances*, t. XI, p. 221, Lettres données par Philippe-Auguste en 1181.

du chapitre de Tours et de l'abbaye de Marmoutiers, fondée par Saint-Martin, le chef judiciaire de la Touraine et des notables bourgeois. Enfin en 1461 Louis XI donna à Tours un gouvernement composé d'un maire, de vingt-quatre échevins et de soixante-quinze pairs et il leur attribua pleine juridiction au civil et au criminel (1).

Les autres villes de la Touraine, Amboise, Loches, Chinon, Châtillon-sur-Indre ont laissé peu de traces de leur ancienne organisation.

BRETAGNE. — La capitale de la province de Bretagne était Rennes; on ne connaît sur elle rien de plus détaillé que sur les autres villes de Bretagne, pendant la première période du moyen-âge. Le premier acte connu qui s'y rapporte date de l'an 1000, il nous montre les bourgeois de Rennes assemblés dans l'Eglise Saint-Pierre et décrétant un impôt, qui frappait sur le comte lui-même (2). Mais on ne voit apparaître d'une manière régulière et permanente le *procureur des bourgeois* qu'en l'an 1443, d'après un manuscrit déposé à la bibliothèque de cette ville. En 1548 et 1592 des ordonnances réorganisèrent l'administration de Rennes.

Nantes, seconde ville de Bretagne, fut longtemps administrée par ses seigneurs particuliers , Louis le Jeune lui accorda en 1150 une charte communale, motivée « pro nimia « oppressione pauperum », mais on croit qu'c' ; ne fut pas mise à exécution. Le duc Jean V, par une ordonnance de 1420, accorda aux habitants de Nantes un procureur, chargé de veiller aux affaires de la ville. En 1560, la municipalité fut modifiée et il fut établi un conseil de ville électif comprenant dix à douze membres, qui se renouvelaient tous les ans et élisaient le procureur des bourgeois (3).

(1) *Recueil des ordonnances*, t. XI, p. 332. — (2) D. MORICE, *Preuves*, I, 139, 357, *dans ses mémoires sur la Bretagne.* — (3) Privilèges accordés par nos rois très chrétiens et le duc de Bretagne aux maires, échevins, bourgeois et habitants de la ville de Nantes (Nantes, Verger, 1730).

Les autres villes principales de Bretagne doivent en général leur origine à des abbayes, telles sont Dol, Saint-Malo, Saint-Brieuc, Tréguier, Morlaix, Redon. D'autres cependant sont beaucoup plus anciennes, telles que Vannes, que Ptolémée définit en ces termes, au huitième chapitre du second livre de sa géographie : « *Occidentale autem littorale latus sub Osismis tenent Veneti, quorum civitas Dariorigum.* » La très ancienne coutume de Bretagne, écrite en 1330, nous montre les paroisses, relevant de leurs seigneurs, mais s'administrant par leurs procureurs et choisissant elles-mêmes les collecteurs de l'impôt. La condition des bourgeois qui habitaient les villes était loin d'être servile, l'article 343 de la très ancienne coutume les autorisait à acquérir des terres nobles, à la seule condition d'en payer le rachat à leur mort. Mais des actes de cette époque il ne ressort aucune mention ni de communauté d'habitants ni de magistrats municipaux (2), et lorsque les habitants voulaient ester en justice, ils nommaient un procureur spécial chargé de les représenter ; le commun des habitants de Redon, « vulgus totius villæ laici, » soutint en 1066 un procès contre les moines au sujet de redevances que ceux-ci exigeaient de lui (3). Le seigneur convoquait aussi dans les circonstances importantes des notables dont il prenait l'avis. On trouve une assemblée de cette espèce à Quimper en 1345 au sujet d'un différend relatif à la reddition de cette place à Jean-le-Conquérant (4) ; on en voit d'autres à Redon, de 1341 à 1364, au sujet d'un impôt levé avec l'assentiment des habitants, pour l'entretien des murailles de la ville ; à Saint-Malo, en 1384, 1394 et 1415, au sujet de la compétition du roi de France et du duc de Bretagne à la possession de la ville ; mais toutes ces assemblées, chargées de défendre les intérêts communs et qui se composaient d'un syndic, d'un

---

(1) D. MORICE, *Mémoires sur la Bretagne, Preuves*, II, 225, 217 et 170. — (2) *Cartulaire de Redon*, D. MORICE, *Preuves*, t. I, p. 405. — (3) D. MORICE, *Preuves*, I, 454.

miseur, d'un collecteur d'impôts, d'un contrôleur de deniers et de six conseillers, n'avaient guère autre chose qu'un pouvoir consultatif (1).

Le *procureur des bourgeois*, représentant permanent des intérêts de la cité, n'apparaît dans l'histoire des villes de Bretagne qu'au quinzième siècle ; avant cette époque l'administration des villes et celle des communes rurales, même après cette époque, était toute paroissiale et seigneuriale ; le lieu de réunion du conseil des bourgeois était l'église paroissiale ou quelque chapelle qui en dépendait (2).

La juridiction municipale n'a jamais existé en Bretagne ; sauf la ville de Guingamp, où selon une charte de 1335, les bourgeois avaient jadis reçu des seigneurs le droit de juridiction en récompense des services rendus, le droit de justice à tous les degrés appartenait au duc ou à l'évêque, dans les villes, et, dans les villages, au seigneur du lieu. Les chartes de 1560 pour Nantes et de 1548 et 1592 pour Rennes, dont nous avons parlé plus haut, en organisant les municipalités de ces villes leur accordèrent aussi les droits de juridiction.

L'histoire municipale de la Bretagne ne nous montre pas de traces de révolution communale, pas de luttes de la bourgeoisie pour conquérir des droits politiques (3).

NORMANDIE. — Des privilèges généraux furent accordés à la Normandie par deux chartes célèbres, la grande charte de Henri Ier et la charte aux Normands (4). Des chartes furent aussi accordées aux villes, la juridiction des seigneurs passa à celles-ci, mais la transformation fut pacifique :
« A part quelques faits isolés, dit M. Léopold Delisle dans
« son ouvrage sur les classes agricoles en Normandie, nous
« avons vainement cherché dans la Normandie les traces de

(1) *La Bretagne ancienne* par Pitre-Chevalier, p. 269. — (2) M. de la Borderie, *Note sur l'origine des institutions municipales de la Bretagne.* — (3) Augustin Thierry, *Tableau de l'ancienne France municipale*, p. 264. — (4) Houard, *Coutumes anglo-normandes*, Chartes.

« cet antagonisme qui, suivant des auteurs modernes,
« régnait entre les différentes classes des sociétés du moyen-
« âge. Les rapports des seigneurs avec leurs hommes n'y
« sont point entachés de ce caractère de violence et d'arbi-
« traire avec lequel on se plaît trop souvent à les décrire.
« De bonne heure des paysans sont rendus à la liberté ; dès
« le quinzième siècle le servage a disparu de nos campagnes ;
« à partir de cette époque, il subsiste encore quelques rede-
« vances et quelques services personnels ; mais le plus grand
« nombre est attaché à la jouissance de la terre. »

La principale ville de la haute Normandie, Rouen, déjà
renommée au onzième siècle par son port, obtint dès cette
époque le droit de former des milices bourgeoises. Elle
obtint sa première charte communale, en 1194, de Richard-
Cœur-de-Lion ; celle-ci fut confirmée, avec toutes ses libertés
et sa justice, par Jean-sans-Terre, le 21 mai 1199 (1). Le
chef de la ville, appelé maire ou mayeur, était assisté par
des échevins qui concouraient avec lui à l'administration. Il
y avait selon M. Augustin Thierry (*Tableau de l'ancienne
France municipale*, p. 241) un maire, douze échevins, douze
conseillers et soixante-quinze pairs, ce qui faisait cent
membres pour tout le corps municipal.

Philippe-Auguste, par une charte que l'on croit être de
1204 (2) régla la manière dont les maires seraient élus.
Saint-Louis fit, en 1256, une ordonnance, touchant l'élection
des maires dans les villes de Normandie, qui porte « que le
« lendemain de la Saint-Simon, celui qui aura été maire, et
« les notables de la ville, choisiront trois prud'hommes,
« qu'ils présenteront au roi à Paris, aux octaves de la Saint-
« Martin et sur lesquels le roi en choisira un pour être
« maire. »

(1) Chartes de l'Hôtel de ville de Rouen, année 1199, tome IV, p. 1960 *des
Preuves de l'histoire généalogique de la maison d'Harcourt.* — (2) ARGON, *Histoire
du droit français*, 10ème édition, p. 83.

En 1367 une ordonnance de Charles V organisa les milices bourgeoises de Rouen (1). A la fin du quatorzième siècle Rouen eut ses insurrections, mais la milice rouennaise rétablit l'ordre et obtint du roi Charles VI le pardon des émeutiers.

En 1418, Rouen assiégée par les Anglais dut se rendre, mais sous la réserve de ses privilèges ; la domination anglaise ne cessa que le 10 novembre 1449, jour où le roi Charles VII y fit son entrée triomphale (2). Louis XI vint à son tour en 1466 et 1467, visiter la ville de Rouen, dont il confirma les privilèges.

Les autres villes de la haute Normandie, Caudebec, Gisors, Andelys, Courcelles, Pont-Audemer, Evreux, Conches, etc. n'ont pas eu suffisamment d'importance pour que nous nous y arrêtions.

Caen, connue sous les deux premières races, était une ville celtique ; Guillaume-le-Conquérant y construisit un château ; c'était la capitale de la Basse-Normandie (3). Ses institutions municipales sont peu connues. On trouve encore dans la Basse-Normandie quelques villes, telles qu'Argentan et Domfront, qui sont d'origine celtique et où les coutumes locales ne parlent ni de municipes ni de communes (4) ; on n'y trouve nulle trace d'institutions romaines. Les villes du littoral, depuis Avranches jusqu'à Cherbourg, offrent au contraire des traces de domination romaine.

De toutes les villes de la Basse-Normandie, Falaise seule peut attirer notre attention ; elle fut dotée en 1202 d'une charte par Jean-sans-Terre, qui exempta les habitants pour favoriser leur commerce de tout droit de passage, de péage et de coutume pour toute sa terre, excepté la ville de Londres. Une autre charte du même prince du 5 février 1203 investit les habitants de Falaise du droit de commune ; le

(1) CHÉRUEL, *Histoire de la commune de Rouen.* — (2) *Histoire de Rouen,* par BONTEILLER, p. 49. — (3) *Histoire de Caen,* par Mgr HUET, évêque d'Avranches. —(4) Léopold DELISLE, *Des classes agricoles de Normandie,* ch. VI, p. 135.

chef de l'administration portait le titre de maire et ses auxiliaires celui de pairs.

Philippe-Auguste confirma les deux chartes ; puis, par une autre qui se trouve dans la collection Duchêne, il régla la manière d'établir les maires ; nous avons déjà parlé de cette charte à propos de Rouen. L'ordonnance de Saint-Louis de 1256 dont nous avons également parlé à propos de Rouen, s'appliquait aussi à Falaise. Les maires et pairs de Falaise exerçaient leur juridiction sous l'autorité des comtes ou vicomtes. En 1540, l'office de maire de Falaise fut uni et incorporé à celui de vicomte, mais la juridiction municipale subsistait encore lors de la rédaction des Coutumes en 1586. On en appelait des sentences des maires et vicomtes aux baillis, sénéchaux et prévôts ; au-dessus d'eux tous s'élevait le parlement ou échiquier (1).

Telle était l'état des principales villes de Normandie. Quant aux communes rurales, elles avaient de bonne heure cherché à secouer le joug des seigneurs ; mais leur révolte fut comprimée et n'eut aucune suite ; on en aurait même perdu le souvenir sans le récit que le trouvère Wace en a laissé dans des vers pleins d'intérêt. C'est aux concessions libres des seigneurs qu'on y dut l'abrogation des services les plus pénibles du vasselage. Même aux douzième et treizième siècles, la commune rurale n'existe pas en Normandie.

« Les seules traces d'organisation communale que nous
« ayons rencontrées en Normandie, dit M. Léopold Delisle,
« se réduisent à des passages assez obscurs de la charte
« des coutumes de Courcelles, où d'ailleurs se trahit, de
« différentes manières, une influence étrangère à notre pro-
« vince, et à quelques faits assez vagues, consignés dans
« des lettres des seigneurs de Nonancourt. Nous ne pou-
« vons pas voir une institution communale dans ces jurés
« que l'abbé de Troarn, en 1297, choisissait au nombre de deux

(1) *Recherches historiques sur Falaise*, par l'abbé PAGEVIN, p. 180.

« par paroisse, pour lui répondre, au nom des habitants de
« leur paroisse, de l'observation des coutumes du marais.

« Mais encore bien que nos paroisses rurales ne fussent
« pas, au moyen-âge, organisées en communes, c'est-à-dire
« qu'elles n'eussent point de magistrats municipaux, les
« habitants n'en avaient pas moins des intérêts communs
« à sauvegarder. A certains égards, entre les hommes d'une
« paroisse, d'un fief, d'un hameau, il s'était formé une véri-
« table communauté reconnue non-seulement par chacun
« des intéressés, mais encore par les étrangers. Ordinaire-
« ment on désignait par l'expression de *le commun* l'ensem-
« ble des habitants entre lesquels existaient ces rapports.
« Ces communs exerçaient la plupart des droits qui appar-
« tenaient aux véritables communes ; mais ils n'avaient ni
« chefs, ni consuls, auxquels fut délégué le soin de veiller
« aux intérêts de tous. De cette manière chacun de ces
« intéressés devait intervenir, toutes les fois qu'il y avait
« une décision à prendre et quelle qu'en fût la nature, l'acte
« était rédigé au nom personnel des individus qui y avaient
« pris part (1). »

PICARDIE. — La province de Picardie se forma vers le
treizième siècle, d'un grand nombre de comtés dont chacun
avait auparavant son chef particulier ; tous les pays qui la
composèrent avaient été sous la domination des Francs, et
soumis à des ducs et à des comtes qui administrèrent avec
plus ou moins de fidélité.

La capitale de la Picardie était Amiens ; elle passa, après
l'invasion des Francs, sous la domination temporelle de ses
évêques, à qui les rois de France en donnèrent la seigneurie.
En 1113, favorisés par l'évêque, les habitants d'Amiens se
formèrent en commune ; le gouvernement fut composé d'un

(1) *Des classes agricoles en Normandie, au moyen-âge*, ch. VI. — *Des affranchissements des communes*, p. 135.

maire et de vingt-quatre échevins. Les autres seigneurs qui avaient pouvoir sur la ville, concurremment avec l'évêque, résistèrent plusieurs années ; mais les bourgeois, avec le secours de Louis-le-Gros et soutenus par leur évêque, parvinrent au bout de quelques années à vaincre cette résistance (1). Cette charte fut ensuite confirmée par Philippe-Auguste en 1190.

On distinguait encore Corbie, Roye, Doulens, Abbeville, Montreuil, Boulogne, Ham, Péronne, Montdidier, Saint-Quentin. Cette dernière ville obtint sa première charte communale d'Albert Ier qui devint comte de Vermandois en 943. L'art. 3 de cette charte porte : « *Communia vero ita statuta est, quod homines communiæ cum omnibus rebus suis quieti et liberi permaneant.* » C'est-à-dire qu'on n'affranchissait pas les habitants, mais qu'on les maintenait dans leurs franchises (2). Une autre charte, confirmative de la première fut accordée en 1102 aux bourgeois de Saint-Quentin par Raoul, comte de Vermandois, elle fut confirmée par Philippe-Auguste en 1195 (3).

ARTOIS. — L'Artois fut détaché de la Flandre à la fin du douzième siècle, à l'occasion du mariage de Philippe-Auguste avec Isabelle de Hainaut, à qui furent données en dot les villes d'Arras, de Saint-Omer et d'Aire avec le territoire avoisinant ; Philippe-Auguste en prit possession en 1193. L'Artois passa ensuite à la maison de Bourgogne, puis revint à la France sous Louis XI ; par le traité de Senlis, Charles VIII le céda à l'Autriche et ce ne fut qu'en 1678 que le traité de Nimègue le rendit définitivement à la France ; Arras l'était depuis 1640.

La principale ville de l'Artois, Arras était divisée en deux

(1) Augustin THIERRY, *Lettres sur l'histoire de France*, Lettre XIX. — (2) *Histoire des comtes héréditaires du Vermandois aux neuvième, dixième, onzième et douzième siècles*, par FOUQUIER. — (3) Augustin THIERRY, *Lettres sur l'histoire de France*, Lettre XV.

villes : la cité ancienne et la ville nouvelle. La cité ne reconnaissait d'autre seigneur que l'évêque et ne relevait pas des comtes de Flandre ou d'Artois ; elle était uniquement dépendante des rois de France, qui en laissaient ordinairement le gouvernement aux évêques (1). La ville avait un bailliage particulier appelé gouvernance. Arras obtint une charte de commune de Philippe-Auguste en 1191 ; Louis VIII la confirma en 1211 (2). L'administration de la ville et celle de la cité, qui était beaucoup plus ancienne, n'étaient pas confondues. Les échevins de la ville n'avaient pas le maniement des deniers publics, qui était réservé au au corps particulier appelé : les trois Etats de la cité. Ce corps était composé d'un député de l'évêque,comme seigneur temporel, d'un député du chapitre, pour représenter le clergé et d'un député de l'échevinage représentant le tiers état (3).

CAMBRÉSIS. — Le Cambrésis, peu étendu, indiqué sur l'*Itineraire d'Antonin* et dans la carte de Peutinger, avait pour capitale Cambrai. Cette ville chercha de bonne heure à secouer le joug des évêques, et l'on peut dire que jusqu'au quatorzième siècle, les bourgeois furent toujours en insurrection ; la commune, successivement établie et abolie, n'exista réellement que très tard par suite d'une charte accordée en 1225, par l'évêque lui-même. M. Augustin Thierry a du reste écrit l'histoire de la commune de Cambrai dans ses *Lettres sur l'Histoire de France* (Lettre XIV).

FLANDRE. — Les villes flamandes ont des origines très diverses, quelques-unes étaient antérieures à la con-

(1) Dubos, *Etablissement de la monarchie française*, t. ii, p. 581. — (2) Tailliar *De l'affranchissement des communes*, p. 180. — (3) M. de Hautecloque ; *Congrès scientifique*, séance du 26 août 1853.

quête de Jules César, mais un très grand nombre doivent leur origine à des églises.

Les premiers privilèges de ville, dont fasse mention l'histoire de Flandre, sont ceux que donna le comte Bauduin à la ville de Grammont, qu'il fonda. Mais les chartes des villes flamandes n'ont pas toutes une origine si paisible ; le régime municipal de la Flandre se manifeste par la fréquence des luttes entre les seigneurs et les vassaux, par la multiplicité des chartes et des confédérations entre les villes. Nulle autre histoire n'offre plus d'exemples de séditions des communes contre leurs seigneurs, que celle de la Flandre (1). C'est à cette source que remontent, dans un grand nombre de villes flamandes, le droit conquis par leurs habitants d'être jugés dans la cité même, et de trafiquer librement sans payer les taxes, dites de *tonlieu*. Nous allons dire quelques mots des principales villes de Flandre, mais seulement de la partie française.

Lille fut fermée de murailles en 1046 par le comte Bauduin ; les habitants durent de bonne heure jouir des franchises municipales, car en 1222 la comtesse Jeanne accorda, par une charte spéciale, aux bourgeois de Seclin le droit d'user et de jouir intégralement des mêmes lois, libertés et coutumes, que possédaient les bourgeois de Lille. La charte de 1283, qui organisa l'échevinage, ne fut donc que la confirmation de franchises déjà anciennes. Le territoire de Lille se composait du Melantois, dont la ville principale était Seclin ; du quartier de Ferain, où était Commines ; du quartier de la Wepe, dont la principale place était Armentières ; du quartier de Carunbauld, où se trouvait Phalempin, dont la fondation était due à une abbaye d'Augustins ; du quartier de Pevèle, où se trouvaient Orchies et Bouvines (2).

La ville de Douai, ville fort ancienne, ne devint la propriété

(1) *Tableau de l'ancienne France municipale*, par Augustin THIERRY, p. 340. —
(2) *Histoire des comtes de Flandre*, par LEGLAY.

des comtes de Flandre qu'au douzième siècle. Son université fut fondée en 1552 par Philippe II, roi d'Espagne ; son parlement ne date que de Louis XIV. De nombreux privilèges furent successivement accordés aux habitants de Douai. Des lettres de Philippe, comte de Flandre, données à Furne en 1168, exemptent les habitants de tout droit de *tonlieu*, dans quelque ville de Flandre qu'ils aillent, et ordonnent que les négociants ne soient pas soumis à l'usage qu'on appelle *hanse*. Des lettres originales de Louis, fils du roi de France, données au camp devant Lille, au mois de juin 1213, promettent aux bourgeois de Douai de maintenir la commune établie par le comte Philippe.

Philippe, comte de Flandre, donna en 1226, une charte aux bourgeois de Douai (1) ; elle fut confirmée en 1228 par Ferrand, comte de Flandre et de Hainaut, qni établit en même temps le mode d'élection de l'échevinage : « L'éche- « vinage, est-il dit dans cette charte, sera renouvelé de « treize mois en treize mois. Les échevins seront au nombre « de seize, savoir : douze choisis dans les quatre escroettes « de la ville, et quatre au delà de l'eau. Le serment des « échevins sera reçu par le comte de Flandre ou son bailli ; « et à défaut de l'un et de l'autre par les échevins sortant. »

On trouve encore relativement à Douai des chartes constatant des libéralités ; telles sont les lettres originales de 1241, par lesquelles le comte de Flandre donne à la ville de Douai tous les marais qui l'environnent et le cours de la Scarpe, jusqu'à la borne à Keviron ; les lettres de Marguerite, comtesse de Flandre, de 1265, donnant aux échevins de Douai et à la communauté une pièce de terre. D'autres chartes ou lettres contiennent aussi des règlements de police. Des lettres de Charles V, roi de France, du 5 Septembre 1368, renferment un code complet sur l'échevinat de

---

(1) *Recueil des actes des douzième et treizième siècles,* par M. TAILLIAR.

Douai (1). Tout cela prouve l'importance que cette ville avait déjà acquise et nous montre que de très bonne heure elle avait conquis une grande indépendance.

HAINAUT. — Le Hainaut contenait la plus grande partie du territoire des Nerviens ; la partie appartenant actuellement à la France est beaucoup moins considérable que celle qui est incorporée au royaume de Belgique. Parmi les villes qui en dépendaient et qui sont restées françaises, nous citerons Avesnes, dont la charte, datée du mois de février 1200, est empreinte de caractères de paix et de liberté.

Valenciennes nous arrêtera un instant. Cette ville, bâtie au commencement du cinquième siècle, resta sous le pouvoir des comtes de Hainaut jusqu'en 1677. Bauduin, comte de Hainaut, donna en 1114 aux habitants de Valenciennes une charte qui, d'après les termes de son préambule, semblerait avoir été accordée librement : « Le seigneur, voyant que sa « bonne ville de Valenciennes, habitée par une nombreuse po- « pulation, n'observait presque point la loi écrite, mais seule- « ment des coutumes et que par suite cette ville ne jouissait « pas d'une grande tranquillité, institue de concert avec ses « hommes, une loi qui porte le nom de charte de paix. » Viennent ensuite diverses dispositions sur l'administration de la ville ; à côté de la juridiction du comte s'élève celle des échevins ou *juges de la paix*, qui doivent s'abstenir de porter atteinte aux droits du seigneur ; les habitants doivent s'armer au premier cri d'alarme, mais ils ne peuvent se réunir qu'au son des cloches ou par l'ordre exprès des *juges de la paix* ; les voies de fait contre les habitants, les injures contre les magistrats sont punies d'amendes ; pour la pro-

(1) Toutes les chartes citées ici et concernant Douai sont aux archives de cette ville ; il en est parlé dans la *table chronologique de ces archives*, publiée par M. PILATE-PRÉVOT (1842).

tection des marchands, tout homme de la paix a le droit d'arrêter et de poursuivre, comme solidairement responsable tout individu de la ville où il a été insulté (1).

CHAMPAGNE. — Cette province resta sous la domination de ses comtes héréditaires jusqu'en 1361. Durant cette longue domination rien ne manifeste de libertés municipales soit traditionnelles, soit octroyées. On n'y retrouve aucune trace du droit romain, ni de coutumes certaines, jusque vers la fin du treizième siècle. On doit admettre que jusque-là les comtes gouvernèrent avec le concours successif des *rachimbourgs* et des *scabins*. Au dixième siècle apparaissent les prévôts chargés, dans leurs districts, du maniement des finances, de l'administration de la justice et en même temps de la réformation des *majores villarum*, établis dans les villages et devenus les oppresseurs du peuple. Au commencement du onzième siècle, peu de temps après leur institution, les prévôts opprimèrent à leur tour, et l'on créa des baillis pour les surveiller, mais ces magistrats ne s'occupaient que des villes.

Les communautés rurales étaient sous l'administration des seigneurs qui choisissaient et révoquaient à leur gré les échevins qu'ils chargeaient d'administrer, de faire des règlements et de rendre la justice. Néanmoins les habitants, quoique privés du droit d'intervenir dans la gestion des affaires publiques, étaient convoqués, dans quelques circonstances importantes, au son de la cloche. Ces convocations avaient lieu : lors de la réception solennelle du seigneur qui, dans quelques localités, jurait et promettait à ses vassaux de les bien gouverner et recevait en retour leur serment de féauté; lorsqu'il s'agissait d'allouer au seigneur des subventions extraordinaires ou de fournir ce

(1) TAILLIAR, *Mémoire sur l'affranchissement des communes.*

que l'on appelait les *aides aux quatre cas*, ces aides étaient ainsi nommés parce qu'ils étaient dus dans quatre circonstances spécifiées savoir : lorsque le seigneur armait son fils chevalier, mariait sa fille, était fait prisonnier, ou voulait racheter des terres à lui échues par héritage ; lorsque la terre était menacée et qu'il s'agissait de s'armer pour sa défense ; lorsqu'il s'agissait de mesures à prendre relativement aux biens communaux. Mais ces assemblées n'étaient que des exceptions, les communes rurales étaient dénuées de toutes garanties , elles dépendaient absolument du seigneur (1).

Quant aux villes de Champagne, qui d'ailleurs étaient assez nombreuses, Augustin Thierry dit, dans le *Tableau de l'ancienne France municipale*, page 241, que « sauf la « ville de Reims, vieux municipe qui entreprit d'ajouter « la liberté communale à ses franchises traditionnelles, « sauf les villes de Sens et de Meaux, qui deviennent des « communes jurées , l'une par insurrection , l'autre par « octroi, l'organisation urbaine se montre peu forte et bornée à la garantie des droits purement civils. » Quant à Troyes, ville ancienne érigée par Auguste en corps de cité, elle n'était connue que par ses coutumes , la première rédigée en 1284, la seconde en 1509, et qui toutes deux consacraient la noblesse utérine , inconnue dans les autres coutumes.

LORRAINE. — Cette province passa successivement de la domination romaine à celle des Francs ; après la mort de Charles-le-Simple, elle passa sous l'autorité des empereurs d'Allemagne, qui établirent des ducs de Lorraine et les laissèrent même indépendants en 1542. Sous le règne de ses ducs et de ses comtes héréditaires, le peuple de Lorraine

---

(1) *Recherches historiques sur la Champagne*, par DE TORCY, — *Archives de la Champagne*, par ASSIER (1858).

ne jouit pour ainsi dire d'aucunes libertés locales et, bien que sa coutume repoussât le terme de *serf* comme trop odieux et employât celui de *non franc* (1), il n'en était pas moins serf de fait. Les causes des vassaux se portaient aux plaids, devant leurs seigneurs, qui jugeaient selon les us et les lois. Les avoués des églises rendaient la justice pour elles.

Nancy, capitale des Etats du duc de Lorraine, n'était avant le douzième siècle qu'un *castrum,* qui appartenait à un seigneur nommé Drogon, et qui fut acquis en 1153 par Mathieu Iᵉʳ, duc de Lorraine, qui donna en échange à Drogon les seigneuries de Lenoncourt et de Rosière-aux-Salines. Des privilèges furent accordés aux bourgeois de Nancy par lettres patentes de Ferri II, en 1265. La même année d'autres villes telles que Saint-Nicolas, Amance et Lunéville reçurent les mêmes privilèges. On retrouve dans le Barrois le même caractère féodal et la même absence de libertés locales; Bar-le-Duc, capitale du duché de Barrois, n'eut jamais d'autres libertés que celles qui lui furent octroyées vers le milieu du treizième siècle.

Le véritable siège des libertés municipales de la Lorraine est dans les villes épiscopales de Metz, Toul et Verdun, qui dépendaient de l'empire d'Allemagne.

La domination des Francs s'établit et était déjà très affermie dans les diocèses de Toul, de Metz et de Verdun à la fin du cinquième siècle et les territoires de ces évêchés se divisèrent en un grand nombre de *pagi*, distingués par des noms de rivières et de châteaux. Dans tous ces *pagi* s'établirent, sous le commandement du comte, qui représentait le roi, des rachimbourgs qui disaient la loi dans le plaid, insinuaient les actes et représentaient le peuple dans ses rapports avec le roi, le comte ou l'évêque.

(1) Art. 8, tit. II de la coutume. *Observations sur les coutumes de Metz*, par M. GABRIEL, t. I, pag. 68.

La ville de Metz est d'origine romaine ; Tacite en parle au livre IV de son *Histoire*, sous le titre de *Socia civitas*, sous Galba elle fut érigée en municipe, avec toutes les libertés habituelles ; après la chute de l'empire romain elle subit successivement le régime des rachimbourgs, des évêques défenseurs et des *scabini*. Lorsqu'elle eût dû se rendre à Henri l'Oiseleur, les institutions municipales se fortifièrent et les bourgeois, qui commencèrent à former un corps, ne voulurent accepter que des évêques élus par eux. Vers l'an 1000, l'échevinat messin, protégé par les évêques, se hiérarchisa, il y eut un maître échevin, chef de la milice messine, qui absorba les fonctions de voué et de juge et résuma toute l'administration municipale. En 1215 le concile de Latran enleva à la cité de Metz le droit de nommer son évêque ; les habitants ne le virent pas sans défaveur et firent de grands efforts pour se constituer en république. Vers 1254 ils y parvinrent et la bourgeoisie messine fit des traités de paix et de guerre, rendit la justice, leva des impôts, eut son drapeau, ses armoiries, en un mot fit tous les actes de la souveraineté. Pendant trois siècles, Metz fut ville libre impériale, elle ne payait point d'impôts aux empereurs mais seulement des dons de joyeux avènement. Cette situation fut sanctionnée par les empereurs à diverses reprises, notamment en 1404, 1434, 1458 et enfin par Charles-Quint en 1521 (1).

ALSACE. — Après la ruine de l'empire romain, ce pays fut occupé par les Francs ; en 870 il fut attribué à Louis de Germanie et resta soumis à l'empire d'Allemagne.

Strasbourg fut fondée par les fils ou petits-fils de Clovis, près des ruines de l'ancienne Argentorate. Strasbourg portait déjà ce nom en 575, comme on le voit par Grégoire de

(I) RAYNOUARD. *Droit municipal*, t. II. — GABRIEL, *Observations sur la coutume de Metz*.

Tours. La cité de Strasbourg était célèbre au moyen-âge par ses évêques, dont le premier, parfaitement certain, fut institué sous Dagobert, c'est-à-dire avant 638. L'administration de la ville était entre les mains de l'évêque, assisté de quatre grands officiers; les bourgeois n'intervenaient que dans le choix de l'avoué de l'évêque. La coutume de Strasbourg, qui remonte à l'an 980, nous montre tous les magistrats de la ville soumis à la puissance de l'évêque, qui les institue lui-même (1). Les quatre principaux officiers sont : le prévôt *(scultetus)*, le burgrave *(burgravius)*, le péager *(theleonarius)*, et le directeur de la monnaie *(monetæ magister)*. Les attributions du prévôt sont énumérées par la coutume, ainsi que celles de ses subordonnés; le burgrave devait surtout s'occuper de la direction des corps de marchands et d'artisans; le péager a dans ses attributions tout ce qui concerne les poids et mesures, il a aussi la construction des ponts; le directeur de la monnaie veille à ce que la monnaie ait le titre requis et poursuit les contrefacteurs. L'évêque choisit dans la ville parmi les marchands vingt-quatre députés, dont l'office consiste à servir d'intermédiaire entre l'évêque et ses vassaux; ces députés font trois voyages par an aux frais de l'évêque.

Cette coutume de 980, qui donnait à l'évêque un pouvoir presque absolu, fut modifiée au commencement du douzième siècle par un statut épiscopal qui établit douze consuls (2), choisis annuellement tant parmi les vassaux nobles de l'évêque que dans la classe des bourgeois et parmi lesquels était choisi le premier magistrat *(Burgmeister)* chargé d'administrer la ville. Cette municipalité aristocratique ne satisfit pas les corps d'arts et métiers, qui usèrent de leur

(1) Voyez le texte de cette coutume, pour tout ce qui va suivre, dans l'*Histoire du droit français* par M. Giraud, t. I. (Art. 5, 7, 44, 56, 58, 59, 88 et 89 de la coutume). — (2) Le mot *consules* dit Aug. Thierry, dans les *actes latins des municipalités allemandes*, ne dénote aucune imitation du consulat des villes italiennes. Il est la traduction du mot Ruthen, conseillers.

influence pour obtenir des empereurs des concessions plus larges que celles accordées par l'évèque. Ce fut ainsi que Strasbourg obtint de Maximilien 1er le droit de battre monnaie ; en 1256 on lui donna pour la protéger des baillis qui prétaient serment de maintenir les habitants dans leurs anciens privilèges. Enfin la municipalité telle qu'elle fut établie en 1482, se composa d'un conseil de trois cents échevins, d'un sénat formé de trente et un membres, dix nobles, vingt plébéiens et le chef du gouvernement, qui devait toujours être plébéien. Il y avait en outre trois collèges de magistrats ; le premier composé de treize magistrats avait la justice proprement dite ; le second composé de quinze membres connaissait des droits et libertés de la ville, des hôpitaux, de la police et des finances ; le tribunal des vingt et un du gouvernement ordinaire. Cette organisation fut maintenue par Louis XIV.

Haguenau, ville fondée en 1164, jouissait de grands privilèges ; elle était gourvernée par douze échevins, parmi lesquels on choisissait le *préteur*. En 1347 Charles IV ordonna en outre que, « pour que les échevins ne tyrannissassent « pas les habitants », le corps des artisans choisit en outre vingt-quatre autres échevins, parmi lesquels serait pris le maréchal qui gouvernerait avec le préteur. Schlestadt fut autorisée sous Frédéric II à choisir ses propres magistrats et à les prendre dans toutes les classes. Les autres villes de la basse Alsace, Weissembourg, Rosheim, Mollesheim, Lichtemberg, Broumat, Saverne obtinrent toutes des privilèges, quelques unes devinrent villes libres de l'empire (1).

Dans la haute Alsace, on remarquait Colmar bâtie par Wolfelin préfet d'Alsace pour l'empereur Frédéric II, qui, en 1216, octroya à la nouvelle ville une charte d'affranchisse-

____

(1) Statut épiscopal des premières années du douzième siécle, GRANDIDIER, *Hist. de l'église de Strasbourg*, t. ii, p. 47, note 1. — Augustin THIERRY, *Tableau de l'ancienne France municipale.* — *Histoire de l'Alsace* par STROBEL.

ment et la déclara ville libre. Elle était d'abord administrée par un prévôt agissant au nom de l'empereur, assisté d'échevins qui étaient choisis parmi les bourgeois. Après son affranchissement, la mission du prévôt se réduisit à l'exercice de la juridiction criminelle et la ville s'administra elle-même ; en 1425 la ville racheta la prévôté de ses deniers et s'affranchit de cette dernière dépendance. Elle continua à avoir un prévôt, mais il était nommé à l'élection ; il s'occupait des poursuites criminelles. Il y avait un grand conseil, qui élisait le pouvoir exécutif chargé de l'administration de la ville ; ce pouvoir consistait en un Bourgmestre et trois *Stettmeister* qui remplissaient alternativement les fonctions de chef. Ces quatre administrateurs, ainsi que les membres du grand conseil, étaient renouvelés annuellement (1).

Les villes de l'Alsace, qui comme Colmar dépendaient immédiatement de l'empire, possédaient les droits de milice et de justice ; elles levaient des impôts, créaient des magistrats, déclaraient la paix ou la guerre et concluaient des alliances même en dehors de l'empire. On voit par le *revers* que Charles IV data à Haguenau en 1340, que les empereurs étaient obligés de ne jamais permettre que ces villes fussent ou séparées ou engagées ou aliénées du saint empire ; elles avaient même la liberté de s'unir ensemble contre toute violence qui pourrait leur arriver. Le devoir du *landvogt* ou bailli envers les villes impériales consistait à veiller : à ce que les villes ne reçussent aucun dommage préjudiciable à l'empire, à ce qu'elles restassent dans leur immédiateté envers l'empire, à ce qu'elles ne fussent ni engagées, ni aliénées, ni séparées du corps de l'empire. Les villes s'obligeaient de leur côté envers le bailli à le reconnaître pour tel et à lui être obéissant en toutes choses bonnes et faisables, conformément aux anciens usages (2).

(1) F. CHAUFFOUR, *Observations sur l'ancienne ville libre impériale de Colmar.* — (2) Information sommaire et historique touchant les dix villes impériales en Alsace, au regard de la préfecture provinciale d'Haguenau (1637).

FRANCHE-COMTE. — La Franche-Comté ou comté de Bourgogne, que les Romains appelaient Sequanaise, fut envahie par les Burgundes au cinquième siècle et par les Francs au sixième. Après l'abdication de Charles-le-Gros elle passa entre les mains de divers seigneurs, arriva à la maison de Bourgogne ; après la mort de Charles-le-Téméraire, elle passa à la maison d'Autriche par le mariage de Maximilien avec Marie de Bourgogne. Ce ne fut qu'en 1668 qu'elle revint à la France. La Franche-Comté était d'abord divisée en deux bailliages, celui du nord et celui du sud ; les ducs de Bourgogne, de la maison de Valois, créèrent à Dôle le bailliage du milieu, et Philippe IV, ayant joint au comté de Bourgogne la ville de Besançon, y établit un nouveau bailliage.

Besançon fut dotée par les empereurs de grands privilèges et exempte même de tributs, comme Charles IV le déclara dans une patente de 1364. L'empereur Henri VI institua à Besançon une municipalité élective (1), investie du droit de participer à la juridiction épiscopale et de veiller à la police et à la garde de la ville. Cette municipalité consistait en un conseil de vingt-huit notables, élus annuellement dans les sept quartiers de la ville, nommés bannières, parce que chacun avait son drapeau et ses couleurs ; ces vingt-huit notables nommaient quatorze personnes, deux par bannière, pour former la magistrature de l'année. Ces quatorze prud'hommes ou gouverneurs exerçaient la police et la justice municipales, en présidant à tour de rôle. Ils formaient avec les vingt-huit notables de l'année et les quatorze magistrats sortis de charge un conseil d'Etat, revêtu de l'autorité souveraine. Ce gouvernement resta le même jusqu'en 1651, à cette époque la ville fut cédée à Philippe IV, roi d'Espagne, et perdit ses libertés. Dans le

____

(1) DUNOD, *Histoire de la ville, église et diocèse de Besançon*, Preuves, p. 53.

bailliage du milieu on remarquait Dôle, Quingey et Ornans ; dans le bailliage du nord, Vesoul, Gray et Baume-les-Dames ; dans le bailliage du midi, Montmoret, Pontarlier, Poligny, Salins.

Les villes secondaires de la Franche-Comté, surtout dans le bailliage du midi, reçurent de leurs seigneurs, à dater du milieu du treizième siècle, des chartes de privilèges, diverses dans leurs détails, mais où domine généralement le nombre de quatre magistrats, qui paraît à M. Thierry un type venu par tradition de la municipalité des Romains. Une charte de 1288 donne à Poligny les droits de franchise et de commune ; Dôle et Salins avaient à peu près les mêmes privilèges. Montbéliard avait le conseil commun, composé de neuf maîtres bourgeois élus et d'un maître bourgeois en chef nommé par le duc de Bourgogne. Pontarlier avait un maire, quatre échevins et huit conseillers ; la ville formait un corps politique uni de toute ancienneté avec vingt villages situés dans ses environs, dont tous les habitants étaient bourgeois de Pontarlier, participaient aux droits de la ville pour l'élection des magistrats et à ses charges pour les dépenses de l'administration commune. Tous ces bourgeois prenaient le titre de barons, et leur communauté s'appelait le *Baroichage* ou baronnage de Pontarlier. Cette singulière constitution paraît être due à la conservation d'un débris des institutions mérovingiennes, d'une *centenie* avec ses hommes libres, telle que nous la présentent les monuments législatifs de la soconde race (1)

BOURGOGNE. — Le territoire du duché de Bourgogne, conquis sur les Eduens, les Lingons et les Séquanais par les Burgundes qui y fondèrent un royaume, fut réuni à la monarchie franque en 598. Il fut partagé sous les fils de

---

(1) *La Franche-Comté ancienne et moderne*, par JACQUIN. — *Mémoires pour servir à l'histoire du comté de Bourgogne*, par DUNOD (1740).

Louis-le-Débonnaire et la partie échue à Charles-le-Chauve, forma le duché de Bourgogne. Il fut possédé par des seigneurs très puissants dont l'un, Raoul, fut élu roi par les Français ; il passa ensuite à Hugues, duc de France et comte de Paris ; à la mort du dernier des fils de Hugues, Robert s'en empara et le donna à son second fils qui fut la tige de la première maison de Bourgogne, qui jouit de ce duché pendant plus de trois cents ans. Par le traité de Senlis en 1493, Louis XI s'en assura la possession. Cette province, quoique composée d'éléments variés, se soumit à une loi unique ; les lois des Burgundes ou lois Gombettes, publiées le 29 mars 501 par Gondebauld, roi des Burgundes ; elles ne furent abrogées que sous Louis-le-Débonnaire.

Le gouvernement du royaume de Bourgogne était militaire, le monarque absolu ; les principaux chefs, ses compagnons de guerre, appelés comtes (*comites*) administraient sous lui ; au-dessous d'eux étaient les viguiers, vicomtes, centeniers, etc. Les lois des Burgundes ne parlent pas de l'organisation des cités, mais nous trouvons une preuve de l'existence de l'organisation municipale : Gondebaud, roi des Bourguignons, ordonna, d'après Grégoire de Tours (1) de mettre à mort les *sénateurs* qui avaient suivi le parti de Gondesille, son frère ; dix ans plus tard l'archevêque Avitus disait dans son Homélie, *de rogationibus :* « *Perturbatur a quibusdam status, cujus tunc numerosis* « *illustribus curia florebat* » ; le mot *senatus* ou *curia*, d'après M. de Savigny (2) désigne ici la noblesse dont les membres composaient la curie ou l'*ordo*. Ces lois, en revanche, constatent le partage des terres conquises entre les Burgundes et les Romains, de manière que les Burgundes reçurent la moitié des cours et jardins, les deux tiers des terres labourées et le tiers des esclaves ; ces partages n'eu-

(1) Greg. Turon., *Hist. Franc.*, lib. II, ch. XXXIII. — (2) *Histoire du droit romain au moyen-âge*, t. I, p. 201.

rent pas lieu en masse, on assigna à chaque Burgunde l'héritage que le Romain devait partager avec lui ; cet héritage s'appela *sors* et donna le droit appelé *hospitalitas* (1).

Au retour des croisades, les ducs de Bourgogne instituèrent diverses communes jouissant, à titre de privilèges, du droit d'avoir des échevins, un sceau, de convoquer l'assemblée aux sons de la cloche, de lever des milices (2).

Autun fut dotée par les princes de la race de Robert-le-Fort d'un viguier municipal, élu chaque année par le corps entier des citoyens, dans une fête populaire. Ce *viguier* ou *vierg* était investi du commandement de la milice urbaine et du droit de haute, moyenne et basse justice.

Dijon fut fondé, croit-on, par l'empereur Aurélien ; les rois de France le donnèrent aux évêques de Langres. En 1015, Dijon devint capitale du duché et en 1017 il lui fut donné par Hugues III, duc de Bourgogne, des privilèges qui en firent une commune et qui furent confirmés par Philippe-Auguste. Le corps municipal de Dijon se composait d'un maire ou mayeur, investi du gouvernement civil et militaire. de jurés dont le nombre, d'abord de douze, fut ensuite porté à vingt, de conseillers de villes et de quatre prud'hommes.

Avallon, Châtillon-sur-Seine, Talant et Rouvre obtinrent en 1208 d'Eudes III une charte commune.

Beaune fut érigée en ville et dotée de privilèges en 1203 par Eudes III ; Eudes IV les confirma en 1232. Cette charte renferme cette clause singulière que le duc se restreint à prendre en cette ville libre et investie des haute, moyenne et basse justice, le pain, le vin et les autres aliments à crédit pendant quinze jours (3). Les coutumes de Beaune publiées en 1307 (4), règlent les immunités des habitants, les

---

(1) *Lois des Burgundes*, par Peyré (1853), t. LIV, §§ 1 et 3, t. XIV, § 5, t. LV. § 1, t. LXXXIV, § 1. — (2) Pérard, *Recueil des pièces relatives à l'histoire de Bourgogne* (1664). — (3) Pérard, *Recueil des pièces relatives à l'histoire de Bourgogne*, p. 234. —(4) Textes de ces coutumes dans l'*Histoire du droit français*, de M. Ch. Giraud, t. II, p. 329.

pouvoirs des maires et échevins et montrent la libéralité des concessions du duc Eudes III. Mâcon était déjà érigé en cité quand les Burgundes s'en rendirent maîtres ; après avoir appartenu aux ducs de Bourgogne, cette ville fut réunie à la couronne par Louis XI en 1476. Des lettres (1) de Philippe de Valois, de 1346, avaient autorisé les mâconnais à s'assembler pour traiter de leurs affaires et à choisir entre eux six prud'hommes ou conseillers, des procureurs et des syndics.

Auxerre, érigée en cité par les empereurs romains, fut envahie par les Francs sans l'avoir été par les Bourguignons. Sous Charles VI, le comté d'Auxerre fut réuni à la couronne de France ; en 1435 il fut cédé au duc de Bourgogne puis réuni de nouveau à la couronne par Louis XI. Le comte d'Auxerre ayant voulu sous le règne de Louis VII ériger cette ville en commune, l'évêque s'y opposa et eut gain de cause, mais sous Louis VIII la chose se fit et ce roi reprocha à l'évêque de vouloir lui enlever la cité d'Auxerre, car il réputait siennes toutes les cités où il y avait des communes (2).

Voilà quelles étaient les principales villes de la Bourgogne, les autres n'eurent pas suffisamment d'importance au moyen-âge pour que nous nous y arrêtions (3).

LYONNAIS. — Le Lyonnais se résumait presque dans sa capitale, aussi nous bornerons nous à parler de Lyon et de ses franchises municipales.

Lyon fut fondée par les Ségusiens ; elle était déjà la première ville de la Gaule, lorsqu'elle fut envahie par Jules César ; Auguste en fit la capitale de la Celtique ; sous la domination romaine elle resta surtout une ville de commerce.

---

(1) *Recueil des ordonnances des rois de France*, t. III, p. 594. — (3) *Script. rer. Gallic. et Francise*, t. XII, page 304. — (3) COURTÉPÉE, *Histoire abrégée des ducs de Bourgogne*. — DE BARANTE, *Histoire des ducs de Bourgogne*.

Les Burgundes l'occupèrent au cinquième siècle, c'est là que Gondebaud publia, en 501, la loi Gombette. Lyon passa ensuite sous la domination de Clovis et de ses enfants ; elle appartint aux deux dynasties franques jusqu'au moment où Louis-d'Outre-Mer la donna en dot à Conrad 1er, roi de Bourgogne, qui épousait sa fille.

Les libertés municipales survécurent à l'invasion des Francs, comme à celle des Burgundes, et M. de Savigny constate (1) qu'en 573 le testament de Nicétius fut ouvert dans cette ville suivant les dispositions du droit romain. Charlemagne ayant laissé la liberté à tous les peuples de vivre selon leurs lois, Lyon conserva ses antiques franchises. Les lyonnais étaient affranchis de tout impôt personnel et territorial ; ils s'administraient et se taxaient eux-mêmes par des mandataires élus, qui veillaient à la sûreté publique.

De longues querelles qui s'élevèrent entre les comtes du Lyonnais et les archevêques de Lyon, ne furent terminées qu'en 1167 par une transaction qui régla les limites de la cité de Lyon. En 1173 le comte de Forez abandonna à l'archevêque le Lyonnais qui dépendait de sa seigneurie et cette cession fut confirmée par Philippe Auguste. Au treizième siècle les habitants de la ville s'insurgèrent contre l'archevêque et implorèrent la protection des rois de France ; Philippe-le-Bel accepta le protectorat par une charte de 1292. Le pape Boniface VIII et l'archevêque lui contestèrent sa souveraineté ; ce différend dura jusqu'en 1305, époque où un nouvel archevêque reconnut la souveraineté du roi, à la charge que les causes d'appel de la justice de l'archevêque ne seraient portées que devant le roi et que le gardien, qui serait établi par le roi dans la ville de Lyon, serait changé tous les ans.

Philippe-le-Bel favorisa les Lyonnais dans tous leurs démêlés avec les archevêques ; son successeur Louis-le-

____

(1) *Histoire du droit romain au moyen-âge*, t. 1er, p. 208.

Hutin fit de même. Après de longues luttes, souvent fort violentes, une charte de 1320 établit à Lyon une commune ; les habitants obtinrent le droit de se réunir en assemblée, d'élire des consuls et des procureurs, de prendre les armes, d'avoir la garde des clefs et des portes de la ville, etc. Mais la juridiction toute entière fut réservée à l'archevêque, sans être même partagée par le chapitre. M. Augustin Thierry fait observer que c'était une différence importante avec les consulats de la Provence et du Languedoc.

Sous Charles IX, la justice royale qui s'y était peu à peu établie, absorba complètement celle de l'archevêque ; la commune, qui avait déjà obtenu la juridiction des arts et métiers, y joignit la juridiction de police et la juridiction commerciale. Dès lors la commune de Lyon fut incorporée à la monarchie, mais avec les garanties consacrées par les anciennes coutumes.

BEAUJOLAIS & FOREZ. — Dans le Beaujolais on ne remarquait que Beaujeu, célèbre pour son château, et Thig dont la charte de privilèges date de 1366.

Dans le Forez, on trouve Feurs, ville fort ancienne marquée sur la carte de Peutinger sous le nom de *forum Segusianorum*, Montbrison, dont la charte est de 1223, Saint-Symphorien dont la charte est de 1408 (1).

SAVOIE et pays de Bresse, Bugey, Gex et Valromey. On ne trouve dans ces province aucune ville dont les institutions municipales aient un peu d'importance ; leur législation était très-complexe, mais le droit romain y dominait. On remarque cependant dans la Bresse Bourg, qui fut érigé en 1242 en ville libre et franche et qui fut doté

____

(1) Voir pour le Lyonnais, le Forez et le Beaujolais : *Histoire de Lyon* par le père MÉNESTRIER. — *Mémoire sur les origines du Lyonnais*, par BERNARD. — *Résumé de l'histoire municipale de Lyon*, par MORIN.

de franchises municipales ; Montluel, également dans la Bresse, qui en 1276 fut affranchi de tailles et de tributs ; Seyssel dans le Bugey qui obtint des franchises municipales en 1124. C'était encore la Bresse qui offrait le plus de chartes communales (1).

DAUPHINÉ. — Le Dauphiné conserva après l'invasion germanique le régime municipal romain : Cassiodore raconte que Théodoric, roi des Ostrogoths, envoyant un *fridibundus* dans les Alpes Suéviennes pour y faire paître les troupeaux en été lui remet une lettre adressée à tous les défenseurs et curiales de ces localités. Ces institutions survécurent aux invasions lombardes et sarrasines, et les habitants continuèrent à en jouir sous la domination des dauphins. Au neuvième siècle l'anarchie arriva à son comble, mais la puissance des seigneurs fut peu à peu tempérée par des chartes communales. Charles V, roi de France, après la cession faite par le Dauphin Humbert II, jura le 13 juillet 1349 de réserver les coutumes, franchises et libertés de la province.

Vienne, ville d'origine romaine, conserva une administration municipale après l'invasion des Burgundes, nous en avons la preuve par l'homélie de l'archevêque Avitus, dont nous avons déjà parlé lorsqu'il était question de l'organisation communale de la Bourgogne, et où il est fait mention expressément du sénat de Vienne, et, comme nous l'avons rapporté , M. de Savigny (2) prétend que ce mot désigne la curie ou *l'ordo*. Nous avons encore une autre preuve de l'organisation municipale qui existait dans cette ville : en 696 le testament d'Ephibius, abbé de Géniac, est présenté au vénérable sénat de Vienne et parmi les sénateurs se trouvent le défenseur de la cité et le questeur (3).

(1) GUICHENON, *Histoire de Bresse.* — COLLET, *sur les statuts de Bresse.* — (2) *Histoire du droit romain au moyen-âge*, t. I, p. 201. — (3) DOM D'ACHÉRI, *Spicilegium*, t. III, pages 318 et 319.

La constitution municipale romaine s'était donc maintenue à travers les invasions des barbares, aussi les chartes données en 1221 et 1266 par l'archevêque Jean de Bournin, seigneur de Vienne, furent-elles, comme dans presque toutes les villes du midi, non des concessions des seigneurs, ni des libertés acquises à main armée, mais des reconnaissances de franchises immémoriales. Vienne et les terres, qui en dépendaient, restèrent affranchies de tout impôt direct; l'administration était exercée par huit syndics ou consuls ; elle dépendait de l'autorité de l'archevêque, seulement quant à la juridiction ; celui-ci devait prêter main-forte pour l'exécution des délibérations communales (1).

Valence se composait d'une ville et d'un bourg ; l'administration municipale, tant de la ville que du bourg, appartenait à un corps municipal, qui n'avait pas la juridiction et qui se composait de syndics et de conseillers appelés consuls, d'un secrétaire et d'un mandateur, chargé de convoquer le conseil et de faire les commandements de service pour la garde urbaine. Les habitants étaient dispensés de tout impôt direct et même de toute taxe indirecte (2).

Pendant les douzième et treizième siècles, les habitants de Valence eurent de violents démêlés avec leur seigneur temporel ; l'évêque Guillaume de Savoie ayant été forcé de quitter la ville, il s'y établit un gouvernement révolutionnaire, composé d'un recteur investi de tous les pouvoirs, sauf la juridiction, et d'un juge, qui se réunissaient dans la maison de la confrérie ; ils avaient pour assesseurs des conseillers élus et à leurs ordres un crieur public (3). Ce régime ne dura pas longtemps, en 1229 les habitants de Valence firent un traité avec l'évêque et rentrèrent sous sa domination, sauf le maintien de leurs franchises traditionnelles, qui furent

____

(1) *Ordonnances des rois de France*, t. VII, p, 430 et 434. — MÉNESTRIER, *Histoire de Lyon*, Preuves, p. 95. — (2) *Ordonnances des rois de France*, t. XIX, p. 193 et 194. — (3) CHORIER, *Histoire du Dauphiné*, t. II, p. 107.

confirmées par leurs évêques en 1331 et 1338. Enfin en 1425 le roi de France, devenu dauphin, leur accorda une charte communale, qui confirma définitivement les « franchises, « libertés, usages et coutumes de la ville, du bourg et des « faubourgs (1)».

Sous les Burgundes, Grenoble conserva les franchises et les immunités latines ; l'usage du droit romain se maintint dans cette ville comme le prouve un acte de l'an 1034 contenant une donation, « donation, dit l'acte, telle que notre « loi romaine nous prescrit de la faire ». Une charte donnée le 6 septembre 1116 à la ville de Grenoble constate l'accord de l'évêque et du comte pour le maintien des bonnes coutumes de la ville. Ces coutumes furent confirmées en 1184 par Hugues, duc de Bourgogne, et en 1225 par son fils ; elles furent réunies en 1244 dans une charte connue sous le nom de libertés et franchises de Grenoble et dans une charte interprétative de 1316.

Montélimar, qui existait déjà sous la domination romaine, traversa des phases peu connues jusqu'au onzième siècle. La charte portant concession de franchises et libertés aux habitants de Montélimar est de l'an 1188 (2). Les privilèges qu'elle accordait furent confirmés dans un grand nombre de chartes émanées des Adhémar, des comtes de Valentinois, de Louis XI qui, par des lettres patentes qu'il publia en 1452 et 1459, donna encore une grande extension aux libertés et privilèges des habitants de Montélimar (3).

Dans le haut Dauphiné étaient Die, Gap et Briançon, qui donnait son nom au Briançonnais. La grande charte municipale des communautés du Briançonnais est du 29 mai 1343, accordée moyennant un prix de 12,000 florins d'or

---

(1) *Essais historiques sur la ville de Valence*, par OLIVIER, p. 142 et suiv. — (2) AYMAR DE RIVAIL, dans sa *Description du Dauphiné*, p. 125, atteste avoir vu cette charte inscrite sur une table de marbre dans l'église paroissiale de Montélimar. —(3) *Histoire du Dauphiné*, par CHORIER, t. II, p. 439. — *Notice historique sur Montélimar*, prr l'abbé VINCENT.

et une rente annuelle de 4,000 ducats, elle donne aux habitants, dans une longue série d'articles rédigés sans ordre, des franchises de personnes, des franchises de choses et de propriétés, des franchises commerciales, des franchises judiciaires, de grandes franchises municipales et même quelques franchises politiques (1). Quelques autres villes telles que Bardonesche, Rochemolle et Beolland reçurent aussi des chartes ; quelques-unes des chartes portent des traces de séditions, mais elles assignent aux libertés communales une origine antérieure aux transactions et rappellent les bons usages et les bonnes coutumes des Briançonnais ; on croit qu'au moyen-âge ces communautés avaient gardé beaucoup de ressemblance avec le municipe gallo-romain (2). On peut dire en général que toute la législation municipale du Dauphiné était marquée des traditions du droit italique (3).

PROVENCE. — Possédée tour à tour, après la chute de l'empire, par les Goths, les Bourguignons et les Francs, elle subit tous les inconvénients des partages entre les fils de rois ; Bozon, qui la gouvernait au nom de Charles-le-Chauve, en usurpa la souveraineté et fonda le royaume d'Arles. La Provence passa successivement des Bozon, rois d'Arles, aux Bérenger et aux deux autres maisons d'Anjou.

L'esprit d'indépendance était très grand dans les villes de Provence ; elles s'étaient enrichies par le commerce ; l'autorité était divisée entre un grand nombre de seigneurs féodaux ; tous ces motifs poussèrent les villes dès le milieu du onzième siècle à s'ériger en villes consulaires. Les nobles et les bourgeois prirent seuls part à cette révolution com-

---

(1) FAUCHÉ-PRUNELLE, *Essai sur les anciennes institutions autonomes ou populaire des Alpes Cottiennes-Briançonnaises.* — (2) *Ibid.* — (3) Voir sur le Dauphiné en général : *Histoire du Dauphiné*, par FONTANIEN. — *Histoire des Hautes-Alpes*, par M. DE LADOUCETTE.

munale ; à Brignoles ce furent les nobles seuls ; à Tarascon la noblesse et la bourgeoisie se disputèrent avec acharnement la supériorité dans la commune consulaire. Mais le plus souvent les deux classes se réunirent, ce qui fit que cette révolution singulière s'accomplit sans moyens violents. L'organisation des communes consulaires avait les plus grandes analogies avec celle des villes italiennes ; chacune d'elles avait son petit et son grand conseil. Nobles, bourgeois et chefs de métiers concouraient à former le premier ; les nobles et les bourgeois faisaient seuls partie du second, qui était souvent très nombreux. Le petit conseil se réunissait par ordre des magistrats et au son de la cloche, dans le palais de la commune ; l'autre s'assemblait sur la place publique. Les consuls au nombre de quatre, huit ou douze étaient investis du pouvoir exécutif ; ils étaient, en général, désignés par leurs prédécesseurs ; au moment d'entrer en fonctions, ils prêtaient un serment sur l'Evangile et invoquaient l'assistance de Dieu.

Lorsque la Provence fut réunie à la France en 1453, le comte Charles III imposa au roi de France l'obligation de maintenir les privilèges, immunités et franchises dont jouissaient les habitants (1). Nous allons maintenant passer en revue les principales villes de la Provence.

Avignon est une ville latine qui passa en l'an 450 de J.-C. sous la domination des Goths, des Burgundes et des rois d'Austrasie et en 734 sous celle des Sarrasins ; elle fut prise et saccagée par Charles-Martel et passa, après la dissolution de l'empire de Charlemagne, dans le royaume d'Arles ou de Provence, dont Bozon fut élu souverain en 879. Avignon devint alors un municipe féodal, mais en 1134 il reçut de

____

(1) *Etude sur la constitution provençale*, par Ch. DE RIBBES. — *Traité sur l'admi-nistration du comté de Provence*, par l'abbé DE CORIOLIS. — *Les villes consulaires et les républiques de Provence au moyen-âge*, par Jules DE SÉRANON. — ROUCHON, *Résumé de l'histoire de Provence*.

son évêque une charte municipale, qui fut approuvée par l'empereur Frédéric. Avignon s'administra alors par des magistrats électifs, eut ses institutions, sa milice, son trésor, battit monnaie, fit des traités de commerce et d'alliance. Mais en 1251, à la suite d'un différend avec Charles d'Anjou, la juridiction consulaire et le consulat furent remplacés par un viguier et deux juges nommés par le seigneur et assistés d'un conseil, qu'ils choisissaient eux-mêmes moitié chez les nobles, moitié chez les bourgeois. Mais la ville ne tarda pas à recouvrer ses droits.

Les statuts d'Avignon, recueillis en 1570, contiennent des dispositions relatives aux offices des magistrats, à l'élection des consuls et fonctionnaires municipaux. Les communes du Comtat Venaissin, dont Avignon était le chef-lieu, avaient le droit de s'imposer des taxes spéciales, de répartir les taxes générales, de s'administrer elles-mêmes. Chaque année, au 1er mai, tous les chefs de famille réunis en assemblée générale sur la place publique, nommaient par acclamation ou au scrutin, l'administration communale, généralement composée de deux syndics et d'un trésorier. Le Comtat-Venaissin avait encore au seizième siècle ses municipes libres et jouissait d'une grande prospérité ; le reste de la France voyait au contraire à cette époque disparaître toutes ses libertés. Arles, ville romaine, devint après la conquête des Burgundes, une ville riche et peuplée ; elle garda probablement les franchises des municipes romains. La charte qui y rétablit le consulat fut donnée de 1142 à 1160 ; on n'en connaît pas la date exacte. A dater de cette charte, la ville d'Arles jouit, comme les villes lombardes et liguriennes, de l'autonomie, du droit de cité, de l'élection des consuls par les citoyens, du grand et du petit conseil. Cette ville se gouverna ainsi pendant deux siècles, sous la souveraineté de l'empereur et sous la juridiction de son vicaire l'archevêque. Les consuls étaient au nombre de douze, quatre choisis parmi les gentilshommes et huit parmi les bourgeois et artisans des différents quartiers.

Les statuts municipaux de la ville d'Arles renferment un code complet de lois civiles, pénales et administratives, où règnent les principes de la plus pure équité et de l'organisation la plus sage. L'établissement de la podestatie, espèce de dictature conférée dans les temps de troubles, eut pour objet de remédier par une autorité unique au nombre excessif des consuls. Le podestat était toujours un étranger ; on trouve dans une vieille charte, conservée aux archives de l'archevêché d'Arles, qu'en 1221 quatre citoyens d'Arles furent choisis pour aller chercher un podestat en Italie, avec recommandation de choisir un homme de la religion catholique et de bonne réputation, et qu'ils ramenèrent un citoyen de Pavie. Cette magistrature était superposée au gouvernement municipal, puisqu'il y avait à Arles des conseillers de la commune en même temps que des podestats, mais il n'y avait pas de consuls. Les podestats d'Arles avaient comme les podestats italiens, le chapeau, l'épée et le bâton de commandement ; ils réunissaient en leur personne les fonctions exercées par les douze consuls ; ils s'intitulaient podestats par la grâce de Dieu. Les loi municipales et les statuts de police étaient faits en leur nom. Mais cette magistrature était trop exceptionnelle pour durer, aussi en 1245 le consulat fut-il rétabli et redevint-il la forme définitive de l'administration de la ville.

Marseille eut de bonne heure une grande importance ; dès 1108 on la voit faire des traités d'alliance avec Gaëte, Pise et Gênes ; de bonne heure aussi elle racheta aux vicomtes leurs droits de seigneurie. La police municipale était régie par des syndics ; quatre-vingt-trois conseillers, tirés des six quartiers, propriétaires d'immeubles pour cinquante marcs d'argent, annuellement renouvelés, formaient un conseil où entraient chaque semaine, selon de certaines règles, six chefs de métiers avec voix délibérative. Un podestat pris à l'étranger était chargé du haut gouvernement, de la guerre et de la justice ; il était aidé par un vicaire. Ce qui faisait aussi la force de Marseille était son alliance avec Arles et Avignon. Mais en 1216 le comte de Provence attaqua cette ligue ; cette guerre se prolongea longtemps, elle se termina pour Marseille, en 1252, par une capitulation, suivie en 1257 d'un traité définitif. Les habitants conservèrent le droit de s'assembler, d'avoir des armes, d'élire certains officiers, de n'être taxés que de leur consentement ; mais le gouvernement fut confié à un viguier choisi par le comte de Provence et à un conseil nommé par le viguier.

Aix, antique colonie romaine, jouissait dans les derniers temps de l'empire romain d'une administration populaire confiée à la direction d'un défenseur de la cité, dont l'office durait cinq ans et qui était élu par le peuple ; il faisait payer les tributs, gardait les registres publics et maintenait la tranquillité. Cette forme d'administration dura jusqu'à l'érection de la Provence en royaume sous Charles, fils de l'empereur Lothaire, en 855. On établit alors un conseil élu par les habitants et dont les décisions étaient exécutées par un ou plusieurs syndics, dont l'exercice durait tant que la commission, pour laquelle ils avaient spécialement été députés, restait inachevée, quoiqu'elle durât plusieurs années ; il devait y avoir souvent plusieurs syndics en exercice, selon les occurrences des affaires importantes. Ce système dura jusqu'en 1320, où le syndicat annuel fut établi par un règlement de Robert, comte de Provence ; le conseil de ville fut fixé à trente habitants, tant nobles que bourgeois ; il devait choisir les syndics tous les ans. En 1497, le roi de France Charles VIII accorda aux syndics d'Aix la permission de s'appeler consuls. L'érection des consuls d'Aix en procureurs du pays de Provence fut solennellement reconnue en

1575 par François 1er ; on croit cependant que ce droit leur appartenait depuis 1320.

Brignoles est une ville fort ancienne, mais au point de vue qui nous occupe elle n'a guère d'importance avant le douzième siècle. A cette époque les comtes de Provence, qui y avaient établi leur séjour, y attirèrent un grand nombre de familles nobles qui, pour surveiller et défendre leurs intérêts communs, formaient un corps de communauté dont les plébéiens étaient exclus. Cela ne pouvait durer longtemps, aussi en 1222 tous les nobles cédèrent-ils au comte Raymond Bérenger le consulat de Brignoles, à condition que les contributions resteraient à la charge des plébéiens. Il y eut des assemblées où l'on élisait des syndics, mais avec un mandat limité à l'affaire que l'on devait traiter. En 1321 le roi Robert autorisa les habitants de Brignoles à élire chaque année, parmi eux et sans distinction de personnes, douze citoyens qui administreraient la ville de concert avec le bailli. En 1377, la reine Jeanne modifia le régime de Brignoles et décida que tous les ans il serait nommé par l'universalité des habitants deux syndics et un secrétaire, qu'il y aurait douze conseillers comme auparavant et qu'ils seraient nommés chaque année par les douze conseillers sortant de charge. L'élection des syndics et du secrétaire se fit à haute voix jusqu'en 1443, époque à laquelle le scrutin secret fut établi par une délibération du conseil de ville.

Apt demeura longtemps sous la dépendance de l'empereur d'Allemagne, mais à partir du onzième siècle, elle profita comme beaucoup d'autres villes de la faiblesse du pouvoir impérial pour élire des consuls. Ces consuls étaient au nombre de quatre, élus à la pluralité des suffrages et choisis parmi la noblesse et la bourgeoisie. Les prérogatives de ces consuls sont définies dans une transaction passée entre eux et les seigneurs de Simiane en 1252 ; les consuls avaient le droit d'exercer les fonctions de la haute police dans la ville, de recevoir le serment de fidélité des citoyens nouvellement domiciliés, et de les y contraindre par force en cas de refus, d'accorder le droit de bourgeoisie ; ils devaient élire les conseillers, pourvoir à la sûreté de la ville, en faire réparer les murailles, apaiser les débats s'élevant entre les citoyens, punir les incendiaires, les ravageurs des campagnes, limiter l'emplacement des foires, réglementer les poids et mesures et la chasse. Les seigneurs avaient dans la cité le droit de glaive et de couteau et la juridiction par des juges qu'ils avaient le droit d'établir ; ils pouvaient faire emprisonner et punir les voleurs, les assassins et les faux-monnayeurs, car ils s'étaient réservés le droit exclusif de battre monnaie. Ils créaient les notaires, faisaient recevoir par leurs officiers l'insinuation des testaments et des donations, nommaient les tuteurs ou curateurs et convoquaient les parlements au lieu public et accoutumé. Ils avaient le droit d'*alberge*, c'est-à-dire le privilège de lever cavalcade au temps de guerre, en défrayant les cavaliers, mais non les gens de pied ; les bourgeois devaient servir à cheval comme les nobles et aux frais des seigneurs. La juridiction épiscopale s'exerçait par une cour de justice à laquelle pouvaient en appeler les parties condamnées par le tribunal du comte.

Lorsque les deux comtés de Provence eurent été réunis, les privilèges municipaux de la cité d'Apt furent reconnus dans une charte, que rapporte M. Giraud dans son *Histoire du Droit au moyen-âge*, t. II, p. 144; ils subsistèrent sous Charles d'Anjou jusqu'en 1257, époque à laquelle il fut proposé dans une assemblée générale de reconnaître que les droits consulaires de la cité relevaient de l'Eglise ; cela fut en effet reconnu par quatre consuls. Puis peu de temps après, la commune céda à Charles d'Anjou les droits et privilèges dont ses consuls étaient investis, elle s'obligea à une redevance annuelle, reconnut le droit d'*alberge*, moyennant quoi Charles d'Anjou s'engagea à protéger la ville en temps de guerre et à ne l'imposer que du consentement des habitants. Les consuls furent remplacés par des syndics, nommés par les citoyens, sous la réserve de l'approbation du bailli ; ces syndics exerçaient le droit de police en temps de paix et en temps de guerre, ils veillaient à l'entretien des fortifications, des ponts et des chemins, imposaient les denrées et marchandises étrangères qui se débitaient dans la ville, mais leurs attributions étaient purement administratives ; les baillis rendaient seuls la justice au nom du prince dans la ville et dans son ressort. Cela dura jusqu'en 1525.

Digne était divisée en deux parties, le bourg et le *castrum*. L'origine du bourg se perd dans la nuit des temps, on trouve aux archives de Digne la confirmation, en date de 1221, des privilèges sur le bourg concédés au prévôt de Digne ; dès le treizième siècle il était gouverné par des consuls, puisqu'on trouve aux archives de la ville une sentence arbitrale du 30 mai 1299 entre les consuls de Digne et les *cominaux*, dont il sera ci-après parlé ; Gassendi affirme (1) que la faculté d'élire trois consuls fut concédée aux hommes du bourg en 1297.

Le *castrum* provenait d'une donation faite en 1038 à l'abbaye de Saint-Victor par l'évêque de Digne ; on n'y trouvait aucune trace d'organisation municipale, aucun représentant élu ; les chefs de famille convoqués par le bailli s'assemblaient en *parlamentum publicum* et nommaient des syndics chargés de missions spéciales. Il y avait aussi de nombreuses associations ou confréries et comme les bourgeois étaient assujettis à de nombreuses charges, ils finirent, grâce à la force que leur donnait ces associations, par obtenir des comtes de Provence l'institution du *cominalat*, par une transaction (2) en date de 1260. « *Item*,

(1) *Notitia eccl. Diniensis*, 1654, in-4°, f° 21. — (2) Cette transaction est rapportée dans l'*Essai historique sur le cominalat dans la ville de Digne*, par GUICHARD, preuves. n° XIX.

« y est-il dit, que trois des habitants et un gentilhomme
« soient eslus et choisis toutes les années pour cominaux,
« qui ayent le pouvoir de diviser et parquer les tailles, icelles
« exiger et de limiter les terres, et de décider les procès et
« difficultés des murailles, rues, endrones et chemins pu-
« blics, canaux des eaux et arrosages, et que lesdits trois
« prud'hommes et un gentilhomme soient esleus et établis
« pour faire tout ce que dessus, à la réquizicion et volonté
« des hommes et habitants du dit château ou cité de Digne,
« au mandement du bailli». Les fonctions des cominaux restèrent d'abord distinctes de celles des syndics, mais elles ne
tardèrent pas à être cumulées et à concentrer la puissance
sur la tête des principaux habitants ; cette puissance,
soutenue par les associations ou confréries, fit faire de
grands progrès aux franchises municipales, de sorte que le
castrum disparùt et qu'au moment de la réunion du comté
de Provence à la France il y avait une cité de Digne investie
du pouvoir municipal dont jouissaient presque toutes les
villes de la Provence.

Manosque était aussi divisée en un bourg et un château.
Les comtes de Folcalquier avaient donné aux Hospitaliers
de Saint-Jean-de-Jérusalem, par deux chartes de 1168 et de
1175, des propriétés et des droits importants sur Manosque ;
le comte Guillaume, désireux de se créer un appui, donna en
1206 aux habitants du bourg et du château de Manosque
des chartes libérales. Soixante hommes des plus prudents,
choisis quarante dans le bourg et vingt dans le château,
devaient élire douze consuls, pris dans les mèmes propor-
tions entre les deux portions de Manosque. Ces consuls
devaient administrer la commune, défendre ses droits et
privilèges, la représenter en justice ; leurs pouvoirs duraient
un an ; ils désignaient leurs successeurs, sauf l'agrément
du conseil des soixante. De grands privilèges étaient aussi
donnés par ces chartes, pour l'assiette et le recouvrement

des impôts et pour la justice. Ces chartes furent abrogées en 1211 par le légat du pape, et le bourg et le château de Manosque reprirent leur ancienne organisation ; il n'y eût plus que des syndics nommés en vertu de commissions spéciales. En 1315 une transaction intervenue entre frère Elyon de Villeneuve, commandeur de Manosque, et les communautés du bourg et du château rendirent à celles-ci leurs consuls et leurs privilèges, qu'elles conservèrent, soit depuis la réunion du comté de Folcaquier au comté de Provence, soit depuis la réunion de l'un et l'autre comté à la France.

Castellane, fondée deux cents ans avant notre ère par des colons de Marseille, était connue par les Romains sous le nom de *civitas Saliniensium ;* elle fut détruite par les Wisigoths et rebâtie par les évêques d'Embrun. Elle reçut dans la suite des comtes de Provence des privilèges importants ; les habitants jouissaient du droit de chasse, ils ne pouvaient être incarcérés, pourvu qu'ils eussent un domicile et une caution ; onze magistrats rendaient la justice, des syndics veillaient à la police, à la sûreté de la ville (1).

LANGUEDOC. — Le Languedoc comprenait la partie de l'ancienne Narbonnaise, située entre les Pyrénées et le Rhône, qui était occupée par les Volces ; au cinquième siècle, ce pays tomba sous la domination des Wisigoths, qui à leur tour furent chassés par Clovis en 507. Au huitième siècle les Sarrazins en firent la conquête ; ils furent chassés

(1) Voir sur l'histoire municipale des villes de la Provence : *Statuta ineditæ civitatis Avinionis,* 1570. — Statuts municipaux d'Arles, dans l'*Histoire du Droit français au moyen-âge,* par M. GIRAUD, t. II, p. 185. — RUFFI, *Histoire de Marseille.* — *Istoire de la ville d'Aix et Dissertation sur le consulat d'Aix,* par Pierre-Joseph DE HAITZE. — *Histoire d'Apt,* par l'abbé BOZE. — *Essai historique sur le cominalat dans la ville de Digne,* par GUICHARD. — *Études historiques sur la ville de Manosque au moyen-âge,* par Damase ARBAUD. — *Histoire de Castellane,* par M. LOUIQUY.

par Charles-Martel et Charlemagne. En 778, le comté de Toulouse fut établi et réunit peu à peu tout le Languedoc ; à la suite de la guerre des Albigeois, le concile de Latran, en 1215, accorda à Simon de Montfort les domaines du comte de Toulouse ; après la mort de Simon de Montfort, son fils Amaury céda tous ses droits à Saint-Louis, qui maria son frère avec la fille unique de Raimond VII, dernier descendant des comtes de Toulouse (1229). Tout le Languedoc fut alors irrévocablement réuni à la couronne de France.

Sous les Wisigoths, sous les comtes de Toulouse ensuite, l'autorité du droit romain se maintint dans la province et les populations y trouvèrent l'origine et le fondement de leur système municipal ; on peut même dire que, malgré l'établissement de la féodalité, les villes du Languedoc ne cessèrent pas de jouir de certaines immunités. Dès le douzième siècle, les communes eurent en général leur organisation : le peuple était réuni dans des corps d'arts et métiers, dont l'idée fondamentale était celle des *collegia artificum et opificum* des Romains, des *arti maggiori et minori* de Florence ; la noblesse et le clergé prenaient aussi part à l'administration municipale ; cet ensemble constituait dans chaque cité les échelles *(scalæ)*, terme qui, d'après la définition de l'abbé de Sauvages, dans son *Dictionnaire Languedocien*, se prend pour classe, ordre ou rang des citoyens classés dans le registre d'un hôtel de ville, selon leur condition de nobles, de bourgeois, de marchands ou d'artisans. Chaque communauté (1) d'habitants était administrée par un conseil composé d'un plus ou moins grand nombre d'habitants taillables, c'est-à-dire possédant des fonds de terre ; à la tête de l'administration se trouvaient des chefs appelés, selon les lieux, consuls, syndics ou capi-

---

(1) *Histoire générale du Languedoc*, par Dom VAISSETTE (1730 à 1745). — *Un pays d'états sous l'ancien régime*, par de LA FARELLE.

touls. Tous , chefs ou conseillers , étaient nommés à l'élection .

L'antique cité de Nîmes, capital des Volces Arécomiques, et où l'on trouve tant de traces de la domination romaine, conserva au moyen-âge une organisation municipale ; on en trouve la preuve dans un acte de l'année 951 constatant une donation faite à la cathédrale de Nîmes et qui stipule que, dans un cas prévu, les biens feront retour à la puissance publique de Nîmes , *ad ipsam potestatem de Nemauso publice revertant ;* il y avait donc à Nîmes, au dixième siècle, une municipalité. Le consulat fut établi à Nîmes dès l'année 1144 ; une charte du comte de Toulouse, datée du mois de décembre 1198 (1), prescrivit pour l'élection des consuls de Nîmes la convocation de tout le peuple. En 1254 cette élection fut partagée, par une charte de Saint-Louis, entre les bourgeois de la ville et les chevaliers des Arènes ; en 1272, elle fut attribuée en partie aux neuf échelles ou corps de métiers par un règlement fait par Raymond Marc, commissaire royal ; ce même règlement attribue aux consuls le droit d'admettre ou de rejeter les aspirants au droit de cité et de municipe et règle les conditions auxquelles ce droit peut être conféré. Ce mode d'élection se maintint pendant trois siècles, jusqu'à ce qu'un règlement fait par le sénéchal de Nîmes et de Beaucaire, le 14 novembre 1476, fût venu substituer au vote universel une combinaison nouvelle. Voici en quoi consistait cette combinaison : les consuls sortant de charge choisissaient quatre avocats gradués , à un second tour de scrutin quatre bourgeois, marchands ou médecins gradués, à un troisième tour deux notaires et deux artisans, enfin au quatrième tour ils choisissaient quatre laboureurs cultivant leurs champs de leurs propres mains. Il leur était défendu par le règlement de faire porter leurs choix sur leurs pères, fils, frères ou beaux-

(1) *Histoire générale du Languedoc,* par DOM VAISSETTE, t. III, preuves, p. 185.

frères, oncles ou neveux. Les quatre consuls étaient ensuite tirés au sort ; le premier, parmi les quatre avocats désignés ; le second, parmi les quatre bourgeois, marchands ou médecins ; le troisième, parmi les quatre notaires ou artisans ; le quatrième, parmi les quatre laboureurs. Le conseil composé de vingt-quatre conseillers était nommé, moitié par les nouveaux consuls, moitié par les consuls sortant de charge et d'après des règles identiques à celle de la nomination des consuls ; ainsi le consul tiré de la classe des avocats nommait trois conseillers pris parmi les avocats ; celui tiré de la classe des laboureurs trois conseillers pris parmi les laboureurs et ainsi de suite. Ce règlement édictait aussi de nombreuses mesures sur les obligations des consuls, sur la répartition et la levée des impôts, sur la reddition des comptes par les consuls, sur le pâturage dans les garrigues, sur le cadastre.

Ce règlement municipal a gouverné la ville de Nîmes jusqu'à la Révolution de 1789 (1). Le sénéchal la fit rédiger en langue romane et en langue latine, il fut accepté par toute la population.

Beaucaire reçut, en 1217, des privilèges consistant en l'exemption du péage, en l octroi à 'a communauté des revenus des fossés et en l'immunité de toute imposition ; par le même acte le comte Raymond de Toulouse donna aux consuls déjà établis pouvoir et juridiction civile. Saint-Louis, par des lettres patentes données à Paris en 1228, accorda des privilèges nouveaux ; puis, en 1390, les habitants de Beaucaire obtinrent encore le droit de s'assembler et de tenir leurs conseils en l'hôtel de ville, sans l'assistance d'aucun officier royal. Enfin des lettres patentes de Louis XI, de 1463, confirmèrent les privilèges des habitants de Beaucaire, concernant le droit d'avoir des consuls.

(1) Augustin THIERRY, *Récits des temps mérovingiens*, vol I, p. 264 et suivantes. — *Études historiques sur le consulat et les institutions municipales de Nîmes*, par Félix DE LA FARELLE.

Alais obtint de ses seigneurs sa première charte communale en 1200; elle en obtint une seconde en 1217. « Les « chartes d'Alais, dit M. Laferrière, dans son *Histoire du* « *Droit français*, sont notables par la variété des éléments « qu'elles renferment; ils lui viennent de toutes parts, même « de la tradition celtique, car on y trouve l'*achat par pau-* « *mée*, c'est-à-dire l'achat accompli par la jonction des « mains, que nous avons signalé dans les lois galloises. « Si le mélange de tant d'éléments divers fait un tout bizarre, « il y a cependant des principes de civilisation et de « liberté....... » La charte donnée en 1200, dont le texte, en langue romane, a été imprimé par M. Beugnot dans le tome III de ses *Olim*, est remarquable par les nombreuses dispositions qu'elle renferme sur la procédure civile et criminelle, je droit civil, les impôts, le commerce; tous ces sujets sont traités avec une grande intelligence. La charte de 1217 ne renferme guère de dispositions importantes.

La première de ces chartes, dans son article cinq, dit que tous les ans le peuple élira deux ou quatre consuls, à la garde de qui toutes choses seront remises pour qu'ils les surveillent; mais ni l'une ni l'autre de ces chartes ne formulent en détail les règles sur l'élection et les attributions des consuls et de leurs conseillers. Elles ne furent fixées que par des actes postérieurs. Saint-Louis octroya, de 1238 à 1270, à la communauté d'Alais des statuts analogues à ceux dont son prévôt des marchands avait doté la capitale; ces privilèges sont rappelés et confirmés dans une charte de Louis X, du 1er avril 1315 (1). Une sentence arbitrale de 1294 rendue sur la demande des consuls et de plusieurs corps de métiers par le sénéchal de Beaucaire, pour mettre fin aux contestations qui s'étaient élevées sur la représentation des échelles dans le conseil de ville et sur le nombre des conseillers, nous apprend qu'il y avait dix échelles, dans

____

(1) *Recherches historiques sur la ville d'Alais*, par MM. MARETTE, D'HOMBRES, etc.

lesquelles étaient réparties toutes les corporations ; que chaque échelle élisait un certain nombre de représentants et ceux-ci à leur tour nommaient les consuls.

Montpellier recouvra ses franchises en 1141 par une révolte contre son seigneur, mais peu d'années après les habitants rappelèrent d'eux-mêmes ses héritiers. Pierre II, roi d'Aragon, à qui la suzeraineté revint alors, leur concéda, le 15 août 1204, une charte qui fut la base des franchises municipales de la ville (1). Cette charte indique dans les premiers articles que la justice restera au seigneur, qui l'exercera par l'intermédiaire d'un bailli ; elle établit ensuite un grand nombre de dispositions préventives et répressives contre les prévarications des juges, les fraudes des usuriers, les exactions du fisc, le vol, le larcin, l'adultère, la calomnie, l'homicide et tous les autres crimes. Ni le seigneur, ni son bailli ne pouvaient opprimer la population par des monopoles, des rentes, des servitudes, des toltes, des prêts forcés, ni par l'abus des fours et moulins banaux et la vente de la justice. Chaque année, le 1er mars, les chefs des divers corps de métiers se réunissaient à l'Hôtel de ville ; et là chacun d'eux, séance tenante, élisait cinq prud'hommes de son échelle ; ce vote était général, chaque citoyen ou bourgeois, dans chaque corps de métier, contribuait de son suffrage au choix du représentant de ce corps ; comme il y avait sept échelles, cela faisait trente-cinq élus. Sur ces trente-cinq le sort en désignait sept, et ces sept, joints aux douze consuls de l'année précédente, nommaient les consuls de l'année. Les consuls avaient à veiller à l'entretien des murs, des rues et des chemins ; ils devaient imposer chacun selon ses facultés pour les besoins de l'administration publique, règlementer la vente des denrées, protéger les habitants.

(1) Voyez le texte de cette charte dans l'*Histoire du droit français au moyen-âge,* par M. GIRAUD, t. II. p. 47.

Telle était la constitution de Montpellier, constitution qui continua bien longtemps à la régir (1).

Béziers et Narbonne n'ont pas eu d'institutions municipales aussi complètes ; elles eurent cependant toutes deux des chartes communales ; la charte de la première est de 1131, celle de Narbonne lui fut donnée dix ans plus tard en 1141. Celle de Béziers n'a de remarquable que la reconnaissance qu'elle établit des vieilles coutumes de la cité (2).

Carcassonne paraît être de fondation romaine ; elle tomba comme Narbonne, dont elle dépendait, au pouvoir des Goths qui y bâtirent le château ; au VIIIeme siècle elle passa entre les mains des Sarrasins, Charlemagne la reprit et en 871 elle fut donnée au comte de Toulouse. Après la guerre des Albigeois Carcassonne passa sous la domination de Simon de Montfort ; son fils Amaury céda, en 1223, ses droits à Louis VIII et la ville fut réunie au domaine de la couronne de France. A cette époque le *castrum* ou cité existait seul, le bourg ou ville basse fut bâti en 1240 (Viollet-le-Duc, *Cité de Carcassonne*). Les coutumes de Carcassonne furent rédigées sous les règnes de Charles VII et de Louis XI ; l'art. 145 déclare que les habitants peuvent nommer annuellement douze consuls ; les fonctions de ceux-ci sont gratuites ; l'art. 147 défend aux habitants de Carcassonne de remplir les fonctions de bailli du seigneur.

Alby, inconnue du temps des Romains, passa successivement sous la domination des Goths et sous celle des Francs ; elle fut ensuite gouvernée par des comtes héréditaires, puis donnée à Simon de Montfort et enfin réunie à la couronne de France, par les traités de 1247 et de 1258. Les coutumes d'Alby, publiées en 1220, font foi de l'existence du consulat ; leur titre indique en effet qu'elles furent stipulées entre l'évêque d'Alby, les consuls et l'universalité des habitants.

(1) *Histoire de la commune de Montpellier*, par M. GERMAIN, prof. à la Faculté des Lettres de Montpellier.—(2) RAYNOUARD, *Hist. du droit municipal*, t. II, p. 207.

Nous arrivons enfin à Toulouse, qui fut de toutes les villes du Languedoc la plus célèbre par ses institutions municipales et par son ancienneté, puisque selon le chroniqueur Rodéric elle serait antérieure à la fondation de Rome. Ce qu'il y a de certain c'est que Toulouse avant et sous la domination romaine eut une grande importance. Toulouse fut cédée aux Wisigoths par Honorius et devint alors la capitale de leur empire. Sous tous les rois wisigoths les habitants de Toulouse gardèrent leurs coutumes locales, leurs franchises et leurs lois. Toulouse passa ensuite sous la domination des rois francs, puis sous celle des Sarrasins ; reprise à ceux-ci par Charles-Martel, elle devint bientôt la capitale d'un comté ; enfin, en 1270, après la mort d'Alphonse, comte de Poitiers, le comté fut réuni à la couronne de France. Les consuls de Toulouse commencèrent à porter le titre de *capitouls* à une époque, difficile à déterminer exactement ; mais qu'on ne croit pas devoir faire remonter plus haut que la fin du treizième siècle. Ce nom de *capitouls* leur vient de *capitulares* ou *capitularii*, c'est-à-dire membres du *capitulum* ou chapitre ; en langue romane on en a fait *capitols* et *capitouls*. La dignité de capitoul conférait la noblesse, et on ne dérogeait à cette noblesse, ni par les professions libérales, ni par le commerce, ainsi que le déclare Louis XI dans des lettres patentes de 1463. Les capitouls étaient les magistrats municipaux de Toulouse ; leur élection, faite en grande pompe, était surveillée par le viguier ou par les officiers de la sénéchaussée. En 1250, Alphonse duc de Poitiers, réduisit leur nombre à douze et chercha à leur retirer une partie de leurs attributions judiciaires.

Après la réunion du comté de Toulouse à la France, les capitouls reconnurent spontanément l'autorité royale, mais réservèrent les droits de leur consulat, la justice criminelle, les péages et tous les privilèges et coutumes de la ville. Le roi accepta ces réserves et les franchises administratives furent maintenues, telles qu'elles avaient existé sous les rois Wisigoths, les ducs d'Aquitaine et les comtes de Toulouse. Une ordonnance du 12 Octobre 1283 (Art. 4) autorisa les capitouls à connaître de tous les crimes commis à Toulouse, en présence du viguier du roi, mais sans que celui-ci participât au jugement. En 1285 des lettres patentes de Philippe-le-Bel, arrêtant les coutumes, maintinrent les franchises et libertés de la ville. En 1297, ce même roi leur reconnut encore le droit de maintenir la police dans la ville, de rechercher et punir les crimes commis pendant la nuit, par prévention sur le sénéchal et le viguier. Par des lettres patentes du 6 avril 1315, il édicta encore que les capitouls recevraient le serment de fidélité des sénéchaux, des viguiers, des juges-mages, etc; mais à chaque élection les capitouls nouveaux devaient prêter aussi serment de fidélité, d'abord entre les mains du viguier, ensuite entre celles du sénéchal.

Ces franchises, confirmées par Jean II, par Charles VII et par Louis XI, subirent une transformation importante à la fin du quinzième siècle (1).

ROUSSILLON, CERDAGNE, comté de FOIX et VAL d'ANDORRE. — On ne connait pas grand chose sur les institutions municipales dans ces pays; Charlemagne leur concéda des privilèges qui furent confirmés par deux capitulaires, l'un de Louis-le-Débonnaire, de 815, et l'autre de Charle-le-Chauve, de 844. Des termes de ces capitulaires on peut supposer qu'il y avait des communautés d'habitants et que les priviléges accordés ne sont que la confirmation d'anciens usages. De nombreuses villes et quelques villages

---

(1) *Histoire des institutions religieuses, politiques, judiciaires et littéraires de la ville de Toulouse*, par M. Du Mège. — *Recherches historiques sur l'ancien capitoulat de Toulouse*, par M. De Juillac.

obtinrent des chartes particulières, mais ce ne fut que plus tard ; ainsi Perpignan eût en 1196 le droit d'élire cinq consuls pour l'administration de la ville ; ces consuls avaient aussi le commandement militaire. Le commandement militaire, attribué aux magistrats élus par le peuple, que l'on trouve dans presque toutes les chartes concernant les villes et villages de ces régions, tenait au voisinage de la frontière.

M. Augustin Thierry (1) atteste aussi qu'en général les consuls étaient au nombre de cinq et que seuls d'abord, puis plus tard assistés d'un conseil, ils possédaient le pouvoir judiciaire dans toute son étendue et le pouvoir législatif sauf l'avis, pour les choses importantes, du corps entier des citoyens.

Les habitants du pays d'Andorre, que l'on croit indépendants depuis Charlemagne, étaient partagés en six communautés Andorre, Camillo, Eucamp, la Massane, Ordino et Saint-Julien. Chacune de ces communautés avait des magistrats particuliers pour l'administration de ses intérêts ; il y avait en outre un gouvernement central, composé de vingt-quatre membres élus par les paroisses, qui tenait cinq séances annuelles et nommait deux syndics chargés du pouvoir exécutif. Le pays ne payait pas de taille et se gouvernait par ses Etats qui s'assemblaient tous les ans à l'automne pendant huit jours (2).

BÉARN & NAVARRE. — Les principales villes du Béarn étaient Morlaas, Lescar bâtie en 980 par Guillaume Sanche, duc de Gascogne, Ortez, Oloron déjà indiquée dans l'itinéraire d'Antonin sous le nom d'Iluro ; Pau ne dut son existence qu'au château bâti, en 1220, par Raymond de Moncade.

---

(1) *Tableau de la France municipale*, p. 250. — (2) Voir sur ces pays : *Histoire des populations pyrénéennes*, par CASTILLON D'ASPER. — *Histoire critique du pouvoir municipal*, par LEBER.

La législation, qui a gouverné le Béarn du onzième au treizième siècle sous le titre de *Fors de Béarn*, est un monument remarquable de législation municipale (1). Confirmés en 1088, par le vicomte Gaston IV, ces fors se divisent en trois parties : le *for* général ou *vieux for*, qui présidait à toute la nation béarnaise ; le *for* de Morlaas, législation parallèle, mais dans laquelle se trouvent établies diverses exceptions au for général ; le *for* d'Oloron et des trois vallées établissant des privilèges particuliers pour cette partie du pays. Les droits des seigneurs étaient extrêmement limités ; il n'y avait pas de loi générale et commune à tous les fiefs, chaque fief avait son contrat et ce contrat était sa loi.

Les habitants de la Navarre jouissaient aussi de grands privilèges ; le roi promettait à son avènement de maintenir ses sujets dans leurs franchises et privilèges et les Etats de Navarre surveillaient rigoureusement l'exécution de ces promesses. Du reste presque toutes les villes et les communautés d'habitants avaient leurs coutumes et leurs fors particuliers (2).

GASCOGNE. — Le duché de Gascogne comprenait le Bazadois, dont la principale ville était Bazas ; le Marsan où se trouvait Mont-de-Marsan dont les chartes remontent à 1141 ; le Gavardan qui avait pour capitale Gabarret ; le Taursan, dont la ville principale était Aire ; les Landes, où se trouvaient Acqs, Tartas et Albret ; le pays de Labourd dont la capitale était Bayonne ; l'Armagnac dont les villes principales étaient Vic de Fezenzac et Lectoure ; le Comminges où se trouvait Muret ; l'Astarac, dont la capitale était Mirande ; et enfin le Bigorre dont les villes principales étaient Tarbes et Barèges.

(1) Ils ont été publiés par M. HATOULET, sous le titre : *Fors de Béarn, législation inédite du onzième au treizième siècle.* — (2) Voir sur le Béarn et la Navarre : *Histoire des Basques* par le vicomte DE BELZUNCE.

Les coutumes des pays de Labourd, d'Armagnac et de Bigorre sont les seules qui attireront notre attention. Il est certain que les habitants du pays de Labourd, comme tous les autres Basques, jouissaient de temps immémorial de franchises très étendues et que ces franchises se sont maintenues jusqu'à la réunion des Basques à la France. Les Basques jouissaient sous les rois d'Espagne de l'exemption d'impôt, du droit d'élire leurs consuls et officiers municipaux, sans que cette élection eût besoin d'être confirmée par le prince ; les gouverneurs de provinces n'avaient à leur égard que le droit d'avis et non celui de commandement. Les habitants de chaque paroisse pouvaient s'assembler et établir tels règlements particuliers qu'il leur convenait ; ils procédaient à l'élection de leurs magistrats, le droit de vote était inhérent à la maison et au titre de chef de famille ; ils avaient le droit de porter les armes en tout temps pour leur défense et celle de leur pays. La capitale du pays de Labourd, Bayonne, obtint de Jean-sans-Terre, roi d'Angleterre, en 1215, une charte, d'après laquelle le corps de ville se composa d'un maire, d'un lieutenant de maire, de douze *voisins*, de douze conseillers et de soixante-quinze pairs ; ce qui sous des appellations différentes reproduisait le système de représentation communale, composé du grand et du petit conseil et des consuls ou jurats dans les villes de la Provence et du Languedoc.

Le pays de Soule, dont la capitale était Mauléon, jouissait de franchises encore plus grandes ; ses habitants étaient exempts de gabelle et de foraine dans les provinces voisines. La coutume de Soule, publiée en 1520, porte que « par la « coutume de tout temps observée et gardée, les natifs et « habitants de cette terre sont francs et de franche condi- « tion sans tache de servitude ». Ils pouvaient porter les armes, chasser, pêcher, faire paître leurs troupeaux, construire des moulins pour y moudre, s'assembler pour règler leurs affaires communales. Le pays de Soule était rattaché au Labourd.

Le *for* de Biscaye consacrait l'identification des droits de noblesse et de liberté ; aussi les habitants des pays de Soule et de Labourd jouissaient-ils de la noblesse en Espagne, en faisant preuve de quatre générations d'extraction basque ; ils ne pouvaient être mis en prison pour dettes, ni être privés de leur maison, de leurs armes et de leur cheval ; ils ne pouvaient être mis à la question. Tous ces droits leur sont formellement reconnus par des lettres patentes de Ferdinand-le-Catholique, en date de 1480. Après la réunion de ces pays à la France leurs privilèges furent confirmés par des lettres patentes de Charles VII, du 1er mai 1463 ; de Louis XI, du 12 juillet 1473 ; de Louis XIII de 1533.

Les statuts, coutumes et privilèges, qui régissaient l'Armagnac, lui avaient été accordés en 1300 par le seigneur de Labarte, et avaient ensuite été confirmés par les comtes d'Armagnac. Les cinquante-trois articles de ces statuts ont une allure libre, qu'il est bien rare de rencontrer dans les chartes contemporaines données dans les pays du midi. Le seigneur s'engage à laisser en paix les communautés et les nobles *en tous ports, montagnes et bosques* (2). Il leur permet de porter des armes, de chasser, pêcher et prendre des bêtes sauvages, sans encourir aucune peine (2 et 20). Il établira des prud'hommes, qui s'engageront devant le juge à conserver les coutumes du pays et à garder les droits du seigneur (4). Ni le seigneur, ni son lieutenant ne pourront mettre à la question un habitant sans l'ordonnance du juge, et la prison préventive est limitée à quarante jours (9). Les articles 10 et 11 jusqu'à 19 accordent la liberté sous caution et de nombreuses garanties judiciaires contre le seigneur. L'article 24 fixe les droits du seigneur, quant au nombre d'hommes à lever pour faire la guerre et au nombre de jours pendant lesquels ils seront astreints au service militaire.

L'article 42 permet aux habitants de prendre dans les bois communs ce qui est nécessaire au chauffage et aux constructions, et d'avoir chez eux des fours, moulins et colombiers. Les articles 43 et suivants règlent l'élection des consuls, conseillers, jurats et syndics, ainsi que tout ce qui concerne leurs droits et devoirs ; ils peuvent établir des impositions locales et punir ceux qui refusent de les payer, mais ils doivent rendre compte à leur sortie de charge. Ils assemblent le peuple quand cela est nécessaire et sans demander la permission du seigneur.

Le comté de Bigorre subit de nombreuses vicissitudes ; il passa successivement sous la domination des ducs de Gascogne, des ducs d'Aquitaine, des rois d'Angleterre ; reconquis par Charles V, il fit partie du domaine royal jusqu'en 1422 ; Chaales VII le donna au comte de Foix, d'où il passa dans la maison d'Albret, pour être enfin réuni à la couronne en 1607 par Henri IV.

Le Bigorre avait des privilèges distincts de ceux du reste de la Gascogne ; ces privilèges sont contenus dans des coutumes rédigées dé 1097 à 1110. L'article premier porte qu'avant de recueillir le serment des habitants de sa terre, le comte leur engagera sa parole de ne rien faire contre les coutumes anciennes qu'il aura trouvées établies parmi eux. Sont ensuite fixés les rapports du seigneur et de ses hommes d'armes (1), le service militaire dû par les monastères à raison de leurs terres acquises en franc-alleu (art. 3), les moyens propres à assurer la paix aux hommes des champs sous la condition de défendre le territoire contre l'invasion étrangère, et sans qu'ils puissent cependant jouir des droits de chasse et de pêche (art. 6, 7 et 8). La ville de Tarbes obtint vers la fin du onzième siècle, de Catulle III comte de Bigorre, une charte que le roi d'Angleterre, duc d'Aquitaine, confirma en 1366 ; elle ne renferme rien de remarquable. Les *trobas* ou règlements municipaux faits par le *Beziau*, ou assemblée populaire de Tarbes, datent de 1150 ; l'article le plus curieux est l'article 77 qui soumet le seigneur lui-même à la juridiction des juges de Tarbes. Les habitants de Barèges avaient des privilèges plus étendus que ceux des autres habitants du Bigorre ; ils nommaient leurs consuls ; ceux-ci administraient les biens de la communauté, veillaient à l'entretien des routes et des ponts, à la construction des édifices ; ils exerçaient la justice et la police et répartissaient les impôts. Le servage, admis dans le reste du Bigorre, ne pouvait exister pour les Barégeois et tandis que dans le reste du pays les nobles seuls étaient admis à prêter serment, à Barèges tous les habitants y étaient admis indistinctement (1).

BORDELAIS. — Cette province ne fut définitivement incorporée à la couronne de France qu'en 1472 ; sa capitale, Bordeaux, jouissait de temps immémorial d'institutions libérales. Un grand conseil de trois cents membres et un petit conseil de trente membres, choisis parmi les plus notables citoyens, un maire et un conseil de jurats, dont le nombre a varié selon le temps de douze à cinquante membres ; tel était le gouvernement intérieur de la cité. Les affaires extérieures étaient dirigées sous la domination anglaise, comme sous celle des ducs d'Aquitaine, par un sénéchal de qui ressortissaient les appels de la moyenne et basse justice exercées par les maires et les jurats ; la garnison et les troupes régulières étaient sous les ordres du sénéchal ; le maire avait le commandement des milices urbaines (2). Le maire était élu pour un an par tous les chefs de famille et nommait de son autorité privée un sous-maire, qui l'aidait dans ses fonctions le remplaçait en

(1) *Histoire des Basques*, par le vicomte DE BELZUNCE. — *Essais historiques sur le Bigorre*, par DAVÉZAC-MACAYAT. — (2) *Résumé de l'Histoire de Guyenne*, par Amédée THIERRY, p. 184.

cas de maladie ou d'empêchement. Le corps des jurats ou de la jurade était élu chaque année le 24 juillet ; les membres sortants, réunis à l'église de Saint-Eloi, prêtaient serment de respect à la constitution de la commune et choisissaient leurs successeurs. L'élection faite, on en proclamait les résultats, et les nouveaux jurats prêtaient à leur tour serment de fidélité aux statuts municipaux. Cet usage, qui donnait aux jurats le droit de choisir leurs successeurs, était une tradition romaine ; mais son caractère aristocratique déplaisait à la multitude. Les traditions romaines se retrouvent aussi dans le caractère obligatoire des fonctions électives, dans les peines infligées au refus de les accepter ou à la négligence dans leur accomplissement ; toutes choses établies par les coutumes de Bordeaux.

Presque toutes les villes du Bordelais modelèrent à différentes époques leur constitution sur celle de la métropole ; leur administration était aussi la même. Les principales étaient Blaye, Libourne, Podensac et Castillon.

Libourne seule nous arrêtera un instant. En 1270 sa charte fut confirmée par Edouard, fils aîné de Henri III, et des droits importants dont s'étaient emparés les anciens seigneurs furent rendus aux bourgeois. Cette confirmation prouve l'existence d'une commune antérieure à l'intervention du roi d'Angleterre, fait curieux, car il ne paraît pas que Libourne ait été le siège d'un municipe romain. Les bourgeois nommaient des jurats au nombre de douze et leur élection se faisait le jour de la vigile de Sainte-Marie Madeleine ; le même jour les jurats nommés élisaient deux prud'hommes, pour l'un deux être désigné maire. Les douze jurats ne pouvaient rester en charge qu'un an et ne pouvaient être réélus qu'après deux ans écoulés ; les bourgeois, marchands de blé, ne pouvaient faire partie de l'administration communale (1).

(1) *Etude sur l'histoire de Bordeaux*, par GUILHE. — *Histoire de Libourne*, par GUINODIE.

AGENAIS. — L'Agenais avait pour capitale Agen, ville d'origine celtique.

La ville d'Agen avait un consulat municipal qui se maintint fort longtemps ; on trouve les détails de son organisation dans les coutumes d'Agen rédigées en 1369. Condom avait la même organisation municipale (1).

SAINTONGE. — La Saintonge passa sous la domination anglaise par le mariage d'Eléonore de Guienne avec Henri d'Angleterre ; cédée au comte de la Marche, elle fut rendue en 1252 par Saint-Louis ; reprise par Philippe-le-Bel elle échappa de nouveau à la France, pour être définitivement réunie à la couronne par Charles V. La capitale de la Saintonge était Saintes, ville fort ancienne que Ptolémée et Strabon appellent *Mediolanum* ; elle avait une organisation communale, deux jurés s'y partageaient, sous la direction d'un corps de ville, composé de vingt-cinq membres, les uns ayant le titre d'échevins et les autres celui de pairs, l'administration municipale. Un maire les remplaça dans ls cours du treizième siècle ; mais ils furent rétablis par la puissance de l'habitude, et la mairie ne fut définitivement installée que par lettres donnée par Charles VIII, en 1492, sur la demande des habitants.

ANGOUMOIS. — La capitale de cette province Angoulème était inconnue à l'antiquité ; le comté héréditaire d'Angoulème ne date que du dixième siècle. Réuni en 1309 à la couronne de France, l'Angoumois fut cédé aux Anglais en 1360 par le traité de Brétigny, puis passa en différentes mains, pour être enfin réuni à la couronne après la mort de Louise de Savoie, mère de François 1er. Angoulème et Cognac se vantaient de posséder, l'une une juridiction

(1) *Histoire de l'Agenais et du Condomois*, par SAMAZEUILH.

municipale sans réserve, l'autre la moyenne et basse justice.

AUNIS. — L'Aunis, bordé au couchant par l'Océan et environné des autres côtés par la Saintonge, était la plus petite des provinces de France. Sa capitale était la Rochelle, ville ancienne ; Louis VII lui donna en 1224 une charte, confirmée par Saint-Louis en 1227, qui établissait un régime municipal composé d'un maire, d'échevins, de conseillers, de pairs et d'un grand conseil de cent membres, juridiction complète leur était accordée (1). Tous ces privilèges furent maintenus par les Anglais et augmentés par Charles V, lorsqu'il eut reconquis la Rochelle ; plus tard à la suite de leur révolte, Richelieu leur retira toutes leurs franchises (2).

POITOU. — Envahi successivement par les Wisigoths et les Francs, le Poitou obéit aux rois d'Austrasie jusqu'au temps de Childéric II, qui réunit les deux royaumes ; Louis-d'Outre-Mer le céda à Guillaume Tête-d'Etoupes. Ce prince et ses successeurs, qui eurent le titre de ducs d'Aquitaine, se rendirent maîtres de tout le pays jusqu'aux Pyrénées ; Eléonore, fille d'un de ces ducs, apporta le Poitou en dot au roi d'Angleterre et il ne fut réuni à la couronne de France que sous Charles VI.

La ville principale et la capitale du Poitou était Poitiers ; sous le règne de Philippe Auguste, elle fut réunie pendant quelques temps au domaine de la couronne ; une charte de 1204 lui confirma ses anciens privilèges et lui en accorda de nouveaux. Par cette charte Philippe Auguste, exemptait les habitants de Poitiers des droits de vente et des droits de péage ; il ne se réservait que la taille, les droits de justice et de service militaire. Il confirmait aussi l'existence d'une

____

(1) *Ordonnances des rois de France.* t. XII, pag. 318. — (2) *Histoire de Saintonge, Poitou et Angoumois,* par MAICHIN.

foire, concédée par Richard roi d'Angleterre et qui devait durer trois semaines.

En 1222 Philippe-Auguste accorda aux habitants de Poitiers une seconde charte dont voici les principales dispositions: Les citoyens de Poitiers devaient, chaque année, élire un maire, douze échevins et douze jurés, qui prêtaient serment de fidélité entre les mains du bailli du roi. Le maire, les échevins et les jurés devaient se réunir chaque semaine; en outre il devait y avoir une assemblée mensuelle, où siégaient soixante-quinze pairs, appelée l'assemblée des *Morts et des Cent.* Le maire et la commune avaient le droit de justice ; le maire avait le droit de citation et de juridiction, sauf pour le vol, le rapt ou l'homicide, dont la connaissance était réservée aux juges royaux ; il était le capitaine général de la ville et aucun habitant ne pouvait être arrêté que par son ordre, si ce n'est pour les droits et redevances dus au comte de Poitou. Les habitants sont dispensés de la taille ; ils ne peuvent être traduits en justice sous prétexte d'usure ; il leur est accordé le droit exclusif de vendre dans la ville du vin ou des marchandises venues d'outre-mer (1). Niort avait reçu en différentes fois des privilèges qui furent confirmés en 1233 (2). Cette ville avait revêtu la forme de seigneurie sous le vasselage immédiat de la couronne. Selon d'anciens actes, les officiers de la commune de Niort tenaient « du roi à droit de baronnie, à « foi et hommage lige, au devoir d'un gant ou cinq sols « tournois pour tous devoirs payables à chaque mutation « de seigneur, »la mairie et capitainerie de la ville et la juri- diction, haute, moyenne et basse tant au civil qu'au criminel. (Aveu rendu au roi le 13 juillet 1579 ; acte de foi et d'hom- mage par le corps de ville de Niort, le 2 juillet 1611.) (3)

---

(1) *Ordonnances des rois de France,* t. i. pag. 30. (2) *Ordonnances des rois de France* t. iv, pag. 320. — (3) *L'ancien Poitou et sa capitale,* par Dufour.

AUVERGNE.— Après avoir subi la domination romaine, l'Auvergne passa aux rois d'Austrasie et plus tard aux ducs d'Aquitaine ; elle fut réunie à la couronne par Philippe-Auguste. Donnée en apanage à Alphonse, comte de Poitiers, frère de Saint-Louis, elle fut à sa mort réunie de nouveau à la couronne ; mais elle en fut encore séparée en 1360 par le roi Jean, qui la donna à un de ses fils avec le titre de duché ; elle ne fit définitivement retour à la couronne qu'en 1521.

Lors de la réunion de l'Auvergne par Philippe-Auguste, l'évêque de Clermont réclama la seigneurie de cette ville, elle lui fut laissée ; mais les habitants avaient d'anciens privilèges qu'ils maintenaient énergiquement. Il y avait à Clermont des souvenirs très-vivaces de régime municipal ; l'on trouve en effet dans Baluze (1) la mention d'une charte donnée à la curie de Clermont, en remplacement de ses titres perdus ou détruits dans la guerre que les Francs avaient portée dans le pays des Arvernes, ce qui remonte à l'expédition de Théodebert, petit-fils de Clovis, contre ce pays.

Les chartes féodales, concédées par les seigneurs à diverses villes de l'Auvergne, telles que celles que Bernard de la Tour donna à Saint-Amand en 1256 et à Besse en 1257, ne parlent pas de conquêtes faites par les habitants, mais de l'assentiment donné par les seigneurs, moyennant de faibles redevances, au maintien des anciennes coutumes. Tel est aussi le caractère de la charte donnée aux habitants de Thiers en 1272.

Il n'est fait mention d'Aurillac que vers le neuvième siècle ; sous Charles-le-Chauve il y fut fondé un monastère qui devint célèbre ; il y avait aussi un château dépendant de la seigneurie du roi de France. On a imprimé en 1842 à Aurillac trois documents sous le titre d'*Accords et sentences arbitrales entre Monseigneur l'abbé et les consuls d'Auril-*

---

(1) BALUZII *Miscellanea*, t. IV. p. 544.

lac, qui nous montrent que cette ville possédait une administration municipale et que tout y était parfaitement réglementé. Le premier est du neuvième jour avant la fin du mois d'août 1288; l'abbé et les consuls s'entendent sur le mode de procéder contre les personnes soupçonnées d'être lépreux, contre les gens qui, ayant contracté un premier mariage, en contractent un second avant la dissolution du premier, et enfin contre les clercs criminels. Le deuxième, daté du huitième jour avant la fin du mois d'août 1288, est une transaction entre l'abbé et les consuls, sur le cours des eaux, les droits de lods et ventes et les amendes. Le troisième est un accord du 8 mai 1347 entre l'abbé et les consuls, sur divers règlements de police et pour la punition de plusieurs infractions commises par les deux parties contre la teneur des lois municipales.

Les autres villes de l'Auvergne ne nous montrent aucune particularité remarquable (1).

MARCHE. — La Marche fut confondue avec le Limousin jusqu'au dixième siècle; réunie en 1303 à la couronne pour la première fois, elle passa à la maison d'Armagnac, qui en fut dépossédée en 1477; elle entra ensuite dans la famille de Bourbon et, lorsque le connétable de Bourbon eut pris parti pour Charles-Quint, une déclaration du 22 septembre 1531 réunit pour la troisième et dernière fois le comté de la Marche au domaine royal.

Les villes principales de la Marche étaient Guéret et Aubusson; elles n'étaient primitivement que des bourgades qui ont eu des destinées analogues à celles du Limousin, sous la domination romaine; ce sont des *castra*, dont les inscriptions et les vestiges de monuments et de voies publiques attestent l'ancienne existence. Sous la domination des

(1) *L'Auvergne historique*, par IMBERDIS. — *L'Auvergne au moyen-âge*, par BRANCHE.

Francs quelques-uns disparaissent, d'autres tels qu'Aubusson deviennent des villes auxquelles des chartes d'affranchissements et de privilèges sont accordées par les seigneurs. Aubusson obtint la sienne en 1262 d'Hugues XII ; le même seigneur en 1268 déclara libres les bourgeois de la ville et du château d'Ahun et affranchit leurs héritages qui étaient mouvants de lui en servitude (1).

BOURBONNAIS. — Le Bourbonnais n'était point une des anciennes cités gallo-romaines ; c'était un pays composé de plusieurs territoires démembrés de ceux de Bourges, d'Autun et d'Auvergne et qui prit son nom de la ville de Bourbon, qui dépendait primitivement du Berry. Le Bourbonnais fut réuni à la couronne en 1531.

Des privilèges furent accordés à la ville de Bourbon par une charte de 1343. Les principales villes obtinrent aussi des chartes spéciales de privilèges communaux, Villefranche en 1217, Montluçon en 1242, Charroux en 1245, Gannat en 1367. Les villes du Bourbonnais étaient en général administrées par quatre officiers municipaux, qui avaient une compétence purement administrative ; en 1518 Anne de France, duchesse de Bourbonnais, sur la demande des habitants d'une des villes de la province, leur permit de se donner un maire et accorda aux corps municipaux une certaine juridiction (2).

BERRY. — Le Berry, habité par des peuples (Bituriges) illustres parmi les Celtes, fit sous les Romains partie de la première Aquitaine et sa ville principale, *Avaricum*, fut la capitale d'une province qui s'étendait depuis la Loire jusqu'aux Pyrénées. Cette ville prit au cinquième siècle le nom de Bourges et passa successivement ainsi que le Berry, sous

(1) *Histoire de la Marche et du pays de Combrailles,* par M. JOULLIETON.— (2) *Histoire du Bourbonnais,* par M. DE COIFFIEU-DEMORET,

la domination des Wisigoths et des Francs ; après diverses vicissitudes, la ville et le duché furent réunis à la couronne par Charles VI.

Les franchises de la ville de Bourges remontaient à un temps immémorial ; elle était gouvernée par quatre prud'hommes, qui étaient élus par les bourgeois et auxquels, le jour de l'élection, ils passaient procuration pour le gouvernement de la ville et des affaires communes. Ces anciennes libertés municipales furent maintenues en 1145 par Louis VII, qui déclara que le droit de *hauban* ne serait exercé que trois fois dans l'année, à l'époque convenable et en prenant l'avis des bons hommes de la cité. Philippe-Auguste donna à Bourges en 1181, une charte nouvelle, relative à la législation et à la police locale et qui par les articles 5 et 9 fait allusion à l'administration de la cité par les prud'hommes, *probi homines* (1). Ces prud'hommes, dont les privilèges furent confirmés par Louis VIII et Louis IX, avaient la juridiction. L'antique administration des prud'hommes de Bourges fut supprimée par Louis XI et remplacée par un maire et douze échevins, dont les emplois étaient annuels. Selon M. Thierry (2) ces nouveaux magistrats étaient électifs, au contraire selon M. Raynouard (3) ils étaient nommés par le roi. En 1483 Charles VIII abrogea l'ordonnance de son père et rendit aux habitants de Bourges leurs quatre magistrats, qui furent appelés échevins et auxquels dix ans plus tard on adjoignit un maire annuel (4).

VIVARAIS. — Le Vivarais, après la chute de l'empire romain, tomba au pouvoir des Bourguignons. Sa capitale,

(1) Charte de Philippe Auguste. *Recueil des ordonnances des rois de France,* t. XI, p. 223. — (2) *Tableau de l'ancienne France municipal,* p. 256. — (3) *Histoire du droit municipale,* t. II, p. 190. — (4))*Notice historique sur la ville de Bourges,* par RIBAULT DE LAUGARDIÈRE.

après avoir été longtemps Albe, fut transférée à Viviers ; il en fut de même du siège épiscopal. Le pouvoir de l'évêque fut longtemps prééminent, de sorte que l'administration municipale ne put guère se développer. Les villes du Vivarais avaient cependant le droit d'élire deux ou trois consuls, qui administraient la ville de concert avec l'évêque, ou ses représentants (1).

VELAY. — Le Velay, limité par le Vivarais, le Gévaudan, le Forez et la haute Auvergne, tomba au cinquième siècle sous le pouvoir des Wisigoths et dans le sixième au pouvoir des Francs. Il appartint ensuite aux ducs d'Aquitaine. L'administration était partagée entre les évêques et les consuls élus par les habitants. Les villes principales étaient Anis, qui s'appela plus tard le Puy, et Velay (2).

GEVAUDAN. — Ce pays tomba dans le cinquième siècle au pouvoir des Wisigoths, qui en furent dépossédés par Clovis. Au dixième siècle les ducs et les comtes se rendirent propriétaires du Gévaudan, puis par mariage il passa au comte de Barcelone et arriva enfin aux ducs d'Aquitaine. L'autorité des évêques fut toujours très-puissante et le régime municipal se confondit avec le régime paroissial ; les villes les plus importantes avaient cependant des consuls. Ainsi Marvejols et Florac étaient des villes consulaires, mais presque toutes les autres n'étaient que de simples paroisses (3).

ROUERGUE. — Le Rouergue, conquis par les Wisigoths, puis par les rois d'Austrasie, resta au pouvoir des Carlovingiens qui en jouirent jusqu'à la chute de leur

---

(1) *Mémoires historiques sur le haut Vivarais*, par Poncer jeune, t. 1. — (2) *Histoire du Velay*, par M. Arnaud. — (3) *Documents historiques sur la province de Gévaudan*, par l'abbé Prouzet (1846).

dynastie. Plus tard les comtes s'y rendirent héréditaires et le comté passa sous la domination des comtes de Toulouse ; l'un d'eux le vendit au vicomte de Carlat, enfin en 1258 Saint-Louis réunit Rodez à la couronne avec une partie du Rouergue, Milhau resta au roi d'Aragon. La ville capitale du Rouergue était Rodez ; des privilèges lui furent accordés en 1171, puis confirmés en 1201 par Guillaume, comte de Rodez ; à partir de cette époque un maire et douze échevins composèrent l'administration de cette ville, dont les *citoyens seigneurs* possédaient encore en 1789 la souveraineté municipale, sauf l'hommage dû à la couronne.

La commune de la Bastide-l'Evêque obtint en 1280 une charte (1) de Raymond de Colmont ; cette charte, dont la spontanéité est indiquée par le préambule, porte suppression des toltes, des exactions et des monopoles ; donne aux habitants le droit d'aller s'établir ailleurs après avoir satisfait à tous leurs engagements ; établit l'élection par la cour du seigneur de quatre consuls jurés, chargés de proposer leurs successeurs et d'élire un officier banneret chargé du recouvrement des impôts, établis par eux pour l'utilité communale ; règle les peines à appliquer pour dommages causés aux vignes et jardins, prés et moissons et charge un bailli établi par le seigneur de juger et de punir les contraventions ; établit des règlements pour la police de la boucherie et de la boulangerie, des tarifs pour le pain et la viande, pour l'usage des fours et des moulins banaux, pour l'administration de la justice, pour l'usage des eaux, herbes et forêts ; détermine les punitions applicables aux différents crimes ; donne aux habitants, ayant des maisons et des terres dans un rayon de demi-lieue, le droit de les vendre ou de les donner en emphythéose, qu'elles soient franches ou censuelles, sous l'autorité toutefois du

(1) Voir le texte de cette charte dans la *Revue historique du droit français et étranger*, t. IV, p. 161.

seigneur et sous réserve des droits de vente ; fixe enfin les dîmes à payer, les blés dans un rayon de deux lieues de la paroisse, les porcs dans les sept semaines de leur naissance, les agneaux et chevreaux au mois de mars (1).

QUERCY. — Le Quercy, après avoir sous la domination romaine fait partie de l'Aquitaine, passa sous l'autorité des Wisigoths, puis sous celle des Francs à partir du sixième siècle ; lorsque les Mérovingiens commencèrent à décliner, Eudes duc d'Aquitaine s'en empara ; conquis par Pépin, il resta sous la domination des rois de France jusqu'au règne de Louis-d'Outre-mer. Plus tard il fut enlevé aux comtes de Toulouse, qui s'en étaient emparés, et adjugé à Saint-Louis en 1228. L'année suivante, au mois d'avril, un contrat signé dans la tour du Louvre reconnut que la seigneurie directe du comté de Quercy était au roi, mais laissait le domaine utile de la ville de Cahors et du comté de Quercy à l'évêque de Cahors. Cette ville fut plus tard cédée au roi d'Angleterre en 1259 ; reconquise avec le Quercy par Philippe-le-Bel, elle fut de nouveau cédée aux Anglais par le traité de Brétigny et enfin la ville et la province furent réunies par Charles V au domaine de la couronne.

Le Quercy avait pour capitale Cahors, ville très ancienne ; elle reçut des comtes de Toulouse et des évêques de Montauban de beaux privilèges et de grandes franchises. Ses habitants en abusèrent et, en 1572, ayant érigé leur ville en une espèce de république ils refusèrent d'obéir à l'autorité royale ; les fortifications, qu'ils avaient élevées, après avoir triomphé d'une première attaque de Louis XIII en 1621, furent prises sept ans après et rasées par Richelieu.

Au sud-ouest de Cahors était la petite ville de Montcuq, qui fut réunie à la couronne en même temps que Cahors. Sa

_____

(1) *Études historiques sur le Rouergue*, par DE GAUJAL.

charte communale remonte à l'année 1224 et serait dûe par conséquent à Raymond VIII, dit le Jeune ; on ne possède plus ni le titre original ni les actes de confirmation de cette charte ; la seule trace existante est une copie de 1606 d'un document, qui remonte à l'année 1462, (publiée dans la Revue historique du droit français et étranger, VIIme année, liv. II), et qui n'est autre chose que la confirmation « des coutumes, « usages, privilèges, libertés et franchises par ci-devant « donnés et octroyés par le comte Raymond de Toulouse, et « par ses successeurs aux habitants du château et ville de « Montcuq et de sa juridiction, desquels ils ont usé et sont « en possession ». Cette charte contient trente-deux articles, les six premiers règlent les rapports des habitants avec le seigneur, les articles suivants sont des dispositions civiles ou pénales, les derniers sont relatifs à la juridiction communale.

Les libertés locales disparurent dans le Quercy, comme dans beaucoup d'autres provinces, lors de la création en 1635 de l'intendance de Mautauban ; dès lors cette province ne fit que décroître comme population, il en avait été de même du Rouergue (1).

PERIGORD. — Ce pays, après avoir subi des vicissitudes analogues à celles du Quercy, fut possédé au dixième siècle par Maillefer, comte de Périgord et d'Angoulême, puis par son fils qui s'en rendit propriétaire, tout en reconnaissant la suzeraineté du duc d'Aquitaine. Confisqué au duc d'Aquitaine par un arrêt de 1399, il passa à la branche d'Orléans par une donation de Charles VI ; vendu par le duc d'Orléans en 1437, il passa dans les mains de la famille de Bourbon et fut réuni à la couronne par Henri IV.

La capitale, Périgueux, était divisée en deux villes dis-

____

(1) *Histoire du Quercy*, par COUTURE (1785).

tinctes : la cité et le Puy-St-Front; l'une était le municipe romain, l'évêque en avait l'administration de concert avec le chapitre de Saint-Etienne et les chevaliers; l'autre ville était gouvernée par des consuls élus ; cette administration durait depuis un temps immémorial. En 1240 un traité intervint entre les deux parties de la ville, qui n'en formèrent plus qu'une seule ; les chevaliers remirent la cité aux mains des consuls, qui demeurèrent chargés de toute l'administration ; ces consuls étaient élus par les habitants qui leur prêtaient serment d'obéissance. Les consuls avaient la juridiction tant criminelle que civile ; ils convoquaient le peuple et prenaient son avis dans les occasions importantes ; ils pouvaient être déférés au roi lorsqu'ils s'écartaient de leurs devoirs, cela se vit en 1319, où leur conduite fut examinée par des commissaires. Sarlat était dès le mcyen-âge la seconde ville du Périgord ; en 1282, elle fut autorisée par Philippe-le-Hardi à établir des tailles sans recourir à l'autorité royale et des statuts municipaux furent faits en 1288.

Bergerac était gouvernée par des consuls, mais leur autorité était pondérée par celle du seigneur ; ses coutumes furent concertées devant le roi Charles-le-Bel, entre Reginald de Pons, sire de Bergerac d'une part, et les procureurs des habitants d'autre part (1).

LIMOUSIN. — Les vicissitudes politiques du Limousin furent semblables à celles des provinces précédentes : des Wisigoths il passa entre les mains des rois Mérovingiens et Carlovingiens, puis dans celles des ducs d'Aquitaine ; porté par Eléonore d'Aquitaine entre les mains des rois d'Angleterre, il ne fut repris et réuni au domaine de la couronne que par Charles V. La capitale et pour ainsi dire la seule ville importante était Limoges ; elle avait des seigneurs

____

(1) *Des communes du Périgord,* par M. DE GOURGUES. — *De l'administration eu Périgord,* par M. DESSALLE.

particuliers, qui relevaient des rois de France et des ducs d'Aquitaine ; elle jouissait d'un consulat et d'une organisation municipale. Cette organisation nous est connue par une copie de lettres patentes, du 24 novembre 1365, adressées par Edouard, prince de Galles, fils du roi d'Angleterre, et par lesquelles il confirme les consuls, jurats et habitants de Limoges, dans leurs franchises et privilèges. L'art. 1er donne le droit d'élire chaque année des consuls, qui, d'après les art. 2 et 3, ont le sceau de la communauté, fixent et lèvent en son nom la taille qu'ils jugent convenable sur les meubles et les immeubles. L'art. 5 ordonne à tous les habitants de la ville de prêter serment d'obéissance aux consuls et de déférence à leurs mandements. Les art. 6, 7, 8, 9 et 10 donnent aux consuls le commandement de la force armée, le pouvoir de poursuivre les crimes et délits, de faire emprisonner les coupables, de les faire punir de différentes peines et même de la peine de mort. Les articles suivants leur donnent le pouvoir de veiller aux poids et mesures, de surveiller les diverses industries, de veiller à la garde des portes et des fortifications, de pourvoir à tout ce qui concerne la salubrité, la sécurité, l'hygiène et la police des lieux publics. Les derniers articles de cette charte établissent différentes règles de droit civil, fixent les droits à percevoir sur les ventes et consacrent, même pour les étrangers, la liberté des professions. Les autres villes du Limousin n'offrent pas d'importance (1)

Nous avons terminé la rapide revue des institutions municipales au moyen-âge, nous croyons que ce que nous disions en commençant ce chapitre peut paraître suffisamment démontré ; nous disions en effet que les institutions municipales de la France au moyen-âge étaient extrêmement variées, que les organisations offraient la plus grande diversité, mais que deux origines principales s'y retrouvaient,

____

(1) *Histoire du Limousin*, par LEYMARIE.

les origines romaines ou germaniques auxquelles on peut, dans une proportion moindre, joindre l'élément celtique.

La cité gallo-romaine, la mark germanique, le clan celtique ont été les éléments distincts qui ont concouru à la reconstruction de l'ordre social; cette réorganisation se commence vers le sixième siècle et se poursuit lentement avec des caractères divers, selon les traditions des différentes régions; les communes naissent munies de chefs élus, avec une administration propre, mais diverses par leur régime administratif, par leur organisation, par leur degré de liberté. Nous allons dans le chapitre suivant examiner quelles modifications successives devait subir le pouvoir municipal dans les temps modernes.

CHAPITRE II

De l'organisation municipale de la France dans les temps modernes.

Le règne de Charles VIII, commencé en 1483 et terminé en 1497, porte l'empreinte indécise d'une époque de transition ; le moyen-âge finit, les temps modernes commencent. Le règne des Ordonnances succède à celui des Chartes et la monarchie tend vers la centralisation du pouvoir entre les mains du roi. On ne trouve sous ce règne que des actes peu importants au point de vue de la matière qui nous occupe ; nous citerons seulement l'ordonnance de 1483 sur les privilèges des habitants du Languedoc (1), celle du 22 octobre 1484 sur les franchises et libertés des nobles de Bretagne (2), les lettres d'octobre 1486 portant réunion définitive de la Provence à la Couronne et confirmant « les « privilèges, libertés, franchises, conventions, chapitres de « paix, lois, coutumes, droits, statuts, polices et manières « de vivre és dits pays qui leur ont été octroyez et con- « firmez en général et particulier, soit à..... villes, cités,

<hr>

(1) *Anciennes lois françaises*, tom. XI, p. 106. — (2) *Ibid.* pag. 129.

« communes » (1), la déclaration du roi du 7 juillet 1492 consacrant les privilèges et libertés des habitants de la Bretagne (2).

Rien de bien saillant n'apparaît non plus sous Louis XII, nous ne pouvons citer que la révision et la publication des coutumes rédigées sous Charles VIII ; cette publication, prescrite par l'ordonnance du 28 mai 1506 (3), rencontra une vive opposition de la part des seigneurs, qui y voyaient une atteinte aux prérogatives féodales et aux justices seigneuriales. Les coutumes révisées et ainsi publiées étaient celles du Ponthieu, du Perche, de Mortagne, de Bellesme, de Nogent-le-Rotrou, de Boulenois, de Sens et de Melun. C'est aussi sous ce règne que furent publiées les ordonnances pour les coutumes d'Amiens, de Touraine et d'Auxerre (1506), pour celles du Maine, d'Anjou, de Dreux, de Chartres, du Perche-Gouët et d'Auvergne (1508), pour celles de Meaux, de Troyes, de Chaumont-en-Bassigny, de Vitry-en-Partois et d'Orléans (1509), enfin pour celle de la prévôté et vicomté de Paris (21 janvier 1510).

Avec le règne de François Ier commence pour la bourgeoisie un mouvement d'ascension ; les emplois judiciaires et administratifs, le commerce, les beaux-arts, les lettres, les professions libérales, l'enrichissent et l'élèvent en considération. Mais en revanche les libertés municipales commencent à décliner, le nom de commune n'est plus prononcé dans aucune ordonnance, les milices bourgeoises disparaissent. Le roi, par l'édit de mars 1514, portant création des contrôleurs des octrois, s'immisce dans les dépenses des villes ; cet édit, dans le préambule duquel il est dit que les officiers des villes, cités ou forteresses, méconnaissant le le but des *dons* et *octrois* qui leur avaient été faits, employaient les deniers municipaux à d'autres usages qu'en

_____

(1) *Anciennes lois françaises,* t. XI, p. 166. — (2) D'ARGENTRÉ, sur la *Coutume de Bretagne,* ch. III, p. 27, 28. — (3) *Anciennes lois françaises,* t. XI, p. 457.

réparations et fortifications, institue dans chaque ville un *controlleur qui ait et prenne gages raisonnables sur les dits deniers communs, dons et octroys, pour y garder et entretenir les dits dons et octrois,....... et que l'argent d'iceux ne soit employé en autre chose* (1). Les juridictions municipales reçurent aussi une grave atteinte par l'édit de Crémieu du 19 juin 1536 (2), qui tranche en faveur des officiers royaux les questions de conflit élevées entre eux et les échevins ou consuls ; cet édit, par son article 27, ordonne aussi qu'aux élections des maires, consuls, échevins et autres administrateurs municipaux, les baillis, sénéchaux et autres juges royaux reçoivent le serment et procèdent à l'institution des dits magistrats municipaux ; il prescrit aussi dans le même article que les comptes des communes soient vérifiés par les officiers royaux, qui jugeront les procès auxquels ils pourraient donner lieu. C'était une grave atteinte portée à l'indépendance des communes.

On trouve néanmoins sous ce règne quelques mesures favorables à l'indépendance municipale, mais ce sont des mesures particulières ; ainsi des lettres (3) de février 1511 confirment les privilèges et libertés du Dauphiné, des lettres d'avril 1515 (4) portent confirmation des privilèges des bourgeois, échevins et prévôts des marchands de Paris, défendent de prendre à partie les prévôts des marchands et échevins, si ce n'est dans les cas où les juges royaux peuvent l'être eux-mêmes, et permettent à la ville de faire construire des prisons pour l'exercice de la juridiction des magistrats municipaux. Quelques autres dispositions, telles que celles de l'édit de janvier 1518 (5) qui permet aux communes, sans leur en imposer le devoir, de soumettre leurs bois au régime forestier, prescrit pour les forêts du roi, et de l'ordonnance du 20 novembre 1519 (6) qui autorise les juges locaux à fixer

(1) *Anciennes lois françaises*, t. xii, p. 535. — (2) *Ibid.* p. 504. — (3) *Ibid.*, p. 23.— (4) *Ibid.* p. 33. (5) *Ibid.* p, 161. — (6) *Ibid.* p. 168.

les prix que pourront demander les hôteliers et aubergistes, sont plus générales mais n'ont qu'une importance médiocre.

La royauté des quatre derniers Valois ne nous offrira pas de faits très-importants ; le royaume est trop troublé par les guerres de religion pour que l'attention puisse se porter beaucoup sur les mesures législatives : cependant nous allons en indiquer quelques'unes qui méritent, surtout celles édictées sous Charles IX et sous l'inspiration du chancelier de l'Hospital, de nour arrêter un instant. Le fait saillant sous ces quatre règnes est du reste la continuation de la décadence du pouvoir municipal, commencée sous les règnes précédents. Nous trouvons sous Henri II : un édit d'octobre 1547 qui, reconnaissant que le meilleur moyen d'obtenir que les villes du royaume *soient bien policées et gouvernées est d'en laisser l'administration aux bourgeois, notables et marchands* des dites villes, défend aux officiers et ministres de la justice de se faire élire *prévôts, échevins, majeurs* et autres *officiers de ville* (1) ; un édit, daté de Compiègne de mai 1554 et enregistré au Parlement de Paris le 20 août (2), qui règle le mode d'élection du prévôt des marchands et des échevins ou officiers municipaux de Paris et règle le nombre des conseillers de ville. Ces mesures respectaient l'autonomie communale et les franchises municipales, mais il leur fut porté une grave atteinte lorsque le roi appela, dans une assemblée de notables tenue à Paris le 6 janvier 1555, outre les seigneurs, prélats et députés des villes du royaume, des députés qu'il nomma lui-même ; innovation qui n'avait d'autre but que de faire voter plus facilement les subsides. Un autre fait, qui n'influa, il est vrai, qu'indirectement, fut le droit que s'arrogèrent les rois à partir de cette époque de disposer des maîtrises d'arts et métiers.

Le règne de François II fut très court et très-troublé.

(1) *Anciennes lois françaises*, t. XIII, p. 34. — (2) *Ibid.*, p. 362.

nous n'y relevons aucune disposition remarquable. Il n'en est pas de même de celui de Charles IX, qui nous offre au moins trois dispositions législatives extrèmement importantes, qui sont : l'Ordonnance générale rendue en janvier 1560 (1) sur les plaintes, doléances et remontrances des états d'Orléans et qui embrasse en son entier la police du royaume ; l'édit de novembre 1563 (2) instituant les tribunaux consulaires ; l'ordonnance rendue à Moulins en 1566 (3), qui est intitulée : *Ordonnance sur le règlement de la justice*. Nous allons dire un mot de chacune de ces trois dispositions ; elles furent faites sous l'inspiration du chancelier de l'Hospital et respirent l'habileté administrative et la science de ce magistrat ; elles sont l'œuvre d'un légiste éminent qui cherche surtout l'unité du pouvoir royal et qui, sans être hostile aux libertés municipales, était entraîné par le mouvement unitaire qui poussait la France à la monarchie administrative. C'est dans l'Ordonnance d'Orléans qu'apparaissent les premiers efforts du législateur pour arracher les biens communaux aux usurpations des seigneurs, qui, malgré les défenses de l'édit de février 1554, cherchaient à se faire céder par les habitants la propriété des communaux ; l'art. 106 de cette ordonnance « renvoie « tous les procès intentés pour raison de droits d'usage, « pâturages et autres prétendus tant par les seigneurs que « par leurs sujets, aux baillis et sénéchaux ou à leurs lieu- « tenants, et par appel aux Parlements » ; c'était un grand point car ces procès étant auparavant du ressort des justices seigneuriales, les seigneurs étaient juges dans leurs propres causes. Les autres articles de cette ordonnance, qui en comprenait cent quarante-neuf, étaient consacrés à l'administration ecclésiastique, judiciaire et financière du royaume ; quelques'uns renfermaient des dispositions sur la police et sur la fabrication des étoffes. L'édit de novembre 1563, qui

(1) *Anciennes lois françaises*, t. XIV, p. 63. — (2) *Ibid.* p. 153. — (3) *Ibid.* p. 189.

institue les tribunaux consulaires, est une atteinte portée aux juridictions municipales, auxquelles il retire la connaissance des procès pour affaires de commerce ; mais cette atteinte est plus apparente que réelle, attendu que ces tribunaux devant être composés de bourgeois nommés à l'élection parmi les commerçants, la juridiction restait toujours pour ainsi dire dans les mêmes mains. L'Ordonnance sur le règlement de la justice, rendue à Moulins sur l'avis des gens du conseil privé, des présidents et conseillers du Parlement et du grand Conseil, embrasse tout ce qui concerne l'administration des procès, la discipline judiciaire, le mode de pourvoir aux offices de magistrats, la compétence des diverses juridictions, les garanties accordées aux officiers de justice, la procédure civile et criminelle. Cette ordonnance porte un dernier coup aux juridictions municipales ; par son article 71 elle leur retire la connaissance de toute affaire civile et ne laisse aux magistrats élus, par les habitants, qu'une juridiction de police. Cette ordonnance rencontra de la part des corps municipaux une grande résistance, mais elle fut vite brisée par le chancelier.

Le règne de Henri III, troublé par les dissensions civiles et les guerres religieuses, ne nous fournit aucun acte important pour notre matière ; l'ordonnance de Blois, de mai 1579 (1), rendue sur les plaintes et doléances de Etats-généruaux assemblés à Blois en 1576, embrasse tous les objets relatifs à la police du royaume, régime ecclésiastique, universités, justice, métiers ; seul son dernier article traite d'une question municipale, mais d'une manière vague, il dispose : « Nous voulons que toutes les eslections des pré-
« vôts des marchands, maires, eschevins, capitouls, jurats,
« consuls, conseillers et gouverneurs des villes se fassent
« librement, et que ceux qui par autres voies entreront en

---

(1) *Anciennes lois françaises*, t. XIV, p. 380.

« icelles charges en soient ostez et leurs noms rayez des
» registres. »

Les libertés des villes furent respectées par Henri IV et
par Richelieu, mais tandis que le premier laissa intactes
les libertés provinciales, le second fit tout ce qu'il put pour
les abattre et pour enlever aux pays d'Etats tous leurs privilèges. A propos de différends survenus à Toul, à Nantes,
à Amiens, à Poitiers avec les officiers royaux, Henri IV
donna raison aux habitants; on trouve sous son règne de
nombreux édits qui reconnaissent les libertés des habitants
de grand nombre de villes. Malgré ce respect des franchises
municipales, l'Etat ne tendait pas moins à s'immiscer dans
l'administration des communes; on peut le voir par les protestations du Tiers-Etat de 1615, demandant que les magistrats des villes fussent nommés par l'élection pure, sans
l'intervention et hors la présence des officiers royaux et que
les municipalités aient le droit de s'imposer sans l'autorisation du gouvernement (1). On [trouve sous le règne de
Louis XIII, comme sous celui de Henri IV, des lettres patentes confirmatives de chartes communales ; on laisse les
villes occupées par les protestants élire leurs magistrats
et jouir de leurs privilèges ; il n'y eût d'exception que pour
quelques villes telles que la Rochelle, dont le régime municipal fut aboli à perpétuité, ou Montdidier et Péronne,
soumises à titre de punition au régime des baillis ou sénéchaux. La seule mesure portant une atteinte générale à
l'administration des communes se trouve dans les édits de
juillet 1622, mai 1633, mai 1634, qui créent en titre d'offices
des fonctions municipales dans le Languedoc, la Provence
et le Dauphiné ; mais il faut remarquer que ces trois provinces étaient celles où l'esprit d'indépendance était poussé le
plus loin et où l'autorité royale, soutenue par Richelieu, était

____

(1) Augustin THIERRY, *Histoire du Tiers-Etat,* p. 149.

le plus vivement contestée; ces trois provinces étaient toutes trois pays d'Etats.

Nous arrivons maintenant avec le règne de Louis XIV à la monarchie administrative ; jusqu'alors les progrès de la centralisation politique n'avaient presque rien changé au régime municipal; Richelieu avait profondément altéré les institutions provinciales, mais il avait respecté les franchises communales ; au contraire nous allons voir maintenant, surtout dans la deuxième partie de ce règne, succomber toutes les libertés municipales ; nous trouverons cependant dans les commencements quelques édits et ordonnances, rendus sur l'inspiration de Colbert, qui sont encore favorables aux communes. Un édit de mars 1669 (1) récapitule et confirme les privilèges des prévôt des marchands, échevins et bourgeois de Paris; la connaissance en première instance des procès entre ouvriers des manufactures ou entre ouvriers et marchands est attribuée aux maires et échevins des villes, par un édit d'août de la même année (2). Mais les édits les plus importants sont ceux qui furent publiés au sujet des dettes des communes et de la propriété des communaux. Les communes s'étaient endettées depuis l'édit du 21 décembre 1647, qui ordonnait que tous les droits d'octroi et autres, qui se levaient au profit des villes et communautés, seraient portés à l'épargne et qui autorisait les maires et échevins à lever par doublement les mêmes droits et octrois. Au lieu de s'en tenir à ce qui leur était prescrit, les communes recoururent aux emprunts et arrivèrent à un point de gêne tel que l'on dut ordonner la vérification et la liquidation des dettes des communes et mettre obstacle à la facilité de leurs emprunts (Edit d'avril 1667). Un édit du 18 juin 1666 défendit aussi aux villes et communautés d'envoyer des députations, sans que les maires, échevins ou

(1) *Anciennes lois françaises*, t. XVIII, p. 210. — (1) *Ibid.*, p. 363.

consuls en aient fait connaître les raisons et le besoin aux commissaires députés par Sa Majesté et aient reçu leur assentiment ; les maires, échevins ou consuls ne pouvaient faire partie de députations que gratuitement. Cet édit était nécessité par l'abus que faisaient les magistrats municipaux, sous prétexte de voyages ou députations nécessaires aux affaires des villes ou communautés, ils se faisaient payer des frais de voyage ou de séjours employés pour leurs propres affaires. L'édit du mois d'avril 1667 et l'ordonnance d'août 1669 vinrent régler les rapports entre les seigneurs et les communautés d'habitants ; ils n'apportèrent aucun allègement à ces innombrables droits et redevances, qui frappaient les personnes de servitude et les champs de stérilité, mais ils furent favorables à l'agriculture en conservant les pâturages communs, nécessaires à cette époque. L'art. 7 de l'édit d'avril 1667 met un terme à la prétention des seigneurs, qui en vertu d'un droit dit de *triage*, prétendaient reprendre le tiers des concessions faites par eux ou leurs auteurs, et autorise les communautés d'habitants à rentrer en possession du triage que les seigneurs s'étaient fait faire depuis 1639 ; l'art. 12 confirme les communautés d'habitants dans la possession des usages concédés sur le domaine royal. L'ordonnance de 1669 revint un peu sur ces principes en reconnaissant aux seigneurs le droit de triage, si la concession qu'ils avaient faite était à titre gratuit, et à condition que les deux tiers restant suffiraient à l'usage de la communauté. Le même édit d'avril 1667 permet encore aux habitants de rentrer, sans aucune formalité de procès, dans les communaux vendus depuis 1620 et de se remettre en possession de ceux qui ont été usurpés par violence ou autrement ; il règle le mode de remboursement à employer en cas de rachat et interdit aux créanciers des communes de saisir ou de se faire attribuer les fruits (1) des commu-

(1) *Anciennes lois françaises*, t. XIX, p. 420.

naux. L'édit du mois d'avril 1683 concerne les procès et les dettes des communautés d'habitants ; il enjoint aux maires, échevins et consuls de déposer aux mains des intendants l'état de leurs recettes et de leurs dépenses et il leur interdit d'y rien changer sans approbation du roi ; il défend les aliénations de communaux, les emprunts, si ce n'est dans des cas graves prévus à l'avance et avec des formalités nombreuses ; il interdit aux maires, échevins et autres d'intenter aucun procès, sans le consentement des habitants et l'approbation du Commissaire départi.

Jusqu'ici les édits et ordonnances du règne de Louis XIV, que nous venons d'énumérer, ne portaient pas atteinte au fond de l'administration communale ; il n'en fut plus de même à partir de l'édit donné à Versailles en juillet 1690 (1). Cet édit, s'appuyant sur quelques infractions partielles aux édits de juillet 1622, mai 1633 et mai 1634, dont nous avons parlé précédemment, créa en titre d'office un procureur du roi et un greffier dans chaque communauté ou ville du royaume, ayant hôtel et maison commune, et où il n'en était pas encore établi. Deux arrêts du conseil d'Etat, des 23 janvier 1691 et 14 juillet 1691, organisèrent les fonctions des procureurs du roi et des greffiers et firent défense aux maires, échevins ou consuls de faire ni tenir aucunes assemblées en dehors de leur présence. Un édit d'août 1692 (2) créa des offices de maires et d'assesseurs, dont il énuméra longuement les fonctions, honneurs, droits, émoluments, prérogatives, etc. ; il établit aussi une sorte d'uniformité en donnant le nom de maires aux chefs de toutes les municipalités, sauf celles de Paris et de Lyon où l'on conserva le titre de prévôts des marchands ; ces prévôts continuèrent à être nommés de la manière accoutumée. Il est aussi accordé, par cet édit, aux maires héréditaires ainsi établis entrée et séance aux assemblées des Etats provin-

____

(1) *Anciennes lois françaises*, t. xx, p. 6. — (2) *Ibid.*, p. 158.

ciaux. Un arrêt du conseil du 5 décembre 1693 (1) régla les
fonctions, prérogatives et immunités des maires et assesseurs et leur donna le droit, par exclusion à tous autres, de
convoquer les assemblées générales ou particulières d'habitants. Un édit d'août 1696 (2) vint établir, en titre d'offices
formés et héréditaires, des gouverneurs dans chacune des
villes closes du royaume et régler leurs prérogatives et
privilèges. L'édit d'octobre 1699 (3) créa un conseiller lieutenant juge de police dans chacune des villes et lieux du
royaume où il y avait parlement, cour des aides, chambre
des comptes, bailliages, sénéchaussées ou autres juridictions. D'autres édits de novembre 1706 (4), décembre 1706,
janvier 1709 (5) et février 1710 vinrent compléter les précédents. Enfin les nombreuses contestations, qui s'étaient
élevées entre les officiers municipaux et les officiers de judicature, furent réglées par une déclaration du roi du 12 mars
1697 (6) qui assura aux maires des fonctions certaines, les
maintint dans leurs droits et privilèges, et régla les honneurs et préséances.

Ainsi à la fin du règne de Louis XIV toute trace d'élections
et de libertés municipales avaient disparu ; sous Louis XV
et Louis XVI, les offices disparurent et reparurent alternativement ; ainsi un édit de juin 1716 établit l'élection pour
tous les magistrats municipaux, un édit d'août 1722 décide
que tous les offices seront rétablis ; supprimés de nouveau
par l'édit de juillet 1724, ils reparaissent à la suite de l'édit
de novembre 1733 ; deux édits d'août 1764 et mai 1765 réta-
blirent l'élection, qui disparaît encore une fois par l'édit de
novembre 1771.

Tel était le dernier état de la législation municipale au
moment où s'assemblèrent les Etats-Généraux de 1789.

---

(1) *Anciennes lois françaises*, t. xx, p. 203. — (2) *Ibid.*, p. 274. — (3) *Ibid.*, p. 345
— (4) *Ibid.*, p. 491. — (5) *Ibid,*. p. 492 et 538. — (6) *Ibid.*, p. 291.

CHAPITRE III

De l'organisation municipale de la France, depuis la loi des 2-14 Décembre 1789, jusqu'à celle du 5 Mai 1855.

Les lois des 2-14 Décembre 1789 et des 30 Décembre 1789-8 janvier 1790 supprimèrent toutes les municipalités existantes et y substituèrent de nouvelles administrations. Ces administrations comprenaient : 1º Le chef du corps municipal, que l'on devait appeler maire dans toutes les communes ; 2º Les membres du corps municipal, qui devaient porter uniformément le nom d'officiers municipaux ; 3º Un certain nombre de notables, qui formaient avec le corps municipal le conseil général de la commune.

Les membres de l'administration municipale étaient électifs ; tous les citoyens actifs, pour procéder à ces diverses élections, se réunissaient en une seule assemblée si la commune avait moins de quatre mille habitants, et dans les autres communes en autant d'assemblées qu'il y avait de fois quatre mille habitants. Le maire était toujours élu à la pluralité absolue des voix ; pour cela il était procédé, s'il y avait lieu, à trois tours de scrutin, mais au troisième le choix ne pouvait plus se porter que sur les deux citoyens qui avaient réuni le plus de voix au scrutin précédent ; en cas d'égalité de suffrage à ce troisième scrutin, le plus âgé était préféré. Les membres du corps municipal étaient élus au scrutin de liste ; ceux qui au premier tour réunissaient la pluralité absolue des suffrages étaient élus ; si le nombre n'était pas suffisant, un second tour avait lieu et de même ceux qui obtenaient la pluralité absolue étaient élus ; enfin, s'il le fallait, on avait recours à un troisième tour où la pluralité relative suffisait pour l'élection. Les notables étaient aussi nommés au scrutin de liste ; il n'y avait qu'un seul tour et la pluralité relative suffisait.

Les membres du corps municipal étaient, y compris le maire, au nombre de trois, six, neuf, douze, quinze, dix-huit ou vingt-et-un, selon la population de la commune à administrer. Les notables étaient en nombre double de celui des membres du corps municipal.

Il y avait en outre dans chaque municipalité un procureur de la commune ; dans les villes au-dessus de dix mille âmes il était assisté d'un substitut, qui pouvait au besoin le suppléer dans ses fonctions ; ils étaient élus à la pluralité absolue des suffrages, dans la forme fixée pour l'élection des mair_s.

Le maire, les officiers municipaux et les notables ne pouvaient être pris que parmi les citoyens éligibles de la commune ; les citoyens qui occupaient des places de judicature ne pouvaient être en même temps membres des corps municipaux ; il en était de même pour ceux qui étaient chargés de la perception des impôts indirects ou qui avaient un commandement dans la garde nationale.

Tout corps municipal composé de plus de trois membres se divisait en conseil et en bureau ; le bureau était composé du tiers des officiers municipaux, y compris le maire qui en faisait toujours partie ; les deux autres tiers formaient le conseil. Les membres du bureau étaient choisis tous les ans par le corps municipal et pouvaient être réélus pour une deuxième année. Le bureau était chargé de tous les soins de l'exécution et borné à cela seul ; dans les municipalités réduites à trois membres, le maire seul avait pouvoir d'exécuter ; dans tous les cas dans les municipalités où il y avait bureau, il en était le président. Les délibérations se faisaient tantôt par le conseil seul, tantôt par le conseil et le bureau réunis formant alors le corps municipal ; dans les cas importants les notables se joignaient au corps municipal pour former le conseil général de la commune. Le procureur de la commune et son substitut n'avaient jamais voix délibérative ; ils avaient pour fonctions de défendre les intérêts et de poursuivre les affaires de la commune.

Les fonctions du maire avaient une durée de deux ans ; il pouvait être réélu pour une période semblable ; mais ensuite il ne pouvait être choisi de nouveau qu'après un intervalle de deux années. Le procureur de la commune et son substitut étaient également élus pour deux ans et rééligibles pour une deuxième période ; néanmoins lorsqu'il y avait dans la commune un procureur et un substitut, à la suite de la première élection le substitut n'exerçait ses fonctions qu'une année et, dans toutes les élections suivantes, le procureur de la commune et son substitut étaient remplacés ou réélus alternativement chaque année. Les officiers municipaux et les notables étaient élus pour deux ans et renouvelés par moitié chaque année ; le sort déterminait ceux qui devaient sortir à l'élection qui suivait la première.

Toutes les délibérations nécessaires à l'exercice des fonctions du corps municipal étaient prises par les membres du bureau et du conseil réunis ; le conseil délibérait seul lorsqu'il s'agissait d'arrêter les comptes présentés par le bureau. Dans les cas extraordinaires. acquisitions ou aliénations, impositions locales ou emprunts, etc., on devait convoquer le conseil général de la commune; il pouvait aussi être appelé chaque fois que l'administration municipale le jugeait utile.

Pour toutes les fonctions à exercer par délégation de l'administration générale, les corps municipaux étaient entièrement subordonnés aux administrateurs de département et de district.

Le décret du 14 frimaire an II conserva les municipalités et leur confia l'application des mesures de sûreté générale et de salut public, à la charge d'en rendre compte tous les dix jours à l'administration du district. Ce même décret supprimait les procureurs de la commune et leurs substituts et les remplaçait par des agents nationaux, chargés de requérir et de poursuivre l'exécution des lois, à charge de rendre compte aussi tous les dix jours à l'administration du district.

La constitution du 5 fructidor an III déféra l'action administrative dans chaque commune de cinq mille habitants et au-dessous à un agent municipal et à un adjoint. Dans les communes de cinq à cent mille habitants, l'administration municipale se composait de cinq, sept ou neuf membres selon la population; dans les communes de plus de cent mille habitants il devait y avoir trois administrations municipales au moins et un bureau central: chaque administration comptait sept membres et le bureau central trois.

Dans ce système la délibération était supprimée dans toutes les communes de moins de cinq mille habitants; elle était reportée au canton par l'institution des administrations municipales de canton. Pour les autres communes, la délibération était confondue avec l'action, mais pour toutes la délibération était à la fois municipale et cantonale. L'administration de chaque canton se composait de la réunion des agents municipaux des communes et d'un président choisi dans tout le canton ; le corps ainsi formé cumulait l'administration des communes avec celle du canton. Ce système s'appliquait entièrement aux cantons dont toutes les communes avaient une population inférieure à cinq mille habitants ; mais s'il y avait une ou plusieurs communes d'une population supérieure, chacune d'elles avait son administration distincte, et cela n'empêchait pas la réunion au chef-lieu de canton des agents municipaux des petites communes, qui n'en constituaient pas moins une administration commune à tout le canton.

Les agents municipaux et les adjoints des petites communes étaient élus par les citoyens de la commune ; le président de la municipalité du canton était élu par tous les citoyens du canton ; les administrations municipales des grandes communes étaient élues aussi par toutes les assemblées primaires du canton, ce qui leur donnait un caractère cantonal bien marqué. Les membres du bureau central des très grandes communes étaient nommés par l'administration départementale et confirmés par le pouvoir exécutif, qui nommait en outre auprès de chaque administration municipale un commissaire chargé de surveiller et de requérir l'application des lois. Tous les membres électifs de ces administrations cantonales et communales étaient nommés pour deux ans et renouvelés chaque année par moitié ou fraction approximative de moitié ; ils pouvaient être réélus une fois sans intervalle, puis ensuite après deux années d'interpuption ; ils devaient être âgés de vingt-cinq ans au moins.

Ce système fort compliqué et qui retirait toute indépendance aux communes ne fut pas de longue durée. La loi du 28 pluviôse an VIII restitua leur individualité à toutes les communes ; par ses articles 12, 13, 14 et 15 cette loi créa dans chaque commune un maire et un ou plusieurs adjoints selon la population ; à eux et à eux seuls était accordée l'action ; la délibération était confiée à un conseil municipal, dont le nombre de membres variait selon la population plus ou moins considérable de la commune. Cette loi est fort importante, attendu que le fond de son système a été conservé dans toutes les organisations postérieures, qui ne sont que des reproductions plus ou moins modifiées de ce qu'elle avait établi. Dans ses articles 18 et 20, la loi du 28 pluviôse met à la nomination du gouvernement les maires, les adjoints et les conseillers municipaux ; ceux-ci étaient pris sur la liste de notabilité communale, ils étaient nommés pour trois ans et pouvaient être indéfiniment continués.

La première modification à la loi du 28 pluviôse an VIII fut apportée par le sénatus-consulte du 16 thermidor an X ; il établit que chaque assemblée de canton présenterait deux candidats pour chacune des places du conseil municipal; ces candidats devaient être pris sur la liste des cent plus imposés du canton; les conseils municipaux devaient être renouvelés tous les dix ans par moitié. Mais cette modification ne conserva pas longtemps son effet; le décret du 17 janvier 1806, par son article 40, décida que les présentations n'auraient lieu que si le préfet n'avait pas pourvu aux places vacantes. C'était le retour à la loi du 28 pluviôse, qui continua pendant toute la Restauration à régir l'organisation municipale; un changement y fut un instant apporté par le décret du 30 avril 1815, qui investissait tous les citoyens du droit d'élire les maires et les adjoints, mais ce décret ne fut exécuté que pour un seul renouvellement des maires et adjoints et l'on en revint ensuite à l'exécution de la loi du 28 pluviôse. La loi du 21 mars 1831 rétablit l'élection pour les conseils municipaux; le suffrage était restreint, mais organisé cependant sur des bases assez larges. Cette loi conservait au pouvoir exécutif la nomination des maires et adjoints; par son article 3, elle décidait que les maires et adjoints des villes de plus de trois mille habitants et des chefs-lieux d'arrondissements et de départements, quelleque soit la population, seraient nommés par le roi et ceux de toutes les autres communes par le préfet au nom du roi. Le décret-loi du 3 juillet 1848 substitua la plénitude du suffrage universel au suffrage établi par la loi de 1831 ; il décida aussi, dans son article 10, que les maires et adjoints seraient nommés par les conseils municipaux, sauf dans les chefs-lieux de département et d'arrondissement et dans les villes de plus de six mille habitants, où ils seraient nommés par le pouvoir exécutif. Pour être nommé maire ou adjoint, il fallait être conseiller municipal, âgé de vingt-cinq ans accomplis et domicilié dans la commune, conditions qu'exigeait aussi la loi du 21 mars 1831. La loi du 7 juillet 1852 n'eut qu'un effet transitoire, nous ne nous y arrêtons pas.

CHAPITRE IV

De l'organisation municipale actuelle.

L'organisation municipale actuelle résulte de la combinaison des lois du 5 mai 1855 sur l'organisation muuicipale, du 14 avril 1871, du 20 janvier 1874 et du 12 août 1876 sur la nomination des maires, du 7 juillet 1874 sur l'électorat municipal et de quelques autres textes, épars çà et là, de moindre importance.

« Le corps municipal de chaque commune se compose « d'un maire, d'un ou plusieurs adjoints et du conseil « municipal », porte l'article 1er de la loi du 5 mai 1855 sur l'organisation municipale.

Les maires et adjoints sont nommés par le conseil municipal; l'élection a lieu au scrutin secret et à la majorité absolue; après deux tours de scrutin, si aucun candidat n'a obtenu la majorité, il est procédé à un scrutin de ballottage entre les deux candidats qui ont réuni le plus de suffrages; en cas d'égalité de suffrages, le plus âgé est nommé. La séance est présidée par le plus âgé des membres du conseil municipal. Dans les chefs-lieux de départements, d'arrondissements et de cantons, les maires et adjoints sont nommés, parmi les membres du conseil municipal, par décret du Président de la République (art. 2 de la loi du 12 août 1876).

La durée du mandat du maire et des adjoints est la même que pour celui des conseillers municipaux.

Pour être nommé maire ou adjoint, il faut être conseiller municipal et n'être dans aucun des cas d'incompatibilité énumérés dans l'art. 5 de la loi du 5 mai 1855. Les fonctions de maire, adjoint ou conseiller municipal sont essentiellement gratuites (art. 1er de la loi du 5 mai 1855 et 19 de la loi du 14 avril 1871).

Dans toutes les communes les maires et adjoints peuvent être suspendus par arrêté préfectoral ; l'arrêté cesse d'avoir son effet s'il n'est, dans le délai de deux mois, confirmé par le ministre de l'intérieur (art. 2 de la loi du 5 mai 1855). Les maires et adjoints peuvent tous être révoqués par le chef de l'Etat ; dans ce cas, ceux qui sont élus par les conseils municipaux, ne sont pas rééligibles pendant une année à partir du décret de révocation (art. 9 de la loi du 14 avril 1871).

Le nombre des adjoints varie proportionnellement à la population ; cette règle établie par la loi du 28 pluviôse an VII, conservée par la loi du 21 mars 1831, existe de même dans l'art. 3 de la loi du 5 mai 1855 ; il y a un adjoint dans les communes de 2500 habitants et au-dessous, deux dans les communes de 2500 à 10000 habitants ; dans les communes de plus de 10000 habitants, il peut être nommé un adjoint de plus par excédant de vingt mille habitants. L'institution des adjoints spéciaux, établie par la loi du 18 floréal an X, maintenue par toutes les lois d'organisation municipale, est réglée actuellement par la loi du 22 juillet 1870 (art. 1er). La loi du 18 floréal an X établissait un adjoint spécial, pris dans la fraction de commune, en sus du nombre ordinaire des adjoints, pour remplir les fonctions d'officier de l'état-civil, lorsque la mer ou quelque autre obstacle rend difficiles, dangereuses ou momentanément impossibles les communications entre le chef-lieu et la fraction de commune. Cette disposition a été complétée par l'art. 3 de la loi du 5 mai 1855 et par l'art. 1er de la loi du 22 juillet 1870, qui ont permis de charger l'adjoint spécial de l'exécution des lois et règlements de police dans la partie de la commune à laquelle il est préposé.

Les attributions des adjoints ont le même objet que celles des maires ; mais ils ne les exercent en général qu'à défaut ou par délégation des maires ; cependant dans certains cas ils tiennent directement de la loi le droit de concourir à l'action municipale. De là la division de leurs fonctions en trois catégories : fonctions qui leur appartiennent par droit de suppléance, fonctions qui leur sont dévolues par délégation des maires, fonctions que la loi leur défère concurremment avec les maires.

En cas d'absence, empêchement, démission ou révocation du maire, le premier adjoint par ordre de nomination le remplace de plein droit ; à son défaut c'est le second adjoint et ainsi de suite, telle est la disposition de l'art. 4 de la loi du 5 mai 1855. Le même article dans sa seconde disposition, porte qu'en cas d'absence ou d'empêchement du maire et des adjoints, ils sont remplacés par un conseiller municipal désigné par le préfet et, à défaut de désignation, par le conseiller municipal le premier inscrit dans l'ordre du tableau.

En principe le maire est chargé seul de l'administration, mais il peut déléguer une partie de ses fonctions à un ou à plusieurs de ses adjoints (art. 14 de la loi du 18 juillet 1837). Le maire ne peut pas déléguer la totalité de ses fonctions, s'il est absent ou empêché, la loi pourvoit elle-même à son remplacement, comme nous l'avons indiqué dans le paragraphe précédent. Si l'adjoint délégué est absent ou empêché, ses fonctions font retour au maire, qui a, malgré la délégation, conservé la plénitude de l'autorité municipale. Les adjoints délégués doivent indiquer qu'ils agissent par délégation du maire.

Dans certains cas les adjoints sont directement appelés par la loi à exercer certaines fonctions concurremment avec le maire ; nous citerons, parmi les cas les plus importants, l'exercice des fonctions d'officier de police judiciaire (art. 9 *Code d'instr. crim.*).

Les conseils municipaux se composent d'un nombre de membres qui varie d'après la population municipale totale, constatée par le dernier recensement ; ce nombre varie de dix à trente-six suivant les règles contenues dans l'art. 6 de la loi du 5 mai 1855. Les conseillers municipaux sont élus par le suffrage universel, suivant des règles fixées dans la loi du 7 juillet 1874, relative à l'électorat municipal ; nous les exposerons lorsque nous traiterons des attributions des maires. L'élection pour le conseil municipal a lieu au scrutin de liste pour toute la commune ; néanmoins l'article 43 de la loi du 10 août 1871 donne au conseil général le droit de déroger à cette règle en établissant des sections électorales, destinées à assurer à certaines fractions de la commune des représentants de leurs intérêts. L'art. 3 de la loi du 14 avril 1871 établit que le nombre de conseillers, élu par chaque section, sera proportionnel à la population et qu'en aucun cas le fractionnement ne pourra être fait de manière qu'une section ait à élire moins de deux conseillers.

Les conditions d'éligibilité au conseil municipal d'une commune sont fixées par l'article 4 de la loi du 14 avril 1871, dans son § 2 ; il faut être âgé de vingt-cinq ans accomplis, jouir de ses droits civils et politiques, n'être dans aucun des cas d'incapacité et d'incompatibilité fixés par la loi et avoir depuis une année au moins son domicile réel dans la commune ou, pour le quart seulement des membres du conseil municipal, payer dans la dite commune l'une des quatre contributions directes.

Les causes d'incapacité et d'incompatibilité ont été distinguées pour la première fois par la loi du 5 mai 1855 ; les premières vicient l'élection par cela seul qu'elles existaient à l'époque où elle a eu lieu et lors même que la cause viendrait à cesser ultérieurement ; les secondes au contraire n'empêchent pas la régularité de l'élection, pourvu qu'un événement quelconque en fasse disparaître la cause dans la personne de l'élu, avant qu'il ait été pourvu à son remplacement. Les cas d'incapacité sont contenus dans les articles 9 de la loi du 5 mai 1855 et 5 de la loi du 14 avril 1871. Ne peuvent être élus conseillers municipaux : 1° Les comptables des deniers communaux et les agents salariés de la commune ; 2° Les entrepreneurs de services communaux ; 3° Les domestiques attachés à la personne ; 4° Les individus dispensés de subvenir aux charges communales et ceux qui sont recourus par les bureaux de bienfaisance ; 5° Les juges de paix titulaires dans les cantons où ils exercent leurs fonctions ; 6° Les membres amovibles des tribunaux de première instance dans les communes de leur arrondissement.

Les cas d'incompatibilité ont été règlés par les art. 10 et 11 de la loi du 5 mai 1855 ; nous n'en répéterons pas ici l'énumération.

La loi du 5 mai 1855 ayant abrogé les lois antérieures, les cas d'incapacité et d'incompatibilité doivent être restreints dans les limites que nous venons d'indiquer.

Les conseils de préfecture sont seuls compétents pour juger des conditions d'éligibilité et des formes des élections aux conseils municipaux ; eux seuls peuvent prononcer, sauf recours au Conseil d'Etat, la nullité des opérations électorales. Les élections municipales peuvent être attaquées par tout électeur, ayant fait partie de l'assemblée électorale, et par le préfet ; le premier a cinq jours pour déposer sa réclamation au secrétariat de la mairie, s'il ne l'a pas faite le jour même et dans ce cas elle doit être relatée au procès-verbal ; le préfet a quinze jours à dater de la réception du procès-verbal. Si le conseil de préfecture n'a pas statué dans le délai d'un mois, la réclamation est considérée comme rejetée ; les réclamants ont trois mois pour se pourvoir en conseil d'Etat ; le pourvoi doit être jugé sans frais (art. 45 et 46 de la loi du 5 mai 1855). Le conseil de préfecture, bien que lui seul puisse annuler une élection municipale, doit renvoyer à l'autorité compétente toutes les difficultés fondées sur l'incapacité du membre élu et constituant des questions d'état, telles que les questions d'âge, de nationalité, de domicile, de parenté ou d'alliance, de jouissance de droits civils et politiques. Dans ce cas le conseil de préfecture fixe un bref délai, dans lequel la partie qui aura élevé la question préjudicielle doit justifier de ses diligences (art 47 de la loi du 5 mai 1855). L'autorité judiciaire ne peut être légalement saisie que par ce renvoi et non par l'action directe des parties. Si le fait n'est pas contesté, le conseil de préfecture annule de suite l'électiou.

La durée des pouvoirs des conseils municipaux n'est, dans l'état actuel de la législation, fixée qu'indirectement ; en effet la loi du 14 avril 1871, par son art. 8, décide que les conseils municipaux, nommés en vertu de ses dispositions, resteront en fonctions jusqu'à la promulgation de la loi organique sur les municipalités, sans que néanmoins la durée de ces fonctions puisse excéder trois ans. La loi du 25 mars 1874 prorogea leurs pouvoirs jusqu'au 1er janvier 1875 ; la loi organique n'étant pas encore intervenue, il a été procédé le 22 novembre 1874 au renouvellement des conseils municipaux ; ils ont encore été renouvelés à la fin de l'année 1877 et le 9 janvier 1881.

Les cas de vacance pour les conseillers municipaux sont le

décès, dont la loi n'avait à parler qu'indirectement, la perte des droits civils et politiques, la démission expresse, l'option, qui est une conséquence nécessaire de la défense faite par la loi d'être membre de deux conseils municipaux. La loi ne dit rien de ces deux derniers cas ; la démission expresse est rédigée par écrit et adressée au maire ; l'option est déclarée au maire de la commune pour laquelle le conseiller élu veut opter, mais il n'y a aucun délai de rigueur. Le cas de démission tacite est régi par l'article 20 de la loi du 5 mai 1855 ; suivant cet article, le préfet peut déclarer démissionnaire tout conseiller municipal qui aura manqué à trois convocations successives, ordinaires ou extraordinaires, sans motifs reconnus légitimes par le conseil ; le même article autorise le conseiller, déclaré démissionnaire par le préfet, à attaquer cette décision et à la porter devant le conseil de préfecture, dans les dix jours de la notification. D'après l'article 12 de la même loi du 5 mai 1855, le préfet peut aussi déclarer démissionnaire tout conseiller municipal qui, par une cause survenue postérieurement à sa nomination, se trouve dans un cas d'incapacité ou d'incompatibilité ; dans ce cas il peut aussi y avoir recours au conseil de préfecture, mais ce recours n'est pas soumis à un délai de rigueur comme dans le cas précédent. Dans les cas de vacances, on ne procède à de nouvelles élections que si le nombre des conseillers municipaux est réduit de plus d'un quart ; néanmoins dans les communes divisées en sections, les élections partielles doivent avoir lieu toutes les fois que la section, par suite de décès ou autrement, n'aurait plus aucun représentant dans le conseil (art. 8 de la loi du 14 avril 1871).

Les conseils municipaux peuvent être suspendus par le préfet pour deux mois, cette suspension peut être prolongée par le ministre de l'intérieur jusqu'à une année ; les causes de suspension sont entièrement à leur libre appréciation.

La dissolution d'un conseil municipal ne peut être prononcée que par décret ; la commission destinée à en remplir les fonctions est aussi nommée par décret du chef du pouvoir exécutif ; cette commission ne peut être composée d'un nombre de membres inférieur à la moitié de celui des conseillers municipaux. Toutes ces dispositions sont contenues dans l'art. 13 de la loi du 5 mai 1855, qui permettait en outre de maintenir la commission municipale jusqu'au renouvellement général des conseils municipaux ; actuellement la loi du 24 juillet 1867, dans son article 22, dispose qu'elle ne peut être maintenue que pendant trois ans.

Chaque conseil municipal a quatre réunions annuelles, que l'on appelle sessions ordinaires ; elles sont fixées au commencement des mois de février, mai, août et novembre et peuvent durer dix jours (art. 15 de la loi du 5 mai 1855). Le conseil municipal peut en outre être convoqué toutes les fois que les besoins du service l'exigent ; on appelle ces réunions sessions extraordinaires. Le conseil ne peut pas y délibérer sur tous les objets de sa compétence, mais seulement sur ceux pour lesquels il a été expressément convoqué. Nous parlerons des convocations en traitant des attributions du maire comme président du conseil municipal. A chaque session le conseil nomme son secrétaire au scrutin secret ; les résolutions sont prises à la majorité absolue des suffrages ; le scrutin secret est de droit toutes les fois que trois membres le réclament ; le conseil ne peut délibérer que lorsque la majorité des membres en exercice assiste à la séance, sauf à la troisième convocation, si deux convocations précédentes n'ont pas amené le nombre fixé. Nous avons dit précédemment ce qui pouvait frapper les conseillers s'abstenant sans motifs légitimes. Les membres du conseil municipal ne peuvent prendre part aux délibérations relatives aux affaires dans lesquelles ils ont un intérêt, soit en leur nom personnel, soit comme mandataires ;

les préfets doivent annuler les délibérations prises dans ce cas. Toutes les règles qui précèdent résultent des art. 15, 17, 18, 19 et 21 de la loi du 5 mai 1855. Les séances ne sont pas publiques, mais toutes les délibérations du conseil municipal sont inscrites sur un registre, coté et paraphé par le sous-préfet, et signées par tous les conseillers, qui y ont pris part ; tout habitant ou contribuable de la commune a droit de demander communication sans déplacement et de prendre copie des délibérations du conseil de sa commune (art. 22 de la loi du 5 mai 1855). Les délibérations ne peuvent être publiées officiellement qu'avec l'approbation de l'autorité supérieure (art. 29 de la loi du 15 juillet 1837).

Les lois d'organisation municipale et d'attributions des maires et des conseils municipaux sont les mêmes pour toutes les communes de France, excepté les villes de Paris et de Lyon. Une autre restriction, dont nous parlerons en traitant du droit qu'ont les maires de nommer aux emplois communaux, existe pour les chefs-lieux de départements, ayant plus de quarante mille habitants ; elle concerne la nomination aux emplois de la police municipale dans ces villes.

La loi du 28 pluviôse an VIII, par son article 16, établit en principe qu'à Paris, dans chacun des douze arrondissements municipaux, il y aurait un maire et deux adjoints chargés de la partie administrative et de l'état-civil. La loi du 16 juin 1859 (art. 2 et 3) et la décret du 1er novembre 1859 ont divisé la ville de Paris en vingt arrondissements et la loi du 14 avril 1871 (art. 16) a porté le nombre des adjoints de chaque arrondissement à trois ; le même article décide que les maires et adjoints de chaque arrondissement seront nommés par le chef du pouvoir exécutif ; leurs fonctions sont incompatibles avec celles de conseiller municipal de la ville de Paris (art. 17 de la même loi). Les maires d'arrondissement n'ont que des attributions restreintes et déterminées, qui sont les suivantes : l'état-civil, les élections, le jury, les cultes, l'instruction primaire, le commerce , l'assistance publique, les sépultures, les professions relatives à l'art de guérir, les importations d'armes, le recrutement et les contributions. Les pouvoirs des adjoints sont nécessairement renfermés dans les mêmes limites que ceux des maires.

D'après le principe fixé dans la loi du 28 pluviôse an VIII et conservé sous toutes les législations postérieures, le préfet de la Seine est le véritable maire central de Paris ; il en a l'administration économique et la représentation légale. Le préfet de police, créé comme le préfet de la Seine, par l'article 16 de la loi du 28 pluviôse an VIII, exerce seul la police municipale ; son action a encore été étendue par la loi du 10 juin 1853 à toutes les communes du département de la Seine : ce qui fait que dans chacune de ces communes, le maire au lieu d'être le chef de la police municipale, ne conserve plus sous ce rapport, que les attributions qui lui sont spécialement réservées.

Le conseil municipal de Paris est nommé à l'élection ; mais au lieu d'être élus comme dans les autres communes de France par tous les électeurs de la commune et au scrutin de liste, ses membres sont élus au scrutin individuel et à la majorité absolue ; chacun des vingt arrondissements de Paris nomme quatre membres du conseil municipal et ces quatre membres sont élus à raison d'un membre par quartier (art. 10 de la loi du 14 avril 1871).

Le conseil municipal de Paris tient, comme les conseils des autres communes, quatre sessions ordinaires dont la durée ne peut excéder dix jours, sauf la session où le budget est discuté et qui peut durer six semaines (art. 11 de la même loi). Au commencement de chaque session ordinaire, le conseil nomme au scrutin secret et à la majorité son président, ses vice-présidents et ses secrétaires. Pour les sessions extraordinaires on maintient le bureau de la dernière session ordinaire (art. 12 de la même loi). Le préfet de la Seine et le préfet de police ont entrée au conseil ; ils sont entendus chaque fois qu'ils le demandent ; en cas d'infraction à la défense faite au conseil municipal, sous peine de nullité de ses délibérations, de s'occuper de matières autres que celles d'administration communale, l'annulation est prononcée par décret du chef du pouvoir exécutif (art. 13 et 14 de la même loi).

Enfin les incapacités et incompatibilités, établies par l'article 22 de la loi du 22 juin 1833 sur les conseils généraux, sont applicables aux conseillers municipaux de Paris, indépendamment de celles qui sont établies par la loi en vigueur sur l'organisation municipale (art. 15 de la même loi).

L'organisation municipale de Paris a été étendue à la ville de Lyon (1) par la loi du 4 avril 1873 ; le préfet du Rhône a les attributions et exerce les fonctions, qui appartiennent pour Paris au préfet de la Seine et au préfet de police (art. 1er) ; la ville de Lyon est divisée en six arrondissements ayant

---

(1) Nous avions terminé notre travail, lorsque le 21 Avril 1881 a été promulguée une loi ayant pour objet la restitution à la ville de Lyon de ses droits municipaux et le rétablissement de sa mairie centrale. En voici le texte :

Art. 1er. — Les articles 1er, 3, 6 et 7 de la loi du 4 avril 1873 sont abrogés.

La ville de Lyon sera soumise au même régime municipal que les autres communes de France, sauf les exceptions suivantes :

Art. 2. — Il y aura à Lyon un maire et douze adjoints.

Art. 3. — La ville de Lyon continuera à être divisée en six arrondissements municipaux. Le maire déléguera spécialement deux de ses adjoints dans chacun de ces arrondissements ; ils seront chargés de la tenue des registres de l'état-civil et des autres attributions qui seront déterminées par un règlement d'administration publique.

Art. 4. — Les attributions de police confiées au préfet du Rhône, par la loi du 19 juin 1851, lui sont maintenues.

Art. 5. — Le règlement d'administration publique prévu par l'article 3 déterminera le partage entre les objets concernant la police générale et les objets concernant la police municipale dans la ville de Lyon.

Art. 6. — Jusqu'à ce que ce règlement ait été rendu, la délégation dont il est parlé à l'article 3 pourra être continuée aux maires et adjoints actuels d'arrondissement de la ville de Lyon.

chacun à leur tête un maire et deux adjoints, choisis par le chef du pouvoir exécutif, ayant les mêmes attributions que les maires et adjoints de Paris et comme eux ne pouvant être en même temps conseillers municipaux (art. 2) ; toutes les règles relatives aux sessions, à l'ordre des séances, à l'annulation des décisions sont les mêmes que pour le conseil municipal de Paris (art. 3) ; la ville de Lyon est divisée, pour les élections municipales, en trente-six sections nommant chacune, au scrutin individuel et à la majorité absolue, un membre du conseil municipal ; le tableau des sections, arrêté par décret délibéré en Conseil d'Etat, ne peut être changé que dans la même forme (art. 7.)

PREMIÈRE PARTIE

DES ATTRIBUTIONS DES MAIRES

CHAPITRE Ier

Des attributions d'ordre civil et judiciaire

SECTION 1. — *Le Maire officier de l'état-civil.*

Le Maire exerce dans chaque commune les fonctions d'officier de l'état-civil. Elles lui ont été conférées par la loi du 28 pluviôse an VIII ; elles sont réglementées par le Code civil dans son titre second et par des articles épars dans ses divers titres.

Comme officier de l'état-civil le maire est chargé :

De constater les naissances et les décès, en dressant pour chaque fait de cette nature un acte spécial (Art. 55, 56, 78 du Code civil). Pour les actes de naissance, il doit se faire présenter l'enfant ; pour les actes de décès, il doit se rendre auprès de la personne décédée pour s'assurer de sa mort.

De faire les publications de mariage, de procéder à la célébration des mariages et d'en dresser acte (Art. 63, 75 et 165).

De recevoir les déclarations de reconnaissance des enfants naturels et d'en dresser acte. (Art. 62.) Sous ce rapport il n'est pas exclusivement compétent ; l'art. 334 du code civil autorise en effet les reconnaissances par acte authentique, c'est-à-dire par notaire, par un tribunal dans le cours d'une instance, par un juge de paix assisté de son greffier.

L'officier de l'état-civil doit veiller à la conservation des registres, qui lui sont remis chaque année cotés et paraphés par le président du tribunal de première instance ; il doit rédiger les actes et les transcrire sur les registres sans blancs ni lacunes et aussitôt après leur réception (art. 41 et 42). Il ne doit insérer dans les actes qu'il reçoit que ce qui doit être déclaré ; il ne peut, ni énoncer ce qui aurait dû être déclaré et a été passé sous silence, ni ce qui a été déclaré contrairement à la loi. Après rédaction de l'acte il doit en donner lecture aux parties comparantes et aux témoins ; l'accomplissement de cette formalité doit être mentionné dans l'acte ; l'officier qui aurait négligé de faire cette lecture et qui affirmerait l'avoir faite, commettrait un faux en écritures publiques (art. 35 et 38). L'officier de l'état-civil doit signer chaque acte, faire signer les comparants et s'ils ne savent ou ne peuvent signer, faire mention de la cause qui les en a empéchés (art. 39). Les pièces à annexer, telles que les procurations et autres dont il est fait mention aux articles 66, 70, 71, 73, etc. du Code civil, doivent être paraphées et par la personne qui les produit et par l'officier de l'état-civil. Les actes de l'état-civil doivent être inscrits sur des registres tenus doubles ; à la fin de chaque année ils sont clos et arrêtés par l'officier de l'état-civil, qui doit en déposer dans le mois un des doubles aux archives de la commune et l'autre au greffe du tribunal de première instance (art. 43). Les pièces à annexer, dont il a été parlé, sont jointes à celui des registres qui est envoyé au greffe du tribunal.

L'officier de l'Etat-civil doit aussi transcrire sur les registres : les adoptions (art. 359) ; les jugements ordonnant la rectification d'actes irréguliers ou incomplets, et l'inscription d'actes omis (art. 101 et 198) ; les actes de naissance et de décès reçus pendant un voyage en mer (art. 61 et 87) ; les actes de naissance et de décès concernant des militaires, dans les cas prévus par les articles 93, 95, 96 et 97 du Code civil (art. 98) ; les actes de mariages célébrés à l'étranger entre français ou entre un français et une étrangère (art. 170 et 171). L'officier de l'état-civil doit délivrer des extraits des registres à toute personne qui en fait la demande (art. 45).

La compétence des officiers de l'état-civil est territoriale ; un maire ne peut exercer ses fonctions en dehors de sa commune, mais il peut constater tout ce qui s'y passe ou s'y accomplit, quel que soit le domicile des parties intéressées. Il y a toutefois quant au mariage certaines conditions de domicile de la part des parties (art. 74 et 165).

L'officier de l'état-civil peut recevoir ou dresser les actes dans lesquels ses parents ou alliés sont intéressés ; il peut même recevoir les actes qui concernent ses enfants, mais la raison indique qu'il ne peut remplir ses fonctions dans un acte, où il figurerait comme partie ou déclarant. Il peut très bien être parent des témoins qui figurent dans l'acte.

Les officiers de l'état-civil n'ont jamais de juridiction à exercer ; ils ne sont en aucune façon juges des oppositions au mariage, ni quant à la forme ni quant au fond. Du reste, comme nous l'avons déjà dit, ils ne doivent insérer dans les actes que ce qui leur est déclaré conformément à la loi.

Comme nous l'avons vu en commençant, le maire est l'officier de l'état-civil de chaque commune ; en cas d'absence ou d'empêchement, il est de droit remplacé par l'adjoint ou l'un des adjoints. Mais, hors de ces circonstances, les adjoints ne peuvent remplir ces fonctions que s'ils ont une délégation, soit temporaire, soit permanente, du maire.

Les maires et adjoints en tant qu'officiers de l'état-civil sont sous la surveillance des procureurs généraux et des procureurs de la République, et n'agissent pas comme administrateurs. Cette distinction avait une grande importance avant que l'article 75 de la constitution de l'an VIII n'ait été abrogé. En effet, le maire d'après cet article, étant un agent du gouvernement, n'aurait pu être poursuivi judiciairement qu'après une autorisation du conseil d'Etat, tandis que lorsqu'il agissait comme officier de l'état-civil il pouvait être poursuivi sans cette autorisation. Actuellement l'intérêt de cette distinction est bien moindre, puisque cette autorisation n'est plus nécessaire.

Les officiers de l'état-civil sont obligés à la réparation de tous dommages, destructions ou altérations d'actes dans les registres, qui leur sont confiés, lorsque ces accidents proviennent de leur négligence ; ils sont également responsables de toutes les altérations commises par des tiers, pendant que les registres sont sous leur garde, sauf leur recours, s'il y a lieu, contre les auteurs (Art. 51 et 52).

Les simples contraventions ou omissions provenant de l'erreur ou de la négligence, telles qu'une rédaction par abréviation, une date en chiffre, l'oubli d'un nom, sont punies d'une amende qui ne peut excéder cent francs et de dommages-intérêts envers la partie, qui a souffert de ces contraventions ou omissions (art. 50). La peine de l'amende est prononcée par le tribunal de première instance, au greffe duquel sont ou doivent être déposés les registres. L'amende est une peine, il semble donc qu'elle aurait due être prononcée par un tribunal de police correctionnelle ; mais le Code ne l'a pas voulu, afin d'épargner aux officiers de l'état-civil, dont les fonctions sont gratuites, l'infamie attachée aux condamnations correctionnelles.

Les articles 68, 156, 157, 192 et 193 du Code civil prononcent contre les officiers de l'état-civil, des peines d'amendes et d'emprisonnement pour divers délits. dont ils peuvent se rendre coupables dans l'exercice de leurs fonctions. L'article 192 du Code pénal prononce des peines contre l'officier

coupable de l'inscription d'un acte sur une feuille volante ;
les articles 193, 194 et 195 du même Code visent encore d'autres délits. Dans tous ces cas l'application des peines appartient au tribunal de police correctionnelle. Quelques
auteurs (1) admettent que, dans les cas prévus par les articles 68, 156, 192 et 193 du Code civil, l'amende doit encore
être prononcée par le tribunal civil ; nous ne saurions partager cette manière de voir. Dans tous ces cas il ne s'agit
plus de simples contraventions, mais d'infractions formel-
les, semblables à celles dont il est question aux articles 192
et suivants du Code pénal. Et d'ailleurs il nous semble
qu'il faudrait un texte formel comme celui de l'article 50 du
Code civil, pour autoriser une semblable dérogation aux
principes.

Enfin les officiers de l'état-civil deviennent, en cas de faux,
de destruction ou d'enlèvement des registres ou pièces à
eux confiés, passibles des peines prononcées par les articles
145 à 148, 254 et 255 du Code pénal, sans préjudice des
dommages et intérêts envers les parties.

SECTION 2. — *Le Maire officier de police judiciaire.*

Le Maire est officier de police judiciaire (art. 9 Cod. instr.
crim.); en cette qualité il est sous la surveillance du procureur général, dans le ressort duquel se trouve la commune
qu'il administre (art. 279, Cod. instr. crim.). Il n'est compétent que dans l'étendue de sa commune.

Nous verrons plus tard que les polices municipale et rurale
rentrent aussi dans ses attributions ; mais ici nous n'allons
nous occuper de lui que comme officier de police judiciaire,
c'est-à-dire de cette police, qui, d'après l'article 8 du code
d'instruction criminelle, *recherche les crimes, les délits et*

____

(1) MOURLON, t. 1er, n° 256.

les contraventions, en rassemble les preuves et en livre les auteurs aux tribunaux chargés de les punir.

Le maire remplit ses fonctions d'officier de police judiciaire dans une double qualité, tantôt il agit directement en vertu d'un pouvoir qui lui est propre, c'est le cas où il s'agit de constater de simples contraventions ; tantôt au contraire, il n'agit que par exception et que comme auxiliaire du procureur de la République (art. 48 et suiv.) et seulement dans les cas où celui-ci peut faire des actes d'instruction ou quand il faut lui transmettre une dénonciation, c'est ce qui arrive quand il s'agit de délits et de crimes.

Le Maire est compétent pour constater toutes contraventions de police, même celles mises par la loi sous la surveillance spéciale d'agents particuliers, comme les gardes-champêtres et les gardes-forestiers ; c'est ce que dit l'article 11 du Code d'instruct. crim., qui ajoute que les maires auront à l'égard de ces agents non-seulement concurrence mais même prévention. Il recevra les rapports, dénonciations et plaintes et dressera des procès-verbaux (art. 11), dans lesquels il consignera la nature et les circonstances des contraventions, le temps et le lieu où elles auront été commises, les preuves ou indices à la charge de ceux qui en seront présumés coupables. Mais quelle est l'autorité de ces procès-verbaux ; ils ne font pas foi jusqu'à inscription de faux, car l'article 154 du Code d'instruction criminelle dit que les procès-verbaux des officiers publics n'ont ce caractère que dans les cas, d'ailleurs très rares, où la loi le leur attribue expressément ; ils ne font donc foi que jusqu'à preuve contraire. Une fois les procès-verbaux dressés, le maire ou l'adjoint qui les aura rédigés devra les transmettre, en principe, à l'officier chargé de la poursuite ; par exemple, puisque les faits que les maires peuvent constater sont de simples contraventions, qui tombent sous la juridiction du tribunal de simple police, et que devant le tribunal de simple police le commissaire du chef-lieu de canton remplit les fonctions de ministère public, c'est à lui que le maire transmettra ses procès-verbaux ; si c'est le maire du chef-lieu de canton qui remplit les fonctions de ministère public, ce sera au maire du chef-lieu de canton ; si enfin c'est le maire, chargé des fonctions de ministère public, qui a dressé le procès-verbal, il n'aura pas à le transmettre, les fonctions se trouvant réunies, il le gardera pour agir conformément à la loi.

Les attributions de police judiciaire des maires grandissent dans les cas désignés par les articles 48 et suivants du Code d'instruction criminelle. Ces articles attribuent en effet aux maires et adjoints de maires la qualité d'auxiliaires du procureur de la République et leur donnent pouvoir : 1° de recevoir les dénonciations de crimes et de délits à charge de les transmettre au procureur et au juge d'instruction ; 2° d'exercer, soit d'office, soit sur l'ordre du procureur de la République, les mêmes attributions exceptionnelles que celui-ci possède en certains cas déterminés par la loi. Ces attributions réglementées par le Code d'instruction criminelle, sont remarquables, précisément parcequ'elles sont exceptionnelles et qu'il importe d'en bien préciser les limites exactes. Nous allons indiquer brièvement à quels cas elles s'appliquent et quel pouvoir elles comportent.

Pour donner au procureur de la République, à ses auxiliaires dont les maires font partie, des pouvoirs exceptionnels, il a fallu des raisons graves ; aussi la loi n'en admet-elle que deux : 1° c'est le cas de flagrant délit (art. 32 et 41), lors au moins que le fait est de nature à entraîner peine afflictive ou infamante, c'est-à-dire lorsque le fait est un crime ; 2° lors même qu'il ne s'agit ni d'un crime, ni d'un délit flagrant, lorsqu'un chef de maison requiert de constater un crime ou délit commis dans l'intérieur de sa maison (art. 46). Dans les deux cas, que nous venons de citer, le procureur de la République et ses auxiliaires peuvent remplir les fonctions de juge d'instruction. Ce pouvoir exceptionnel sera plus souvent employé par les maires et autres auxiliaires du procureur de la République que par celui-ci. En effet partout où existe un procureur de la République, il existe un tribunal d'arrondissement et par conséquent un juge d'instruction, et il est aussi facile de prévenir le second que le premier ; il arrivera donc que ces attributions extraordinaires ne seront utiles que dans les endroits où il n'y aura ni tribunal, ni procureur, ni juge, c'est-à-dire dans les villes ou villages où se trouvent seulement des officiers auxiliaires.

Quelles sont les opérations auxquelles, dans les cas que nous avons cités plus haut, le procureur ou ses auxiliaires peuvent se livrer ? Elles consistent :

1° A se transporter immédiatement sur le théâtre du crime ou du délit, à l'effet de constater le corps du délit, son état, les diverses circonstances qui peuvent servir à en faire connaître l'auteur (art. 32) ;

2° A Appeler devant lui les parents, les voisins, les domestiques, présumés en état de donner des éclaircissements sur le fait, afin de recueillir les renseignements qui pourraient se perdre par la suite (art. 33) ;

3° A procéder à des visites domiciliaires, à saisir toutes les armes, tous les papiers et tous les objets pouvant servir de pièces à conviction (art. 35, 36 et 37) ;

4° A dresser les procès-verbaux de toutes ces opérations (art. 32 et suivants) ;

5° A interroger le prévenu présent, ordonner son arrestation, et au besoin décerner contre lui un mandat d'arrêt, s'il est absent (art. 35, 39 et 40).

Reprenons successivement chacune de ces opérations.

D'après l'article 32, avant de se transporter sur les lieux, l'officier de police judiciaire doit avertir de son transport le juge d'instruction, afin que celui-ci puisse aussitôt que possible venir faire succéder la règle à l'exception ; néanmoins dans le cas de l'article 46, c'est-à-dire de réquisition d'un chef de maison, il ne paraît pas que cet avis préliminaire soit indispensable. L'officier portera son attention sur ce qui est indiqué dans l'article 32, mais il ne pourra pas toujours seul procéder à toutes les constatations ; les articles 43 et 44 l'autorisent à appeler des *personnes présumées par leur art ou leur profession, capables d'apprécier la nature du crime ou délit,* ou des *officiers de santé pour examiner le cadavre et les causes de la mort quand il s'agit d'une mort violente, ou d'une mort dont la cause est inconnue ou suspecte.* L'officier de police judiciaire devra faire prêter serment aux personnes ainsi appelées et relater cette prestation de serment dans son procès-verbal.

Nous avons dit en deuxième lieu, que l'on devait appeler (art. 33) et même retenir par la force (art 34) les personnes qui se trouvent présentes au lieu du crime, pour recevoir leurs déclarations, qui seront consignées dans le procès-verbal de l'officier de police judiciaire. Ces personnes ne prêtent pas serment, contrairement à celles appelées par le juge d'instruction (art. 75 du C. d'instruc. crim.), elles signent seulement leurs déclarations ; si elles ne le peuvent, ou ne le veulent, il en est fait mention.

J'arrive maintenant à la troisième opération, les saisies et les visites domiciliaires. Les articles 35 et 37 du Code d'instruction criminelle donnent au procureur de la République et à ses auxiliaires le droit de saisir les armes et tout ce qui peut paraître avoir servi à commettre le crime ; il doit aussi mettre la main sur les papiers et effets qui peuvent servir à conviction ou décharge. Les objets saisis seront clos et cachetés, s'il y a lieu ; s'ils ne sont pas susceptibles de recevoir des caractères d'écriture, ils seront mis dans un vase ou dans un sac, sur lequel le procureur attachera une bande de papier qu'il scellera de son sceau. Toutes ces opérations ne présentent aucune difficulté ; arrivons maintenant aux perquisitions ou visites domiciliaires.

Les articles 36 et 37 du Code d'instruction criminelle permettent et même ordonnent au procureur de la République et à ses auxiliaires, les perquisitions, mais ils ne peuvent exercer ce droit que sous des distinctions de temps. En effet l'article 76 de la constitution du 22 frimaire an VIII porte : « La maison de toute personne habitant le territoire « français est un asile inviolable. Pendant la nuit nul n'a le « droit d'y entrer que dans le cas d'incendie, d'inondation « ou de réclamation faite de l'intérieur de la maison. Pen- « dant le jour, on peut y entrer pour un objet spécial, « déterminé ou par une loi, ou par un ordre émané d'une « autorité publique. » Ainsi dans le temps de nuit, il est certain que l'on ne peut pénétrer dans une habitation parti- culière, et que le droit accordé ou le devoir imposé au pro- cureur de la République et à ses auxiliaires ne peut être exercé, la nuit, que s'il y a réclamation de l'intérieur ; au contraire dans le jour ils entrent pour un objet déterminé par une loi, et en cas de résistance ils requièrent la force publique (art. 25, Code d'instruc. crim.).

On pourrait objecter que cet article d'une constitution antérieure au Code d'instruction criminelle a été modifié par lui ; la preuve qu'il n'a été ni modifié ni abrogé résulte : 1° d'un décret du 4 août 1806 qui détermine le temps de nuit ; 2° d'un acte beaucoup plus important, d'une Ordon- nance de 1820 (29 octobre) sur le service de la gendarmerie. En effet l'article 184 de cette ordonnance, dont les disposi- tions ont été consacrées par le décret du 1er mars 1854, dé- termine dans quels cas les officiers de gendarmerie, auxiliaires du procureur de la République, peuvent pénétrer dans l'intérieur du domicile, pour y faire perquisition. Voici les termes de cet article : « La maison de chaque citoyen « est un asile où la gendarmerie ne peut pénétrer sans se

« rendre coupable d'abus de pouvoir, sauf les cas détermi-
« nés ci-après : 1° Pendant le jour elle peut y pénétrer pour
« un objet formellement exprimé par une loi, ou en vertu
« d'un mandat spécial de perquisition décerné par l'autorité
« compétente ; 2° Pendant la nuit, elle ne peut y pénétrer
« que dans le cas d'incendie, d'inondation, ou de réclama-
« tion venant de l'intérieur de la maison. Dans tous les
« autres cas, elle doit prendre seulement, jusqu'à ce
« que le jour ait paru, les mesures indiquées à l'article 185.
« Le temps de nuit est ainsi réglé : — Du 1er octobre au 31
« mars, depuis six heures du soir jusqu'à six heures du
« matin ; — du 1er avril au 30 septembre, depuis neuf heu-
« res du soir jusqu'à quatre heures du matin. » Cet article
confirme donc pleinement l'article 76 de la constitution de
frimaire an VIII ; on peut pénétrer dans les cas fixés par
la loi et pendant le jour seulement ; quant à la fixation du
temps de nuit, ce n'est que la répétition de l'article 1037 du
Code de procédure. Voilà donc la limitation relativement au
temps.

Il s'élève encore trois autres questions relativement à ces
visites domiciliaires. 1° Est-ce au domicile du prévenu que
doit se borner la faculté de visiter, établie par l'article 37 !
2° Cette faculté de s'introduire dans le domicile doit-elle se
borner au cas de flagrant délit, ou bien le Procureur de la
République et ses auxiliaires pourront-ils l'exercer pour la
découverte d'un crime non flagrant ! 3° Ce droit peut-il être
exercé, toujours par le procureur de la République et ses
auxiliaires, dans le cas d'un simple délit, d'un fait punissa-
ble d'une peine correctionnelle ! Si nous cherchons dans la
pratique la solution de ces trois questions, nous les trouverons toutes trois décidées dans une circulaire adressée,
sous la Restauration, par le procureur du Roi, près le
tribunal de la Seine, aux auxiliaires de son ressort. « Quoi-
« que la loi, dit cette circulaire, ne semble vous charger de

« dresser des procès-verbaux qu'en cas de *crime* et de
« *flagrant délit*, cependant l'usage, introduit par la néces-
« sité, veut que vous en dressez aussi hors le cas de
« *flagrant délit* et même quand il s'agit seulement d'un fait
« *correctionnel* », et plus loin il ajoute « faire sans délai
« perquisition dans ses *divers domiciles*, dans ceux de ses
« *concubines* ou de ses *affidés* ». Sur le dernier point, nous
sommes d'accord avec la circulaire ; il est difficile, en effet,
bien que la loi ne parle que du domicile du prévenu, de ne
pas admettre que le plus souvent il y aura pour les personnes désignées dans la circulaire présomption de
complicité et de recel, et que dans ce cas les concubines et
affidés sont des coprévenus, qui tombent sous le coup de
la loi. Nous n'admettrions pas cependant qu'on pût faire
perquisition chez des personnes chez lesquelles on soup-
çonnerait qu'il y ait des objets cachés à leur insu. Les
pouvoirs du procureur de la République et de ses auxiliaires, sont donc différents de ceux du juge d'instruction, qui,
d'après l'article 87 du Code d'instruction criminelle, peut
faire perquisition dans le domicile du prévenu, et, d'après
l'article 68 du même Code, a le même droit dans tous les
lieux où il supposerait pouvoir découvrir des objets provenant du crime ou du délit. Dans ce cas la loi s'exprime
formellement, c'est une preuve de plus à l'appui de ce que
nous disions précédemment. Les deux autres questions sont
résolues par la circulaire dans un sens qu'il n'est pas facile
de concilier avec la loi. En effet les articles 32 et 41 combinés
ne donnent de pouvoirs exceptionnels au procureur de la
République et à ses auxiliaires que dans le cas de flagrant
délit ; en outre les articles 155, 157 et 162 de l'ordonnance
du 29 Octobre 1820 sont encore plus explicites. Voilà pour
la deuxième question : on ne peut procéder en dehors du
cas de flagrant délit. Sur la troisième question, nous répondrons à la circulaire par l'ordonnance de 1820, déjà citée ;

il est prescrit aux officiers de gendarmerie de n'exercer les attributions exceptionnelles, données par l'article 32, que dans le cas de crime. Il en doit être de même pour les autres auxiliaires. Les solutions que nous venons de donner sont conformes à la loi, mais l'usage, fondé sur la nécessité, a introduit une marche contraire.

La loi du 20 Mai 1863 a, du reste, encore accordé les fonctions de juge d'instruction (art 1er de cette loi) au procureur de la République, dans le cas d'un individu arrêté en flagrant délit pour un fait puni de peines correctionnelles.

Nous avons dit que le Procureur de la République et ses auxiliaires devaient dresser les procès-verbaux de leurs opérations. Ces procès-verbaux sont dressés conformément aux règles de l'article 42 ; ils devront donc, s'ils sont dressés par le maire, être signés par deux citoyens domiciliés dans la commune, à moins qu'il ne soit impossible d'en trouver sur les lieux. Ils seront signés par l'officier de police judiciaire et par tous ceux qui y auront assisté. Le prévenu, s'il est présent, devra être interpellé de signer et s'il refuse mention est faite de son refus. Ces procès-verbaux, régulièrement dressés, seront, s'ils sont adoptés par le juge d'instruction, tout aussi valables que si lui-même les avait faits. D'après l'article 60 du Code d'instruction criminelle il peut en effet, ou les recommencer s'ils lui paraissent incomplets, ou les adopter comme siens, et ce dernier effet se produit par cela seul qu'il ne juge pas devoir les recommencer. Dans le cas particulier qui nous occupe, où ces procès-verbaux auraient été dressés par un maire, il est clair que, quoique devant en définitive arriver au juge d'instruction, ils doivent être remis d'abord au procureur de la République. Celui-ci les transmettra, après les avoir examinés et accompagnés de ses conclusions, au juge d'instruction de son tribunal. Si le fait, après examen, ne présente plus caractère de crime, le procureur se contentera, s'il lui convient, de citer à l'audience de police correction-nelle (art. 182 du Code d'instruction crim.).

La cinquième et dernière opération présente assez d'inté-rêt. Le procureur de la République et ses auxiliaires font toutes les opérations qui précèdent en présence du prévenu ; s'il ne peut ou ne veut y assister, il peut nommer un fondé de pouvoirs pour le remplacer ; il sera interpellé de s'expli-quer sur les choses saisies, qui lui seront présentées à l'effet de les reconnaître et de les parapher, s'il y a lieu et au cas de refus, il en est fait mention au procès-verbal. Le procu-reur ou ses auxiliaires font saisir le prévenu présent contre lequel il existe des indices graves ; s'il est absent, il sera rendu une ordonnance a l'effet de le faire comparaître. Dans l'article 40 du Code d'instruction criminelle, qui accorde ce droit, sont déterminées les conditions auxquelles il est subordonné : 1° Flagrant délit ; 2° Fait de nature à entraîner peine afflictive ou infamante ; 3° Indices graves.

La première et la troisième condition sont fort simples ; comme le procureur de la République et ses auxiliaires ne peuvent ordonner d'arrestation que par exception, la loi les limite au flagrant délit ; quant aux indices, dont la gravité est laissée à l'appréciation du Procureur et de ses auxi-liaires, ils doivent être autre chose qu'une légère présomption ou qu'une dénonciation sans preuves. La seconde condition, indiquée formellement par le dit article 40, est bien difficile à observer dans la pratique. Ainsi qu'un fait, dénoncé par la rumeur publique, se présente au premier abord comme un crime, puis qu'après examen il soit reconnu que ce n'est qu'un délit, va-t-on s'abstenir de saisir le prévenu présent ou de le rechercher et de le laisser fuir, s'il est absent. La pratique et le sens commun sont d'accord pour dire que non et cependant cela est contraire à l'article 40. La loi du 20 Mai 1863, dont nous avons déjà parlé, permet du reste d'arrêter l'individu surpris en flagrant délit, quant le fait commis n'est passible que de peines correctionnelles.

Voilà l'ensemble des attributions exceptionnelles que les maires peuvent avoir à remplir en qualité d'auxiliaires du procureur de la République.

Nous devons dire en terminant qu'en pratique les maires remplissent peu les fonctions de police judiciaire qui leur sont attribuées. Il y a des commissaires de police dans toutes les villes de plus de cinq mille habitants, et, malgré la suppression des commissaires cantonaux, ou plutôt leur disparition, une circulaire du ministre de l'intérieur, en date du 9 Mai 1872, invite les préfets à rétablir des commissariats de police dans les villes au-dessous de cinq mille habitants, où cela est utile. Il pourra néanmoins très bien arriver, soit que le commissaire de police soit absent, soit qu'il n'y en ait pas et que le maire soit obligé de remplir ses fonctions, surtout comme auxiliaire du procureur de la République.

Section 3. — *Des fonctions du maire au tribunal de simple police.*

Le code d'instruction criminelle attribuait aux maires des communes non chefs-lieux de canton une sorte de concurrence avec le juge de paix, pour un assez grand nombre de contraventions ; mais en fait cette juridiction n'avait jamais été organisée et les juges de paix seuls connaissaient de toutes les contraventions. Une loi du 27 janvier 1873 leur a enlevé cette juridiction et a mis la pratique d'accord avec la loi. Le juge de paix seul peut donc statuer sur les contraventions de simple police.

Les Maires n'ont plus maintenant d'autres fonctions que celles de ministère public, qu'ils remplissent en cas d'empêchement du commissaire de police ou s'il n'y en a pas (art. 144 du Code d'Instruc. crim.) ; ils peuvent se faire remplacer par leur adjoint. Ces fonctions ne peuvent appartenir qu'aux maires et adjoints des chefs-lieux de canton ; néanmoins à leur défaut le procureur général peut désigner pour une année entière un maire ou adjoint d'une autre commune du canton.

Ces fonctions ne seront encore remplies par les maires que bien rarement, puisque le nouvel article 144, tel qu'il est établi par la loi du 27 janvier 1873, désigne avant eux pour remplacer le commissaire de police du chef-lieu de canton, un autre commissaire de police résidant ailleurs qu'au chef-lieu de canton, ou un suppléant du juge de paix.

CHAPITRE II

Des Attributions d'Administration générale.

SECTION 1. — *Le Maire agent délégué de l'administration
supérieure.*

Le maire concourt à l'administration générale, il est dans
la commune l'agent délégué, le représentant de l'administration centrale. A ce titre quelles sont ses attributions ? La
loi du 18 juillet 1837 les formule dans son article 9 : « Le
« maire est chargé sous l'autorité de l'administration supé-
« rieure : 1° de la publication et de l'exécution des lois et
« règlements ; 2° des fonctions spéciales qui lui sont attri-
« buées par les lois ; 3° de l'exécution des mesures de sûreté
« générale. » Sauf quelques attributions, du reste exceptionnelles, de juridiction administrative, cet article renferme
toutes les attributions d'administration générale des maires.

Pour toutes ces fonctions le maire reçoit des ordres de
l'administration supérieure à laquelle il est entièrement
subordonné ; les lois du 14 décembre 1789 et du 18 juillet 1837
proclament cette subordination complète. La loi de 1837 dit

« *sous l'autorité* » et la loi de 1789 « *les corps municipaux seront entièrement subordonnés aux administrations.* » Le préfet n'a donc pas seulement un simple droit de surveillance, il donne des ordres et des instructions auxquels le maire doit se soumettre. En cas de refus où de retard, le préfet peut procéder ou faire procéder par un délégué spécial à tel ou tel acte (art. 15, l. du 18 juillet 1837). Si l'on n'eût pas adopté ce système, l'administration aurait perdu toute unité ; du reste il concilie parfaitement la protection des intérèts locaux avec la nécessité de l'unité et de la marche régulière de l'administration centrale.

Section 2. — *Le Maire est chargé de la publication et de l'exécution des lois et règlements.*

A première vue il paraît résulter de ces mots « le maire « est chargé de la publication des lois et règlements » que l'autorité municipale participe nécessairement à cette publication ; ce serait donner à notre article une portée qù'il n'a pas. Pour le montrer nous allons exposer rapidement quels ont été les différents systèmes adoptés successivement pour la publication des lois

Sous l'ancienne monarchie, la loi était adressée aux cours souveraines, qui la vérifiaient et l'enregistraient. Dans certains ressorts, dès qu'elle était enregistrée par le Parlement, elle était censée connue de tous les habitants de ce ressort. C'était une publication tout à fait fictive. Dans d'autres au contraire l'enregistrement ne suffisait pas, il fallait qu'elle fût envoyée aux sénéchaussées et bailliages, qui en faisaient lecture en audience publique. C'était une publication plus réelle, mais incomplète, puisqu'elle n'instruisait que ceux qui assistaient à l'audience.

L'Assemblée Constituante, par les décrets du 2 novembre 1790 (art. 6 et 12) et 13 juin 1791 (art. 86 et 87). prescrivit pour la publication des lois leur envoi aux tribunaux, aux administrations de district et de département et aux municipalités, qui devaient les transcrire sur leurs registres, les faire afficher et en donner lecture, à la campagne du moins, à l'issue de la messe paroissiale. Dans ce système le maire prenait une part officielle à la publication par l'affiche, l'enregistrement et la lecture. Un décret de la Convention, du 14 frimaire an II, crée le *Bulletin des Lois* ; on doit y insérer *toutes les lois qui concernent l'intérêt public ou qui sont d'une exécution générale.* Il n'y plus ni enregistrement ni affiches, seulement une publication à son de trompe ou de tambour, et la loi est exécutoire. L'article 10 de ce même décret exige bien que les lois soient lues, dans un lieu public, chaque décadi, soit par le maire, soit par un officier public municipal, soit par les présidents de section ; mais c'est pour l'instruction des citoyens et non pour la publication de la loi. La loi du 12 vendémiaire an IV simplifie encore ces formalités ; elle décide que l'insertion au *Bulletin des Lois* et l'envoi de celui-ci aux chefs-lieux de département suffiront à l'avenir et qu'il ne sera plus fait ni lecture, ni affiche, ni publication à son de trompe et de tambour, à moins que ces formalités ne soient expressément ordonnées par un article de loi. Elle ajoute : « Pourront néanmoins le « Directoire exécutif et chaque administration départemen- « tale ou municipale, ou de bureau central dans les « municipalités au-dessus de cent mille habitants, par déli- « bération spéciale, ordonner, soit pour les lois anciennes « ou récentes, soit même pour des règlemenis, telles de ces « formalités particulières qu'ils jugeront convenables. »

Le Code civil, dans son article 1er, n'exige que l'insertion au *Bulletin* ; mais un avis du conseil d'Etat, du 25 prairial an XIII, avait décidé que cet article ne devait s'appliquer qu'aux lois et règlements, attendu qu'eux seuls sont suffisamment portés à la connaissance de tous par leur proposition et leur discussion, pour être déclarés obligatoires après un certain délai. Quant aux décrets, il pensait que l'insertion ne suffisait pas, qu'il fallait en outre la distribution du *Bulletin* aux chefs-lieux de départements et que l'on devait donner connaissance aux parties intéressées, soit par signification, soit par affiches, des décrets, qui ne sont pas d'une exécution générale et ne sont pas insérés au *Bulletin*. Une ordonnance du 27 novembre 1816 vint modifier ce système, en décidant que les ordonnances seraient comme les lois, promulguées par leur insertion au *Bulletin*. Voilà donc quel était l'état de la législation lorsque fut établie la loi du 18 juillet 1837, et cette loi n'avait certes pas entendu innover

Aujourd'hui, le mode de publication n'est plus le même ; un décret du 5 novembre 1870 décide, dans son article 1er, que le *Journal officiel* remplacera le *Bulletin des Lois* ; le *Bulletin* est néanmoins conservé et il sert à promulguer les actes non insérés au *Journal officiel*. Ce système n'emprunte pas plus que le précédent le concours des maires et des municipalités, et n'en diffère que peu.

Nous devons donc conclure de tout cela :

1° Que les termes de l'article 9 de la loi du 18 juillet 1837 sont trop larges, que les lois et règlements sont publiés et deviennent exécutoires, sans le concours de l'autorité municipale ;

2° Qu'aux termes de l'article 11 de la loi du 12 vendémiaire an IV, le législateur et le chef du pouvoir exécutif peuvent déclarer que telle loi ou tel décret ne sera exécutoire qn'après l'accomplissement de certaines formalités de publication ;

3° Que le préfet et le maire peuvent même, s'ils le jugent convenable, faire afficher ou publier les lois et décrets qu'il convient de porter à la connaissance spéciale des habitants ; ce ne sera là du reste qu'une publication officieuse ;

4° Que si un décret ne concerne que les habitants d'une ou de plusieurs communes, c'est au maire à le faire publier.

Voilà donc à quoi se réduit le rôle de l'autorité municipale et quel est le vrai sens de notre paragraphe ; mais en revanche sous d'autres rapports il ne dit pas assez. Le mandat du maire s'applique à un grand nombre de publications administratives, intéressant spécialement la commune. Nous allons en donner quelques exemples.

En matière de concessions de mines, l'article 24 de la loi du 21 avril 1810 dit : « Les publications des demandes en « concession de mines ont lieu devant la porte de la maison « commune et des églises paroissiales ou consistoriales, *à* « *la diligence des maires*, à l'issue de l'office un jour de « dimanche et au moins une fois par mois pendant la durée « des affiches. Les maires seront tenus de certifier ces « publications. «

En matière de contributions directes le maire fait apposer les affiches qui préviennent les contribuables du jour où le contrôleur des contributions directes se rendra dans la commune (art. 29 de l'instruction du ministre des finances, du 17 juin 1840). Du premier au cinq janvier il publie les rôles qui vont être mis en recouvrement (art. 35 de la même instruction).

En matière d'expropriation, les articles 6 et 7 de la loi du 3 mai 1841, chargent le maire de faire avertir à son de trompe ou de caisse les parties intéressées de prendre communication du plan déposé à la mairie. Le maire doit aussi faire afficher cet avertissement à la porte de l'église et de la maison commune. Le maire certifie ces publications et affiches. L'article 15 de cette même loi le charge encore d'autres publications.

C'est le maire aussi qui fait afficher tout ce qui concerne le recrutement, la mobilisation, les documents d'appel, le recensement des chevaux, voitures et mulets.

Mais nous n'insisterons pas davantage sur ce point ; nous nous contenterons de dire que le maire est pour sa commune un véritable agent de publicité.

Nous venons de montrer comment l'on devait entendre cette phrase : « Il est chargé de la publication des lois et « règlements », la loi ajoute et *de l'exécution*. Le maire est donc un agent d'exécution ; il exécute tantôt directement les ordres donnés par l'administration supérieure, tantôt indirectement, en renseignant ou en surveillant ; il doit aider l'autorité judiciaire et les agents administratifs ; il peut au besoin requérir la force publique.

Section 3. — *Diverses fonctions lui sont attribuées par des lois spéciales.*

Le maire n'agit ici que comme délégué de l'administration supérieure ; comme nous l'avons déjà dit, il n'est dans toutes ces matières qu'un subordonné qui exécute. L'article 9, que nous commentons, ne nous indique pas l'ensemble de ces diverses fonctions données aux maires par des lois diverses. Nous ne chercherons pas à en faire une nomenclature complète, ce serait long et cela nous entraînerait beaucoup trop loin ; nous nous bornerons aux matières principales, afin de montrer quelle est la nature de ces fonctions.

Tous les cinq ans dans chaque commune l'autorité municipale fait faire le recensement de la population. La loi du 19-22 juillet 1891 et la loi du 10 vendémiaire an IV, titre 2, prescrivaient de faire, ou au moins de vérifier tous les ans l'état des habitants. L'autorité administrative a reculé devant les embarras et les frais d'un travail annuel et le maire ne fait plus de recensement que tous les cinq ans. Le recensement est une opération purement administrative et fort importante, car du chiffre de la population dépendent

le nombre des conseillers municipaux, les attributions de
police des maires, les tarifs de la contribution des portes et
fenêtres et des patentes ;. le recensement fournit aussi des
renseignements pour les listes de recrutement, les listes
électorales, les rôles de la contribution personnelle et mobilière. L'autorité supérieure détermine le mode d'exécution
et les individus qui doivent être portés sur les listes. Le
maire ou son délégué peut, pour faire le recensement, entrer dans le domicile des citoyens (art. 8 de la loi des 19-22
juillet 1791). Le maire charge généralement de cette opération le commissaire de police, mais il pourrait aussi bien en
charger toute autre personne ; une décision du tribunal des
conflits du 17 mai 1873 a jugé que la convention, intervenue
entre un maire et des personnes chargées d'établir sous sa
responsabilité, le recensement de la population de sa
commune, ne constitue qu'un contrat de louage de services,
et qu'aucune loi n'en enlevait la connaissance à l'autorité
judiciaire. Il n'y a point de recours contentieux contre le
recensement ; les réclamations sont appréciées dans la forme
administrative par le préfet et le ministre. Mais si plus tard
un droit se trouvait lésé, bien que l'erreur eût sa cause dans
les listes mêmes du recensement, irrévocablement arrêtées,
la voie contentieuse serait ouverte aux réclamants. Un
décret publie les tableaux officiels de la population par départements, arrondissements et cantons, tels qu'ils résultent des recensements faits dans chaque commune et rend
ces tableaux exécutoires pour cinq années, afin qu'ils ser-
vent seuls à l'application des lois basées sur le chiffre de la
population.

Chaque année le maire confectionne et publie du 1er au 15
janvier, dans chaque commune, la liste ou tableau de recrutement, comprenant les noms des jeunes gens français,
ayant atteint l'âge de vingt ans révolus dans le courant de
l'année précédente et qui ont leur domicile légal dans le can-

ton. L'inscription sur ce tableau est faite soit sur la déclaration à laquelle sont tenus les jeunes gens, leurs parents ou tuteurs, mais dont l'omission n'est soumise à aucune pénalité ; soit d'office, d'après les registres de l'état-civil, le recensement et tous autres renseignements et documents (art. 8, 9, 10 et 11 de la loi du 27 juillet 1872). Les jeunes gens omis les années précédentes sont inscrits sur les tableaux de recensement de la classe qui est appelée après la découverte de l'omission, à moins qu'ils n'aient trente ans accomplis à l'époque de la clôture des tableaux (art. 12 de la loi du 27 juillet 1872) ; et l'article ajoute : « Après cet âge, « ils sonts oumis aux obligations de la classe à laquelle ils « appartiennent. »

Les maires du canton, réunis au chef-lieu sous la présidence du sous-préfet, forment le conseil de recensement. Ils examinent le tableau et après rectification, s'il y a lieu, ils l'arrêtent diffinitivement et le signent. Cet examen a lieu en séance publique, ainsi que le tirage au sort, qui se fait au chef-lieu du canton, en présence du sous-préfet et des maires des communes formant le canton. Si la commune forme à elle seule un ou plusieurs cantons, le maire et ses adjoints assistent le sous-préfet. Après le tirage au sort, les maires arrêtent et signent avec le sous-préfet la liste par ordre de numéros.

Dans les cas d'expropriation pour cause d'utilité publique, l'article 7 de la loi du 3 mai 1841 charge le maire de recevoir les réclamations et observations des parties intéressées, après que le plan parcellaire a été déposé à la mairie ; le maire doit dresser procès-verbal des dites réclamations et observations. Le maire de la commune, où sont situées les propriétés à exproprier, fait aussi partie de la commission d'instruction réunie au chef-lieu d'arrondissement (art. 8 de la loi du 3 mai 1841).

Le maire fait partie de la commission des répartiteurs,

chargée de répartir le contingent communal des trois contributions foncière, personnelle et mobilière et des portes et fenêtres entre les contribuables. Dans les communes de plus de cinq mille habitants le sous-préfet peut remplacer le maire et l'adjoint par deux conseillers municipaux à son choix (art. 9 de la loi du 3 frimaire an VII).

L'article 4 de la loi du 25 avril 1844 sur les patentes ordonne de prendre l'avis du maire de la commune sur le droit fixe auquel doivent être soumis les commerces et industries non dénommés dans les tableaux annexés à la loi. Ces droits sont ensuite fixés par un arrêté du préfet. L'article 20 de cette même loi édicte que le maire de la commune sera prévenu de l'époque où le contrôleur des contributions directes procédera au recensement des imposables et à la formation de la matrice des patentes ; qu'il pourra assister le contrôleur dans cette opération ou se faire représenter par un délégué. En cas de dissentiment avec le contrôleur, le maire ou son délégué, feront consigner leurs observations dans une colonne spéciale. Ces contestations seront jugées par le préfet et le directeur des contributions directes ; s'il y a entre eux dissentiment, il en est référé au ministre des finances. Les réclamations en décharge ou réduction, les demandes en remise ou modération seront communiquées aux maires (art. 22 de la loi du 25 avril 1844).

Les maires de toutes les communes d'un canton se réunissent chaque année dans la première quinzaine du mois d'août, au chef-lieu du canton, sur la convocation et sous la présidence du juge de paix, pour dresser la liste préparatoire de la liste annuelle du jury. Cette liste est dressée en deux originaux, dont l'un reste déposé au greffe de la justice de paix et l'autre est transmis au greffe du tribunal civil de l'arrondissement (art. 8 et 10 de la loi du 24 novembre 1872).

Il y a dans chaque commune deux listes électorales absolument distinctes, l'une est la liste électorale municipale, l'autre est la liste électorale politique. La première, dressée conformément à la loi du 7 juillet 1874 sur l'électorat municipal, est relative à toutes les élections locales : 1° aux élections municipales (en vertu de ladite loi); 2° aux élections aux conseils généraux (loi du 10 août 1871. art. 5) et 3° aux élections aux conseils d'arrondissement (art. 3 de la loi du 30 juillet 1874). La seconde liste, dressée conformément à la loi du 30 novembre 1875, est relative aux élections pour les membres de la Chambre des députés. C'est de la première que nous allons nous occuper d'abord.

La loi du 7 juillet 1874 charge de la confection de la liste électorale municipale une commission composée du maire, d'un délégué de l'administration désigné par le préfet et d'un délégué choisi par le conseil municipal. C'est une dérogation importante au principe de la législation précédente, qui en chargeait le maire seul. Dans les communes divisées par le conseil général en sections électorales, la liste est dressée dans chaque section par une commission, composée comme nous l'avons dit plus haut, sauf que le maire peut être remplacé par un adjoint ou un conseiller municipal dans l'ordre du tableau. A Paris et à Lyon, la liste est dressée dans chaque quartier par une commission formée du maire de l'arrondissement ou d'un adjoint délégué, du conseiller municipal élu dans le quartier ou section et d'un électeur désigné par le préfet du département. Il est ensuite dressé d'après les listes des sections, une liste genérale par ordre alphabétique. A Paris et à Lyon elle est dressé par arrondissement (art. 1er de la loi du 7 juillet 1874).

Le tableau, contenant les additions et retranchements faits par la commission à la liste, est déposé au plus tard le 15 janvier au secrétariat de la commune. Ce tableau est communiqué à tout requérant qui peut le copier et le reproduire par la voie de l'impression. Le jour même du dépôt avis en est donné par affiches aux lieux accoutumés.

Les demandes en inscription ou en radiation doivent être formées dans le délai de 20 jours, à partir de la publication des listes, et elles sont soumises aux commissions, dont nous avons parlé plus haut, auxquelles sont adjoints deux autres délégués du conseil municipal. A Paris et à Lyon deux électeurs domiciliés dans le quartier ou la section et nommés, avant tout travail de révision, par la commission chargée de la confection de la liste, sont adjoints à la commission (art. 2 du décret réglem. du 2 février 1852 et art. 2 de la loi du 7 juillet 1874). L'électeur, qui a été l'objet d'une radiation d'office de la part des commissions, chargées de la confection de la liste, ou dont l'inscription aura été contestée devant les dites commissions, est averti sans frais par le maire et peut présenter des observations. La décision de la commission est notifiée dans les trois jours à la partie intéressée, par écrit et à domicile, par les soins de l'administration municipale ; la partie intéressée peut interjeter appel dans les cinq jours de la notification ; cet appel est porté devant le juge de paix ; il sera formé par simple déclaration au greffe, le juge de paix statuera dans les dix jours, sans frais ni forme de procédure et sur simple avertissement donné trois jours à l'avance à toutes les parties intéressées (art. 3 et 4 de la loi du 7 juillet 1874 et art. 22 du décret organique du 2 février 1851). Toutefois si la demande portée devant lui implique la solution préjudicielle d'une question d'Etat, il renverra préalablement les parties à se pourvoir devant les juges compétents et fixera un bref délai, dans lequel la partie qui aura élevé la question préjudicielle devra justifier de ses diligences. Il sera procédé, en ce cas, conformément aux articles 855, 857 et 858 du Code de procédure (art. 22 du décret organique du 2 février 1852). La décision du juge de paix est en dernier ressort, mais elle peut être déférée à la Cour de Cassation.

Nous venons de voir quelles sont les formes qui sont

employées pour la confection des listes électorales municipales et départementales; nous allons voir maintenant, quels sont ceux qui doivent y être inscrits. La loi du 7 juillet 1874 fait au point de vue de la résidence et des conditions d'inscription de nombreuses distinctions.

Pour être inscrit sur les listes électorales municipales il faut être citoyen, âgé de vingt-et-un an, jouir de ses droits civils et politiques et n'être dans aucun des cas d'incapacité prévus par la loi. Il faut en outre se trouver dans une des catégories indiquées par la loi du 7 juillet 1874. Elle accorde l'électorat municipal : 1° à ceux qui sont nés dans la commune ou y ont satisfait à la loi de recrutement et s'ils n'ont pas conservé leur résidence dans la commune, sont venus s'y établir de nouveau depuis six mois au moins. Sont réputés nés dans la commune ceux dont le père ou la mère est désigné, dans l'acte de naissance, comme ayant sa résidence dans la commune ; 2° à ceux qui, même n'étant pas nés dans la commune, y auront été inscrits depuis un an au rôle d'une des quatre contributions directes ou au rôle des prestations en nature, et, s'ils ne résident pas dans la commune, auront déclaré vouloir y exercer leurs droits électoraux. Sont également inscrits les fils et gendres des mêmes électeurs, dispensés de la prestation en nature, et les habitants qui, en raison de leur âge ou de leur santé, auront cessé d'être soumis à cet impôt ; 3° à ceux qui se sont mariés dans la commune et justifieront qu'ils y résident depuis un an au moins ; 4° à ceux qui ne se trouvant pas dans un des cas ci-dessus, demanderont, par eux-mêmes ou par mandataires, à être inscrits sur la liste électorale et justifieront d'une résidence de deux années consécutives dans la commune. Les électeurs appartenant à cette catégorie ne devront être inscrits ni d'office, ni sur la demande d'un tiers ; ils devront déclarer le lieu et la date de leur naissance ; 5° à ceux, qui en vertu de l'article 2 du traité de paix du 10 août

1871, ont opté pour la nationalité française et déclaré fixer leur résidence dans la commune, conformément à la loi du 19 janvier 1871 ; 6° à ceux qui sont assujettis à une résidence obligatoire dans la commune en qualité soit de ministres des cultes reconnus par l'Etat, soit de fonctionnaires publics (art. 5 de la loi du 7 juillet 1874). Nous devons faire remarquer que, dans le quatrième cas, pour qu'un citoyen soumis à deux années de résidence puisse être inscrit, il faut qu'il fasse la demande lui-même ou par mandataire ; la demande d'un tiers sans procuration spéciale serait insuffisante ; la cour de cassation l'a ainsi décidé, du reste la loi est formelle (art. 5 déjà cité, § 4.— c. de Cass. octobre 1874, Viant ; cassation d'une décision du juge de paix de Lusignan). La déclaration, exigée dans le deuxième cas, ne peut être faite non plus que par l'électeur lui-même, ou par une lettre de lui au maire parvenue avant le délai, ou par un tiers nanti d'un mandat formel (c. de Cass. 16 et 18 novembre 1874). Doivent aussi être inscrits les citoyens, qui ne remplissant pas les conditions d'âge et de résidence au moment de la formation des listes, les rempliront avant la clôture définitive (art. 5, § 6 de la loi du 7 juillet 1874).

Tous les citoyens inscrits sur la liste électorale municipale prennent part aux votes pour la Chambre des députés, mais en outre, il y a, comme nous l'avons déjà dit, une autre liste électorale, la liste électorale politique.

Cette liste comprend tous ceux qui résident dans la commune depuis six mois (art 1er de la loi du 30 novembre 1875). L'inscription sur cette liste est faite par les commissions et et suivant les formes établies dans les articles 1, 2 et 3 de la loi du 7 juillet 1874; elle est faite également conformément aux lois et règlements qui régissent les listes électorales politiques (art. 1er de la loi du 30 nov. 1875).

Les deux listes sont closes le 31 mars et restent jusqu'au 31 mars de l'année suivante, telles qu'elles ont été arrêtées (art. 8 du déc. régl. du 2 février 1852). Nul ne peut voter s'il n'est inscrit sur les listes, et quand une élection a lieu du 1er janvier au 31 mars, c'est la liste close l'année précédente qui doit servir de base. On ne peut ajouter aucun nom dans le courant de l'année, une fois les listes clôturées ; la disposition de l'article 8 du décret réglementaire du 2 février 1852, qui autorise à ajouter à la liste, après sa clôture, les électeurs porteurs d'une décision du juge de paix, ne doit s'appliquer qu'au cas où le juge de paix ou la cour de cassation auraient jugé, postérieurement au 31 mars, des demandes en inscription ou en radiation formées devant les commissions du 15 janvier au 4 février.

Les cas d'incapacité, soit définitive soit temporaire, sont réglés par les articles 15 et 16 du décret organique du 2 février 1852. En résumé il y a deux listes différentes, mais elles sont établies par les commissions, dans les mêmes délais et dans les mêmes formes ; les conditions fondamentales pour y être inscrits sont les mêmes : être français, avoir vingt et un ans, jouir de ses droits civils et politiques, être du sexe masculin.

Nous avons indiqué dans cette section quelques-unes des fonctions attribuées aux maires des communes par des lois spéciales ; si l'on voulait les indiquer toutes, il faudrait pour ainsi dire passer en revue tout le droit administratif ; cela n'aurait d'ailleurs aucun intérêt.

Section. 4. — *Le Maire a l'exécution des mesures de sûreté générale*

Les mesures de sûreté générale sont arrêtées par l'autorité supérieure, aussi le paragraphe 3 de l'article 9 de la loi du 18 juillet 1837 n'en donne-t-il au maire que l'exécution. Il faut bien se garder de confondre l'exécution de ces mesures avec la police locale, pour laquelle le maire fait des règlements et prend des dispositions. Tout ceci fut bien entendu lors de la discussion, et le texte rend parfaitement la pensée de la loi.

Quelques lois spéciales donnent au maire le droit de prendre certaines mesures dans l'intérêt de la sûreté générale, ou le chargent, dans ce même but, de certaines précautions. Ainsi c'est lui qui est chargé de disperser les attroupements; à son défaut ce sera l'adjoint, à défaut d'adjoint le commissaire de police. Il peut employer la force après deux sommations si l'attroupement est armé, après trois sommations dans le cas contraire (art. 3 de la loi des 7-9 juin 1848). De la combinaison de la loi des 7 et 9 juin 1848 avec celle du 27 juillet 1791, relative à la réquisition et à l'action de la force publique contre les attroupements, il résulte que la force armée, même commandée par un officier supérieur, n'a pas le droit par elle-même de disperser un attroupement; elle ne doit agir que sur les réquisitions de l'autorité civile, dont le maire est le premier représentant dans chaque commune.

Le maire délivre les passeports pour l'intérieur; les autres sont délivrés par le sous-préfet depuis le décret du 13 avril 1861. Jusques en 1825 les maires délivraient aux voyageurs indigents des passeports avec secours de route; des abus furent signalés, et une circulaire du ministre de l'intérieur, à la date du 22 novembre 1825, leur retira ce droit pour le donner aux préfets seuls, il appartient maintenant aux sous-préfets aussi, comme nous l'avons dit tout à l'heure. C'est une nouvelle preuve que dans l'exercice de ces sortes de fonctions, les maires ne sont que des mandataires essentiellement subordonnés, puisque l'autorité supérieure peut limiter et même révoquer leur mandat.

Le condamné, qui vient de subir sa peine et qui se trouve sous la surveillance de la haute police, est tenu de se présenter devant le maire de la commune qu'il devra habiter et ce dans les vingt-quatre heures de son arrivée. Lorsqu'il a passé six mois dans une commune il peut la quitter, il peut même le faire plus tôt, s'il y est autorisé par le ministre de l'intérieur ou le préfet selon le cas ; il peut alors se rendre dans toute résidence, non interdite par l'administration, à charge de prévenir le maire huit jours à l'avance (art. 44 du Code pénal, modifié par la loi des 22-30 janvier 1874).

SECTION 5. — *Le Maire juge du contentieux administratif.*

Le maire est, par exception, juge du contentieux administratif. Tantôt il prononce comme juge de référé et tantôt comme juge de première instance.

Le maire est un juge de référé, c'est-à-dire qu'il ordonne, dans certaines matières contentieuses, des mesures provisoires et d'urgence. Il ne prononce pas comme juge de première instance, car un autre juge est toujours nécessairement appelé à statuer, quand même aucune des parties ne relèverait appel : nous trouvons trois hypothèses où il est appelé à exercer ce pouvoir. Le maire prononce en cas de contestation entre les employés de la régie et les débitants, lorsque les premiers, pour la perception du droit de détail, ne veulent pas accepter le prix déclaré. Le préfet en conseil de préfecture statue définitivement dans la huitaine ; mais le droit est provisoirement perçu d'après la décision du maire sauf rappel ou restitution (art. 47, 48 et 49 de la loi du 28 avril 1816).

Un décret du 4 juillet 1806 (art. 27 et 28) porte que les difficultés en matière de courses de chevaux sont provisoirement jugées par le maire et définitivement par le préfet. Cette juridiction est également attribuée à une commission des courses par un arrêté ministériel du 17 mai 1853 ; cet arrêté n'a pu enlever au maire la compétence qu'il tient d'un décret, mais il ne heurte aucun texte. Si les concurrents acceptent librement sa juridiction, la commission pourra fonctionner; elle le pourra aussi si dans son sein se trouve le préfet, car celui-ci étant juge définitif dessaisit le maire, mais il faudra que le préfet partage l'avis de la majorité de la commission. Si le préfet n'est pas présent et que les parties ne soient pas d'accord pour accepter la commission des courses pour tribunal, c'est au maire qu'il appartiendra de trancher provisoirement les difficultés qui s'élèvent entre les concurrents.

La loi du 30 Mai 1851 sur la police du roulage charge le maire d'arbitrer provisoirement le montant de l'amende et s'il y a lieu des frais de réparation et d'en ordonner la consignation immédiate, à moins qu'il ne soit présenté caution solvable, toutes les fois que le contrevenant n'est pas domicilié en France, ou que la voiture arrêtée est dépourvue de plaque et que le propriétaire n'en est pas connu (art. 20 et 21). Il en sera encore de même : 1° dans le cas où un procès-verbal aura été dressé à un propriétaire ou conducteur de voitures qui aura fait usage d'une plaque portant un nom ou un domicile faux ou supposé ; 2° lorsque celui qui conduit une voiture, dépourvue de plaque, aura déclaré un nom ou domicile autre que le sien ou que celui du propriétaire pour le compte duquel la voiture est conduite ; 3° lorsqu'un conducteur de voiture de roulage ou de messageries, inconnu dans le lieu où il est pris en contravention, n'est point régulièrement muni d'un passe-port, d'un livret ou d'une feuille de route, à moins qu'il ne justifie que la voiture appartient à une entreprise de roulage ou de messageries, ou qu'il ne résulte des lettres de voiture ou des autres papiers qu'il aurait en sa possession, que la voiture appartient à celui dont le domicile est indiqué sur la plaque (art. 8 et 21).

Comme juge de première instance nous ne connaissons qu'un cas où il puisse en remplir les fonctions, encore est-il très contestable. Dans les villes où un conseil de prud'hom-mes n'est pas établi, il connaît des différends qui s'élèvent entre le maître et les ouvriers sur la remise des livrets et la délivrance des congés.

Ce point présente une grave difficulté que nous allons exposer. Rappelons d'abord les lois qui font la question. L'article 19 de la loi du 22 germinal de l'an XI, sur les ma-nufactures, les fabriques et les ateliers, est ainsi conçu : « Toutes les affaires de simple police entre les ouvriers et « apprentis, les manufacturiers, fabricants et artisans seront « portées à Paris devant le préfet de police ; devant les « commissaires généraux de police ou il y en a d'établis, et « dans les autres lieux devant le maire ou devant un ad « joint. Ils prononceront sans appel les peines applicables « aux divers cas, selon le code de police municipale » et à l'article 20. « Les autres contestations seront portées devant « les tribunaux auxquels la connaissance en est attribuée « par les lois. » La loi du 18 Mars 1806 institue à Lyon un conseil de prud'hommes pour terminer *par la voie de la conciliation les petits différends qui s'élèvent journelle-ment, soit entre les fabricants et des ouvriers, soit entre des chefs d'atelier et des compagnons ou apprentis ; pour juger*, etc. Dans la suite des conseils de prud'hommes furent successivement établis dans différentes villes ; actuellement leur création est réglée par la loi du 1er juin 1853 qui, dans son article 1er, dit que les conseils de prud'hommes seront établis par décrets rendus dans la forme des règlements d'administration publique, après avis des chambres de commerce ou des chambres consultatives des arts et manu-factures. Enfin l'article 5 de la loi du 25 Mai 1838 donne au juge de paix le droit de connaître « des contestations rela-« tives aux engagements respectifs..... des maîtres et de « leurs ouvriers ou apprentis, sans néanmoins qu'il soit « dérogé aux lois et règlements relatifs à la juridiction des « prud'hommes. »

Ceci posé, on demande si la compétence reconnue au maire par la loi du 22 germinal de l'an XI (art. 19) n'a point passé aux prud'hommes et au juge de paix dans les villes qui n'ont pas de conseil de prud'hommes. La loi du 18 Mars 1806 et le décret du 11 Juin 1809 sur la juridiction des prud'hommes ont évidemment substitué cette juridiction à celle des maires. Le conseil des prud'hommes connaît, en effet de tous les différends qui s'élèvent entre les maîtres et les ouvriers ; il est plus compétent que n'importe quel tribunal pour juger et bien juger ces sortes de questions ; sa juridiction est affranchie des formes et des délais imposés aux tribunaux ordinaires. Mais peut-on invoquer en faveur des juges de paix des motifs semblables ! Le texte de la loi du 25 Mai 1838 est, il faut le reconnaître général : « le juge « de paix connaît..... des contestations relatives aux enga- « gements respectifs des maîtres et des ouvriers. » Cependant comme il ne s'occupe pas de la matière spéciale des livrets, s'il est utile de le restreindre on peut invoquer la maxime : *per generalia specialibus non derogatur*. Or nous dirons avec un arrêt de la cour de Cassation du 23 juin 1812 (Sirey, 13-1-136) : « La célérité insdispensable en cette « matière n'est pas conciliable avec les formes et les délais « à observer dans les tribunaux (l'instance avait été portée « devant le juge de paix) ; l'éxécution ordonnée sur le « champ des condamnations aux dommages et intérêts « annonce que ces condamnations ne doivent pas être pro- « noncées par les tribunaux. » Il faut, en effet, au moins dans cette matière spéciale des livrets, que l'ouvrier puisse s'adresser au magistrat du lieu, qui puisse prononcer immédiatement et ce magistrat est le maire. Cette opinion a pour elle l'autorité d'un arrêt du Conseil d'Etat, à la date du 14 Juillet 1841 (Sirey, 1842-2-46).

Telle est la question, comme nous l'annoncions en commençant, elle est très contestable en présence de la généralité des termes de l'article 5 de la loi du 25 mai 1838.

CHAPITRE III

Des attributions d'administration municipale.

SECTION 1. — *Le Maire chef de l'association communale agissant sous la surveillance de l'administration.*

Le maire en tant que chef de l'association communale exerce ses attributions sous la surveillance de l'administration supérieure (art. 10 de la loi du 18 juillet 1837) ; il n'est plus sous son autorité, comme pour les fonctions dont nous avons parlé dans notre chapitre précédent. Lui seul, comme chef de la commune, a l'initiative ; seul il a le droit d'agir ; ses actes sont soumis au contrôle de l'administration supérieure, qui n'a que le droit de les annuler, sans pouvoir les modifier, ni les accomplir à sa place.

Les attributions du maire, qu'il exerce comme chef de l'association communale, se subdivisent en deux catégories. La première catégorie comprend les fonctions dont le paragraphe premier de l'article 10 de la loi du 18 juillet 1837 nous donne l'énumération; on peut y joindre l'article 11, l'article 12 et l'article 13, qui traitent de la nomination et de la révocation d'employés communaux ; dans cette catégorie, le maire fonctionne comme magistrat municipal ; il est complètement indépendant du conseil municipal. Dans la deuxième catégorie, qui comprend les actes indiqués dans les paragraphes second et suivants de l'article 10, le maire est le représentant de la personnalité de la commune, mais il ne l'est qu'au point de vue de l'action ; dans la sphère de la délibération, c'est le conseil municipal qui la représente. Nous allons traiter dans les sections deux, trois et quatre de ce chapitre de la première catégorie de fonctions et dans les sections suivantes de la deuxième catégorie.

Section 2. — *Le Maire chef de la police municipale.*

Comme chef de la police municipale, le maire est chargé de la police municipale proprement dite, de la police rurale, de la voirie municipale ; il doit pourvoir aussi à l'exécution des actes de l'autorité supérieure, qui y sont relatifs ; telle est la disposition du paragraphe 1er de l'article 18.

En parlant des fonctions de police judiciaire des maires, nous avons dit qu'il y avait deux sortes de police ; nous avons défini à ce moment la police judiciaire et montré en quoi elle différait de la police administrative ; la police municipale appartient à cette dernière catégorie, elle a pour but le maintien de l'ordre local. Les attributs très divers de la police municipale sont presque tous énumérés dans l'article 3 du titre xi de la loi des 16-24 août 1798 sur l'organisation judiciaire. Voici les termes de cet article : « Les objets de « police confiés à la vigilance des corps municipaux sont : « 1°............ 2° le soin de réprimer ou de punir les « délits contre la tranquillité publique, tels que les rixes et « disputes accompagnées d'ameutement dans les rues, le « tumulte excité dans les lieux d'assemblées publiques ,

« les bruits et attroupements nocturnes, qui troublent le
« repos des citoyens ; 3° le maintien du bon ordre
« dans les endroits où il se fait de grands rassemblements
« d'hommes, tels que les foires, marchés, réjouissances et cé-
« rémonies publiques, spectacles, jeux, cafés, églises et autres
« lieux publics ; 4° l'inspection sur la fidélité du débit des
« denrées qui se vendent au poids, à l'aune et à la mesure ;
« 5° le soin de prévenir par des précautions convenables,
« et le soin de faire cesser, par la distribution des secours
« nécessaires, les accidents et fléaux calamiteux, tels que
« les incendies, les épizooties, en provoquant aussi dans
« ces deux derniers cas, l'autorité des administrations de
« département et de district ; 6° le soin d'obvier ou de remé-
« dier aux évènements fâcheux qui pourraient être occa-
« sionnés par les insensés ou les furieux laissés en liberté
« et par la divagation des animaux malfaisants ou féroces. »
En un mot la police municipale a pour but de maintenir
l'ordre dans la commune et d'écarter tout ce qui pourrait
le troubler.

On peut encore comprendre dans la police municipale le
droit conféré au maire, par l'article 30 du titre Ier de la loi
des 19-22 juillet 1791, de taxer le pain et la viande de boucherie. Cette disposition législative n'a pas été abrogée par
le décret réglementaire du 22 juin 1863 sur la liberté de la
boulangerie (cour de cassation, 21 et 29 novembre 1867 ; 29
mai 1868).

La police rurale comprend les mesures d'ordre nécessaires à la protection des propriétés rurales ; les attributions
du maire, relatives à cette police résultent principalement
des dispositions de la loi des 28 septembre – 6 octobre 1791.
L'article 1er du titre II dit : « La police des campagnes est
« spécialement sous la juridiction des officiers municipaux. »
Et l'article 9 : « Les officiers municipaux veilleront généra-
« lement à la tranquillité, à la salubrité et à la sûreté des

« campagnes. » Les maires, en vertu de leurs attributions de police rurale, ont le droit de règlementer le glanage, le râtelage et le grappillage, là où en raison des anciens usages la loi des 28 sept. - 6 octobre 1791 les a conservés (art. 21 du titre II). Ce droit ne peut exister que dans les champs ouverts ; l'article 21 du titre II dit, en effet : « Les glaneurs, « les râteleurs et les grappilleurs, dans les lieux où les « usages de glaner, de râteler et de grappiller sont reçus, « n'entreront dans les champs, prés et vignes récoltés et « *ouverts*, qu'après l'enlèvement entier des fruits. . . . . . Le « glanage, le râtelage et le grappillage sont interdits dans « tout enclos rural. » On trouve, dans l'article 6 de la section quatrième du premier titre de la même loi, la définition de l'enclos rural : « L'héritage sera réputé clos lorsqu'il sera « entouré d'un mur de quatre pieds de hauteur, avec bar- « rières ou portes, ou lorsqu'il sera exactement fermé et « entouré de palissades ou de treillages, ou d'une haie vive, « ou d'une haie sèche faite avec des pieux ou cordelée avec « des branches, ou de toute autre manière de faire les haies « dans chaque localité, ou enfin d'un fossé d'au moins qua- « tre pieds de large à l'ouverture et de deux pieds de « profondeur. » Nous avons vu tout à l'heure dans l'article 21 du titre II que nous avons cité que le glanage, le râtelage et le grappillage ne pouvaient avoir lieu qu'après l'enlève- ment de la récolte. Le code pénal, dans son article 471, § 10, dit : « Seront punis d'une amende de 1 à 5 francs ceux « qui auront glané, râtelé ou grappillé dans les champs *non* « *encore entièrement dépouillés et vidés de leur récolte,* ou « avant le moment du lever ou après le coucher du soleil. » Ajoutons que la loi des 28 septembre-6 octobre 1791 n'a conservé ces usages qu'au profit des indigents « gens âgés, débiles, petits enfants, infirmes, sous « peine d'être punis comme voleurs (ordonnance de 1554) » et que les proprié- taires n'en ont pas moins le droit absolu de faire ramasser les épis épars et les grappes oubliées.

La même loi des 28 septembre-6 octobre 1791 permet au maire d'édicter chaque année un règlement pour le ban des vendanges, dans les pays où ce ban est en usage, mais seulement pour les vignes non closes (art. 1er, sect. V, titre Ier). Le Code pénal, dans le premier paragraphe de son article 475, édicte une peine pour les infractions à ce règlement.

La voirie municipale comprend les rues et places des villes, bourgs et villages, sauf celles qui font suite à de grandes routes. Les maires doivent veiller à tout ce qui intéresse la sûreté et la commodité du passage dans les rues, quais, places et voies publiques, au nettoiement des rues, à l'enlèvement des encombrements, à l'interdiction de rien exposer aux fenêtres ou autres parties des bâtiments, qui puisse nuire par sa chute, et à celle de ne rien jeter qui puisse blesser ou endommager les passants, ou causer des exhalaisons nuisibles (§ 1er de l'art. 3 du titre XI de la loi des 16-24 août 1790). Ils doivent s'occuper de l'entretien de toutes les voies municipales. Font encore partie de la voirie municipale les chemins vicinaux et ruraux, qui sont aussi confiés à la vigilance du maire. C'est en vertu de ses attributions de surveillance de la voirie municipale que le maire donne les alignements. On entend par alignement l'acte par lequel l'administration détermine pour chaque riverain de la voie publique, la ligne sur laquelle il peut établir, le long de cette voie, des constructions, plantations ou clôtures. L'alignement doit être délivré par écrit, dans la forme des actes administratifs. Une autorisation verbale ne suffit pas.

Le maire donne l'alignement conformément aux plans qui, d'après l'article 52 de la loi du 16 septembre 1807, devaient être arrêtés en conseil d'Etat, sur l'avis des préfets et le rapport du ministre de l'intérieur ; mais qui, d'après le n° 50 du tableau A, annexé au décret du 25 Mars 1852, sont aujourd'hui fixés par les préfets. S'il n'existe pas de plan d'alignement le maire est également investi du droit de délivrer les alignements, mais dans ce cas il ne peut que maintenir la rue à sa largeur existante ; il commet un excès de pouvoir si l'alignement qu'il délivre a pour effet de procurer l'élargissement ou le rétrécissement de la voie publique. C'est ce que décide par respect du droit de propriété la jurisprudence du Conseil d'Etat depuis 1862 ; dans ce cas, a-t-on dit avec raison, l'alignement individuel n'a pour base que la conservation du domaine public et le respect de la propriété privée (Conseil d'Etat, 5 avril 1862, Lebrun ; 5 mai 1865, Gibault ; 21 mai 1867, Cardeau ; 7 janvier 1869, comm. de Bourg-le-Roi).

Outre les alignements dans les villes, bourgs et villages, le maire donne l'alignement individuel sur les chemins vicinaux ordinaires, sauf l'approbation du sous-préfet (instruction générale sur le service des chemins vicinaux du 6 Décembre 1870, art. 280). Les réclamations relatives à l'alignement doivent être formées, instruites et jugées par voie gracieuse, à moins qu'elles ne soient fondées sur la fausse application d'un plan général. Dans ce cas elles présentent le caractère contentieux, elles sont portées devant le supérieur immédiat de l'agent qui a délivré l'alignement, et après épuisement des recours hiérarchiques, aboutissent au Conseil d'Etat par voie contentieuse.

L'effet des arrêtés des maires, portant délivrance d'alignement individuel, est de réunir de plein droit à la voie publique les terrains que les propriétaires sont obligés par le plan général à délaisser sauf indemnité, qui en cas de contestation devra être fixée par le jury (conseil d'Etat, 5 février 1857). Les alignements sont généralement délivrés sans frais ; toutefois il peut être perçu, au profit des communes, des droits de voirie, conformément à un tarif qui devait être arrêté en conseil d'Etat antérieurement au décret du 25 Mars 1852, mais qui aux termes du n° 53 du tableau A, annexé à ce décret, est aujourd'hui fixé par les préfets.

C'est aussi comme chef de la voirie municipale que le maire peut ordonner la démolition des constructions édifiées le long des voies publiques, et qui, par leur état de vétusté, menacent la sécurité des personnes et la sûreté des routes. Lorsqu'un bâtiment est reconnu menacer ruine et compromettre l'existence des personnes, il fait constater son état par un commissaire de police ; celui-ci dresse un procès-verbal constatant les indices de vétusté. Le maire enjoint alors au propriétaire de réparer sa construction, si cette réparation est possible, dans le cas contraire il ordonne de démolir et fait notifier son arrêté au propriétaire. Il n'y a pas lieu à expertise dans les questions de voirie urbaine (conseil d'Etat, 24 février 1860; c. de Cass. ch. crim. 2 octobre 1847 ; 6 mars 1857 ; 25 janvier 1873, de Valin). Les formalités que nous venons d'indiquer sont tracées par deux déclarations royales des 18 juillet 1729 et 18 août 1730. Le maire a le droit, en cas de refus du propriétaire, de faire exécuter la démolition et il n'y a pas lieu de recourir au conseil de préfecture. Les frais des travaux effectués d'office sont avancés par l'administration ; ils sont ensuite prélevés sur les matériaux, et pour le surplus, il est demandé aux tribunaux judiciaires d'en ordonner le remboursement par privilège et préférence. L'arrêté du maire est un acte d'administration pure qui n'est susceptible que du recours par la voie gracieuse, devant le préfet et le ministre. On ne peut recourir au Conseil d'Etat par la voie contentieuse que si les formalités, dont nous avons parlé précédemment, ont été méconnues.

Enfin l'administration supérieure, en vertu de son droit de surveillance, peut prescrire des mesures relatives à la police municipale, par voies de dispositions générales ; le maire est tenu de pourvoir à l'exécution de ces mesures, comme de celles qu'il prend lui-même.

Section 3. — *Arrêtés du Maire.*

Les actes par lesquels le maire agit, soit comme représentant de l'administration supérieure, soit comme magistrat municipal, sont des actes de la puissance publique, des actes d'autorité, que l'on appelle des arrêtés municipaux.

Le droit de police a toujours été considéré comme emportant celui de faire des règlements. Voici comment Loyseau s'exprime à ce sujet dans son *Traité des Seigneuries,* chapitre IX : « Le droit de police, dit-il, consiste proprement « à pouvoir faire des règlements particuliers pour tous les « citoyens de son détroit et territoire, ce qui excède la puis- « sance d'un simple juge, qui n'a pouvoir que de prononcer « entre le demandeur et le défendeur et non pas de faire des « règlements sans postulation d'aucun demandeur ni audi- « tion d'aucun défendeur et qui concernent et lient tout un « peuple : mais ce pouvoir approche et participe davantage « de la puissance du prince que non pas celui du juge, « attendu que les règlements sont comme lois et ordon- « nances particulières. »

Aujourd'hui le pouvoir du maire résulte expressément de l'article 11 de la loi du 18 juillet 1837. Cet article, qui n'est que la reproduction de l'article 46 du titre Ier de la loi des 19-22 juillet 1791, permet au maire de prendre des arrêtés à l'effet : 1° D'ordonner les mesures locales sur les objets confiés par les lois à sa vigilance et à son autorité ; 2° De publier de nouveau les lois et règlements de police et de rappeler les citoyens à leur observation.

Les arrêtés pris par le maire en conséquence de cette disposition se divisent en deux classes : les arrêtés individuels et spéciaux et les arrêtés généraux ou réglementaires.

Les arrêtés individuels et spéciaux se subdivisent eux-mêmes en deux catégories. Les uns portent des nominations ou révocations d'employés communaux, dont le choix est laissé aux maires. Les autres contiennent des autorisations, injonctions ou prohibitions diverses; ils constituent des actes administratifs proprement dits. Ces arrêtés fort divers et très nombreux peuvent concerner la police municipale et tous les objets qu'elle comprend et que nous avons détaillés dans la section précédente, la police rurale et la voirie municipale. Les alignements sont une source d'arrêtés fréquents.

La seconde classe d'arrêtés municipaux se compose, comme nous l'avons dit, des arrêtés généraux ou réglementaires, par lesquels le maire exerce l'autorité réglementaire dont il est investi en matière de police municipale, de police rurale et de voirie municipale. Le maire réglemente pour la commune, mais son autorité réglementaire est limitée par la loi, par les règlements généraux du pouvoir exécutif et par les règlements départementaux du préfet. Ces arrêtés généraux ou réglementaires se divisent en deux classes (art. 11, § 3). Il y a des arrêtés portant règlement permanent et des arrêtés portant règlement temporaire. Ces derniers sont des arrêtés pris en vue de circonstances transitoires dont la cessation abrogera virtuellement le règlement, tels que les arrêtés qui fixent la taxe du pain.

A côté des arrêtés municipaux réglementaires se placent ceux par lesquels (art. 11 § 2, loi du 18 juillet 1837) le maire, sans pouvoir modifier les actes d'une autorité supérieure à la sienne « *public de nouveau les lois et règlements de police et rappelle les citoyens à leur observation.* » Cela s'entend des anciens règlements antérieurs à 1789, aussi bien que de ceux postérieurs à cette époque ou au Code de 1810, sans que leur force obligatoire, quelle que soit la période à laquelle ils appartiennent, dépende d'une publication nouvelle faite par les soins du maire. Cette solution résulte de l'article 484 du Code pénal et de l'interprétation qu'en a fait le conseil d'Etat, en date du 8 février 1812.

La sanction pénale des arrêtés de police des maires consiste en une amende de simple police aux termes du § 15 de l'article 471 du Code pénal. Les contraventions aux bans de vendanges et autres bans autorisés par les règlements, qui sont fixés par des arrêtés du maire comme nous l'avons dit dans la section précédente, sont punies d'une amende de six à dix francs aux termes du § 1er de l'article 475 du Code pénal.

Les arrêtés pris par le maire sont immédiatement adressés au sous-préfet ; aussitôt cette formalité remplie ils sont exécutoires sur le champ, s'ils ne portent pas règlement permanent. S'ils portent règlement permanent, ils ne sont exécutoires qu'un mois après la remise de l'ampliation constatée par les récépissés donnés par le sous-préfet (art. 11. de la loi du 18 juillet 1837). Le délai d'un mois n'a été établi qu'afin de donner au préfet le temps de faire un mûr examen ; par suite il peut, dès son examen achevé, renoncer à ce délai et donner son approbation (circulaire ministérielle du 1er juillet 1840 ; ministère de l'intérieur) ; cette opinion a été repoussée par la Cour de Cassation à diverses reprises (14 mars 1850 ; 15 novembre 1860 ; 12 mars 1868).

Le préfet peut annuler les arrêtés du maire ou en suspendre l'éxécution (art. 11 de la loi du 18 juillet 1837). Ce droit s'applique à tous les arrêtés, quels qu'ils soient, individuels et spéciaux, portant règlement permanent ou règlement temporaire. Le droit d'annulation du préfet, en ce qui concerne les arrêtés individuels et spéciaux de la deuxième catégorie, est absolu et indéfini et le conseil d'Etat a reconnu implicitement qu'il peut toujours être exercé (arrêt du 11 août 1859), lors même que le préfet aurait antérieurement approuvé l'arrêté. Lorsqu'un arrêté réglementaire lui est soumis, le préfet n'a que le droit de l'approuver ou de l'annuler, il ne peut y faire aucun changement même partiel (circulaire du ministre de l'intérieur du 1er juillet 1840). De même que nous le disions tout à l'heure en parlant des arrêtés individuels et spéciaux, les préfets peuvent toujours annuler les arrêtés portant règlements, soit permanents, soit temporaires, encore bien que ces règlements aient déjà été revêtus de leur approbation ; ils peuvent de même en suspendre l'exécution (Cour de cassation, 25 novembre 1859). S'il s'agit d'arrêtés portant règlement temporaire, comme ils sont exécutoires immédiatement, l'annulation ou la suspension d'exécution prononcée par le préfet ne pourra avoir aucun effet sur les faits accomplis dans l'intervalle.

Les arrêtés individuels et spéciaux ne deviennent obligatoires que par la notification qui en est faite aux parties intéressées, soit par voie administrative, soit par ministère d'huissier. Les arrêtés généraux sont publiés par proclamations et par affiches.

En principe on peut toujours demander aux maires eux-mêmes la réformation ou l'annulation de leurs arrêtés ; en fait l'on s'adressera au préfet, mais comme nous l'avons dit tout à l'heure, le préfet ne peut qu'annuler ou suspendre l'arrêté, il ne peut en rien le modifier. C'est une conséquence du principe, indiqué dans l'article 10 de la loi du 18 juillet 1837, qui place les maires, pour l'exercice de leurs fonctions municipales, sous la surveillance et non sous l'autorité de l'administration supérieure.

Lorsque le recours par la voie gracieuse est épuisé et lorsque les arrêtés lèsent des droits acquis, on peut recourir au conseil d'Etat par la voie contentieuss. La lésion d'un simple intérêt ne suffit pas, il faut qu'il y ait droit acquis, c'est-à-dire que l'acte ou le fait contre lequel on réclame ait été accompli au mépris d'une obligation de l'administration, résultant d'un texte de loi, d'un règlement ou d'un contrat, sous la protection duquel le réclamant peut se placer. Il faut aussi pour que l'on puisse recourir au conseil d'Etat que l'arrêté que l'on attaque soit un acte administratif proprement dit ; on ne pourra donc recourir à ce mode de réformation que pour les arrêtés individuels et spéciaux de la deuxième catégorie. Les autres arrêtés sont des actes réglementaires, faits par l'autorité administrative en vertu d'une sorte de délégation du pouvoir législatif, ils ne sauraient être attaqués par la voie contentieuse. Lorsqu'un acte est attaqué pour excès de pouvoir ou incompétence, le recours au conseil d'Etat est ouvert immédiatement. Il n'examine dans ce cas que la question d'excès de pouvoir ou d'incompétence, il n'aborde pas le fond. Il y a excès de pouvoir lorsque l'agent, investi du droit de connaître de l'affaire sur laquelle il a statué, a pris une résolution qui lui était interdite, ou lorsque l'acte qu'il a rendu est fait en violation des formes substantielles, ou encore lorsqu'il a usé de son pouvoir pour un cas et des motifs autres que ceux en vue desquels ce pouvoir lui a été attribué. Il y a incompétence lorsque l'agent administratif a accompli un acte dans une matière dont il n'avait pas le droit de connaître. Le recours pour incompétence ou excès de pouvoir, s'appliquant à tous les actes d'administration, permet d'atteindre aussi bien les arrêtés réglementaires que les arrêtés individuels et spéciaux.

SECTION 4. — *Le maire distributeur des emplois communaux.*

L'article 12 de la loi du 18 juillet 1837 donne au maire le droit de nommer à tous les emplois pour lesquels la loi ne prescrit pas un mode spécial de nomination ; il permet aussi au maire de suspendre ou de révoquer les titulaires de ces emplois.

Il y a dans toutes les communes de France des secrétaires de mairie, institution éminemment utile pour la suite des affaires, leur bonne et prompte exécution. L'article 32 de la loi du 14 décembre 1789 et l'article 13 de la loi du 19 vendémiaire an IV leur avaient donné le caractère de véritables fonctionnaires, d'agents directs de l'administration ; ils donnaient par leur signature seule l'authenticité aux expéditions qu'ils délivraient. La loi du 28 pluviôse de l'an VIII, réorganisant l'administration municipale n'en parle plus, mais un arrêté du 8 messidor de l'an VIII détermine leur costume et un autre arrêté du 17 germinal de l'an XI met leur traitement au nombre des dépenses obligatoires pour les communes, qui ont plus de 20,000 francs de revenu. Enfin un avis du conseil d'Etat du 2 juillet 1807 déclare que les secrétaires de mairie ne sont que de simples employés, qui ne confèrent l'authenticité à aucune expédition, que la signature du maire est nécessaire et que seule elle doit être apposée. La loi du 18 juillet 1837 ne parle pas des secrétaires de mairie, elle se borne dans son article 30 à déclarer obligatoires les dépenses pour frais de bureau et d'impression pour le service de la commune, et dans son article 12 elle charge le maire de nommer à tous les emplois communaux pour lesquels la loi ne prescrit pas de mode spécial de nomination. On doit en conclure que les secrétaires de mairie ne sont que de simples employés, des agents auxiliaires de l'administration communale, et comme aucune loi ne prescrit un mode spécial de nomination, c'est le maire qui nomme, révoque ou suspend les titulaires.

Le maire peut également, en vertu du même texte, nommer l'architecte de la ville, le directeur des travaux communaux, le bibliothécaire, les préposés de l'octroi.

Dans les villes, chefs-lieux de département ayant plus de quarante mille âmes de population, les inspecteurs de police, les brigadiers, sous-brigadiers et agents de police sont nommés par le préfet, sur la présentation du maire (art. 23 de la loi du 24 juillet 1867). Dans toutes les autres communes l'article 3 de la loi du 20 janvier 1874 donne au maire le droit de nommer les inspecteurs de police , les brigadiers, sous-brigadiers et agents de police. Ils doivent être agréés par le préfet; le maire ne peut que les suspendre; le préfet seul peut les révoquer, toujours d'après le même texte de loi.

Les receveurs municipaux, dont les fonctions sont remplies par les percepteurs dans les communes dont le revenu est inférieur à 30,000 francs, sont nommés directement par les préfets dans les villes dont le revenu n'excède pas 300,000 francs; dans les autres villes et communes ils sont nommés par le chef de l'Etat (décret-loi du 25 mars 1852, art. 5).

Pour les gardes-champêtres le même décret a substitué la nomination par le préfet au mode organisé par l'article 13 de la loi du 28 juillet 1837. C'est encore le préfet, qui d'après ce décret nomme les gardes forestiers dans les communes où il y en a, les préposés en chef de l'octroi, les médecins des établissements thermaux qui appartiennent aux communes, les directeurs et receveurs des établissements de bienfaisance, les directeurs et préposés des écoles de dessin et les conservateurs des musées des villes.

Le maire nomme les pâtres communs, sauf l'approbation du conseil municipal ; il peut prononcer leur révocation (art. 13 de la loi du 18 juillet 1837).

SECTION 5. — *Le Maire président du conseil municipal.*

Le maire convoque les membres du conseil municipal, il fixe le jour et l'heure de l'assemblée.

Pour les sessions ordinaires, il convoque de sa propre autorité, aux époques fixées par la loi (art. 15 de la loi du 5 mai 1855). Une circulaire du ministre de l'intérieur du 12 juin 1875 (*Bull. offi.* 1875, page 273) rappelle que la règle de l'article 15 de la loi de 1855 ne comporte aucune dérogation

et ajoute : « Les maires abuseraient du droit qui leur appar-
« tient de fixer le jour de l'ouverture de la session en recu-
« lant l'époque de cette session au-delà de la première
« quinzaine du mois où elle doit se tenir, et à plus forte
« raison en laissant écouler ce mois tout entier sans réunir
« le conseil. » Pour les sessions extraordinaires il faut une
prescription ou une convocation du préfet ou du sous-préfet.
Les convocations se font par écrit et à domicile; le délai
entre la convocation et la réunion est de trois jours pour les
sessions ordinaires et de cinq jours pour les sessions extraordinaires ; en outre pour celles-ci la convocation indique
expressément les objets spéciaux et déterminés en vue
desquels le conseil doit s'assembler. Dans tous les cas le
sous-préfet, s'il y a urgence, peut abréger les délais de
convocation (art. 16 de la loi des 5-9 mai 1855).

Dans les cas prévus aux articles 2 et 42 de la loi du 18
juillet 1837, où il est ordonné d'appeler les plus fort imposés
aux rôles de la commune en nombre égal à celui des conseillers municipaux, le maire les convoque individuellement
et au moins dix jours à l'avance.

Le maire préside le conseil municipal avec voix prépon-
dérante ; les mêmes droits appartiennent à l'adjoint qui le
remplace (art. 19 de la loi des 5-9 mai 1855). Les seules
séances où le maire ne préside pas le conseil municipal sont
celles où ses comptes d'administration sont débattus. Dans
ce cas le conseil municipal désigne au scrutin celui de ses
membres qui exerce la présidence. Le maire peut assister à
la délibération, mais il doit se retirer au moment où le
conseil municipal va émettre son vote. Le président adresse
directement la délibération au sous préfet (art. 25 de la loi
du 18 juillet 1837).

Le maire préside aussi toutes les commissions nommées
dans le sein du conseil municipal (Bulletin off. minist. intér.
1855, page 97 et 1874, page 488).

Il a la police des séances et la direction des débats ; il adresse au sous-préfet, sauf dans le cas que nous avons indiqué plus haut, et dans la huitaine, copie des procès-verbaux des délibérations.

SECTION 6. — *Le maire représentant civil de la commune.*

Comme nous l'avons vu dans les sections précédentes de ce chapitre, le maire magistrat municipal exerce la puissance que lui communique la société communale dont il est le chef. Les actes qu'il fait en cette qualité sont des actes administratifs, ils en ont tous les privilèges et toutes les immunités ; ils créent des droits et il n'appartient qu'à l'autorité administrative de les interpréter et de les réformer. Au contraire dans cette section et dans celles qui vont suivre, nous allons voir le maire exercer un mandat civil, faire des actes soumis au droit commun et à la compétence des tribunaux ordinaires. En outre comme magistrat municipal le maire ne relève que de l'administration supérieure ; il est complètement indépendant du conseil municipal qui n'est jamais appelé à délibérer sur les arrêtés qu'il prend. Au contraire comme représentant civil, financier et judiciaire de la commune, il est essentiellement subordonné à la volonté du conseil municipal ; il n'est que l'exécuteur de ses délibérations ; il agit quelquefois seul, mais c'est pour des actes conservatoires, des actes urgents ou quelques actes spécialement déterminés pas la loi. S'il est le tuteur, le conseil municipal est le conseil de famille de la commune. Mais seul il a le droit de traduire en faits les délibérations du conseil ; seul il peut représenter la commune dans les actes de la vie civile. *Au conseil municipal la délibération, au maire seul l'action.*

Nous allons trouver dans les paragraphes 2 et suivants de l'article 80 de la loi du 18 juillet 1837, l'énumération des attributions du maire, comme représentant civil, financier et judiciaire de la commune. Dans cette section nous n'allons examiner que les paragraphes qui concernent ses fonctions de représentant civil.

Le § 2 le charge « *de la conservation et de l'administration des propriétés de la commune et de faire en conséquence tous actes conservatoires de ses droits.* » Le maire peut faire tout acte conservatoire, sans être obligé de faire délibérer le conseil municipal et d'attendre la permission de l'autorité administrative. Autrement les communes n'eussent pas été réellement protégées, elles eussent été sacrifiées aux formalités. Le maire pourra agir, mais dans les limites de la nécessité seulement. Ainsi l'article 48 de la loi du 18 juillet 1837 lui permet d'accepter conservatoirement les dons et legs faits aux communes, avec l'autorisation du conseil municipal ; on craint qu'en attendant l'autorisation de l'administration supérieure la libéralité ne soit révoquée par le retrait des offres ou par la caducité dont elle serait frappée par la mort de son auteur, s'il s'agit de donation ; ou s'il s'agit de legs on désire pouvoir veiller à la conservation des biens qui les composent, ou profiter le plus tôt possible des fruits et intérêts. Mais cette acceptation provisoire n'est qu'une mesure purement conservatoire ; l'autorisation administrative n'en doit pas moins intervenir pour habiliter la commune à recevoir. En un mot le maire doit faire tout acte urgent qui a pour but de sauvegarder les droits de la commune.

Le paragraphe 3 le charge de la surveillance des établissements communaux ; leur bonne administration importe beaucoup à la fortune communale qui, presque toujours, est obligée de les subventionner ; il doit veiller sur les collèges, écoles, bibliothèques, musées, etc., qui appartiennent à la commune ; il doit prévenir les abus, les constater et les dénoncer s'il y a lieu.

Le paragraphe 5 lui donne la direction des travaux communaux. Cette direction n'est pas absolue et sans contrôle ; le conseil municipal (§ 6 de l'art. 19 de la loi du 18 juillet 1837) doit délibérer sur tous les travaux à entreprendre, il en arrête le projet. L'exécution en est surveillée par l'architecte quand il s'agit de constructions, par l'agent-voyer quand il s'agit de travaux de voirie, mais ils ne sont que des auxiliaires et le maire a toujours la surveillance officielle ; il doit faire exécuter les plans et devis arrêtés par le conseil municipal, ainsi que les clauses imposées par le cahier des charges. C'est encore lui qui reçoit les travaux lorsqu'ils sont terminés. Mais quel est le véritable caractère des travaux exécutés sous les ordres du maire. Sont-ils des travaux publics ou des travaux privés ! question importante pour l'ordre et le règlement des compétences. Si ces travaux sont des travaux publics, le conseil de préfecture prononcera sur toutes les difficultés qui s'élèvent entre la commune et l'entrepreneur *concernant le sens ou l'exécution des clauses de leurs marchés*, et sur les indemnités dues pour les dommages causés aux propriétés privées (paragraphes 2 et 4 de l'article 4 de la loi du 28 pluviôse an VIII). Si ces travaux sont des travaux privés, toutes ces questions rentrent dans la compétence des tribunaux ordinaires. Sur cette grave question on a proposé plusieurs systèmes, nous allons exposer les trois principaux.

Le premier refuse aux travaux communaux, c'est-à-dire exécutés sous la surveillance du maire et avec les fonds de la commune, le caractère de travaux publics. L'argumentation à l'appui de ce système s'appuie sur les articles 3 et 4 de la loi du 28 pluviôse an VIII. L'article 4 dit : « le conseil « de préfecture prononcera sur les difficultés qui pourraient « s'élever entre les entrepreneurs de travaux publics et l'ad- « ministration....... » et l'article 3 : « Le préfet seul sera « chargé de l'administration. » On dit donc : « les travaux « publics sont ceux qui sont entrepris par l'administration,

« et pas de doute sur le mot administration, il est défini
« dans la loi. » Et puis remarquez, dit-on encore, « que le
« conseil de préfecture ne connaît que des difficultés en
« matière de grande voirie : si les travaux communaux
« étaient des travaux publics, les travaux de voirie commu-
« nale n'auraient pas été exclus de sa compétence. »

Le second système, au contraire, reconnaît à tous les
travaux entrepris par l'association communale le caractère
de travaux publics. Il ne fait de réserves que pour les travaux qui concernent uniquement les propriétés patrimoniales de la commune, car là l'intérêt de l'association
communale n'est que l'intérêt d'un propriétaire privé. Les
travaux publics, dit-on, sont les travaux d'utilité publique,
les travaux qui peuvent entraîner l'expropriation totale ou
partielle de la propriété privée, les travaux dont l'exécution
engage l'intérêt public. Or les travaux communaux sont des
travaux d'utilité publique, puisque la loi du 3 mai 1841
(art. 12) permet d'exproprier dans un intérêt communal.
On dit dans le premier système que les travaux de petite
voirie sont des travaux privés, autrement qu'ils seraient
placés sous la compétence du conseil de préfecture, mais il
faut bien considérer que l'article 4, dont on se faisait un
argument dans ce système, ne s'occupe que des contraventions et non pas des travaux de voirie ; autrement le second
et le cinquième paragraphe de l'article 4 feraient double
emploi, l'un régissant l'espèce quand l'autre a posé le principe. Si les travaux de la voirie urbaine n'étaient pas des
travaux publics, comment se fait-il qu'ils puissent entraîner
expropriation pour cause d'utilité publique soit directement,
soit tacitement par voie d'alignement.

Le troisième système admet que les travaux communaux
sont ou ne sont pas travaux publics selon qu'ils sont ou non
d'utilité publique ; on considère dans ce système le caractère et le but final des travaux. Cette opinion nous semble

préférable ; il y a du reste à dire que la jurisprudence, après avoir longtemps varié, reconnaît unanimement la vérité de ce système. La cour de Cassation par un arrêt du 28 juin 1853, le conseil d'Etat par ses arrêts du 29 nov. 1855, du 21 février 1873 ont reconnu que les travaux communaux pouvaient être travaux publics ; la cour de cassation a jugé aussi (10 Déc. 1866) que les travaux communaux ayant pour objet le seul intérêt de la personne morale ne constituent pas des travaux publics. En résumé seront travaux publics ceux qui seront exécutés après expropriation pour cause d'utilité publique, ou sur des biens dépendant du domaine public, non susceptible de propriété privée.

Avant de terminer ce qui concerne les travaux communaux nous devons dire un mot des attributions du maire en matière d'expropriation pour cause d'utilité publique communale. Une fois l'expropriation prononcée, il faut faire régler l'indemnité ; pour arriver à ce règlement, l'expropriant doit signifier ses offres aux divers ayants-droit (loi du 3 mai 1841, art. 21 et 23). La loi d'expropriation dit que c'est l'administration qui notifie, sans autrement définir ; on doit donc la combiner avec les lois d'administration départementale et communale : les offres devront donc être arrêtées et notifiées par le maire de la commune, s'il s'agit de travaux communaux (cour de cass., chamb. civ., 12 mai 1858, Desgrées et Raud contre ville de Vannes).

Le droit exclusif du maire d'ester devant le jury est reconnu par tous, mais il y a quelques autres points sur lesquels la cour de cassation lui conteste ses droits. Ainsi dans le cas de l'article 13 de la loi de 1841 sur les expropriations, la cour de cassation refuse au maire le droit de transmettre au procureur les pièces nécessaires pour requérir l'expropriation des immeubles compris dans l'arrêté de cessibilité et elle semble (ch. civ., 27 décembre 1865 ; Devaux contre préfet de la Charente) admettre le droit

exclusif du préfet dans toutes les expropriations. Elle admet
que le maire a le droit de convoquer les jurés (art. 31) et
les parties (art. 28), mais elle n'exclut pas les droits du
préfet et du sous-préfet dans les expropriations communales (ch. civ. deux arrêts du 6 avril 1859. Cario contre ville
de Vannes) ; elle admet aussi que si aucune convocation
n'est adressée au maire, la décision du jury est nulle (ch.
civ. 17 déc. 1867 ; com. de Salles contre Tymbeau).

Les paragraphes 6 et 7 de l'article 10 de la loi du 18 juillet 1837 chargent le maire de souscrire les marchés, de
passer les baux des biens et les adjudications de travaux
communaux, dans les formes établies par les lois et règlements ; de souscrire dans les mêmes formes les actes de
vente, échange, partage, acceptation de dons ou legs, acquisition, transaction, lorsque ces actes ont été autorisés conformément à la loi. Sur ces paragraphes nous avons peu à
dire, le conseil municipal devant délibérer sur toutes ces
matières, c'est en traitant de ses attributions qu'il conviendra d'entrer dans quelques détails ; mais nous devons
indiquer brièvement les devoirs du maire en matière de dons
et de legs.

C'est le maire, qui en vertu de la délibération du conseil
municipal et avec les autorisations prescrites, accepte les
dons et legs faits aux communes ; mais il est aussi le représentant légal des pauvres de la commune ou de certaines catégories de pauvres, lorsque des libéralités entre vifs
ou testamentaires leur ont été faites sans détermination ni
désignation d'établissement compétent ; le maire doit dans
ce cas se faire autoriser, accepter les dons ou legs et leur
donner la destination voulue par les donateurs ou testateurs. Ce droit résulte pour lui de l'article 937 du Code civil
et de l'ordonnance royale du 2 avril 1817. Jusqu'en ces derniers temps cette ordonnance n'était appliquée sous ce rapport que dans les communes où il n'existait pas de bureau

de bienfaisance. C'était la conséquence d'une jurisprudence, longtemps suivie par l'administration et le conseil d'Etat (avis du 15 janvier 1837), qui faisait du bureau de bienfaisance le représentant légal des pauvres. Mais un avis du conseil d'Etat, en date du 6 mars 1873, est venu changer cette pratique et établir que les bureaux de bienfaisance ne peuvent recevoir que les dons et legs qui leur sont adressés, que les maires sont les représentants légaux des pauvres, qu'il y ait ou non un bureau de bienfaisance dans la commune, et que par conséquent seuls ils sont capables d'accepter les libéralités faites sans autre détermination aux pauvres de la commune ou à certaines catégories de pauvres, mais que, s'ils sont les représentants légaux des pauvres, ils n'en sont pas les représentants exclusifs et que tous autres établissements publics peuvent être autorisés à recueillir ces libéralités conformément à la volonté des disposants, pourvu que ces établissements soient de ceux à qui l'usage ou la loi permettent de s'occuper du soulagement des pauvres.

Un avis du conseil d'Etat du 7 Décembre 1858 autorise aussi le maire, lorsqu'il est régulièrement autorisé par le conseil municipal et l'administration, à accepter les dons et legs faits à des établissements non légalement reconnus, lorsqu'il résulte de la disposition ou des termes employés que le testateur ou donateur a eu en vue de gratifier non l'établissement lui-même en sa qualité personnelle, mais uniquement la classe d'indigents à laquelle l'établissement désigné consacre ses soins. Le conseil d'Etat donne pour raison que beaucoup d'établissements charitables, bien que non légalement reconnus, se rattachent par des liens si étroits à l'administration communale qu'ils peuvent être réellement considérés comme ayant acquis le caractère d'établissements communaux, et que le respect de la volonté des testateurs et l'intérêt des pauvres doivent conduire à rechercher, autant que possible, l'interprétation la plus favorable à l'accomplissement des legs. Dans le même sens la cour de Caen (29 février 1864) et la cour da cassation (6 novembre 1866) ont reconnu la validité d'un legs fait à une congrégation de femmes non autorisée, en le considérant comme fait, non au profit de la communauté, mais aux pauvres dont elle s'occupait et qui étaient représentés au procès par le maire de la commune (ch. civ. Varin c., maire de Caen ; Sirey, 1869, partie 1, page 120).

De l'avis du conseil d'Etat du 6 mars 1873 dont nous avons parlé tout à l'heure il résulte aussi, que lorsqu'une donation ou un legs sont faits à un établissement religieux, fabrique ou autre, s'il s'agit d'une fondation dont les revenus seuls doivent être distribués, le maire, tout en acceptant pour les pauvres la libéralité qui leur est faite, n'a pas le droit de contrôler l'emploi qui est fait des revenus ; il peut réclamer les moyens de s'assurer dans l'avenir que le capital de la fondation sera conservé.

SECTION 7. - *Le maire représentant financier de la commune et ordonnateur des dépenses municipales.*

Nous allons encore trouver dans l'article 10 de la loi du 18 juillet 1837 l'énumération des fonctions financières du maire, elles sont indiquées dans les paragraphes trois et quatre de cet article. Le paragraphe trois le charge de la gestion des revenus et de la surveillance de la comptabilité communale.

La gestion des revenus pour le maire ne signifie pas qu'il encaisse les deniers, non, c'est la fonction du receveur municipal ; le maire doit seulement veiller à la rentrée des produits des diverses impositions et taxes communales et faire percevoir les impôts extraordinaires. L'article 63 de la loi du 18 juillet 1837 lui donne un droit particulier : « Toutes

« les recettes municipales pour lesquelles des lois et règle-
« ments n'ont pas prescrit un mode spécial de recouvrement
« s'effectuent sur des états dressés par le maire. Ces états
« sont exécutoires après qu'ils ont été visés par le sous-
« préfet. » Cet état dressé par le maire n'est tout simplement
qu'une liquidation administrative à laquelle un privilège
spécial donne la force exécutoire ; la loi de 1837 a tout simplement voulu éviter que la commune fût obligée pour la
créance la plus minime, la plus incontestable de s'adresser
aux tribunaux pour demander un titre exécutoire ; mais cela
n'a pas d'autre importance ni d'autre but.

Le maire doit surveiller la comptabilité communale ; le
comptable de la commune pour les recettes et les dépenses
est le receveur municipal. Celui-ci doit recouvrer toutes les
taxes et impositions communales, faire rentrer les revenus,
legs ou donations, poursuivre les débiteurs en retard, avertir les administrateurs de la fin des baux, empêcher les
prescriptions, en un mot faire tous les actes nécessaires à
la conservation de la fortune communale, dans les limites
qui lui sont assignées par les règlements (art. 470 de l'ordonnance du 31 mai 1838). Il ne peut refuser le paiement
des sommes ordonnancées par le maire que dans les seuls
cas, où la somme ordonnancée ne porterait pas sur un crédit
ouvert ou le dépasserait ; où les pièces produites seraient
insuffisantes ou irrégulières ; où il y aurait eu opposition
dûment signifiée contre le paiement réclamé, entre les mains
du comptable. Il doit motiver son refus (art. 472 de la même
ordonnance). Ses écritures sont tenues en partie simple
(art. 473 de la même ordonnance). Les comptes annuels des
receveurs seront soumis au conseil municipal dans sa session de mai ; ces comptes doivent présenter : 1° le solde
restant en caisse et en portefeuille au commencement de
chaque gestion ; 2° les recettes et les dépenses de toute nature effectuées pendant l'exercice ; 3° le montant des valeurs

en caisse et en portefeuille composant le reliquat à la fin de chaque exercice. Ces comptes affirmés sincères et véritables par le comptable, datés et signés par lui, doivent être présentés à l'autorité chargée de les juger, avant le 1er juillet de l'année qui suit celle pour laquelle ils sont rendus (art. 474, 475 et 479 de la même ordonnance). C'est à la régularité, à la bonne tenue de cette comptabilité et de ce compte que le maire doit veiller.

Le paragraphe quatre de l'article 10 de la loi du 18 juillet 1837 charge le maire de proposer le budget et d'ordonnancer les dépenses.

Le maire propose le budget de la commune, car seul il a les documents nécessaires pour faire ce travail et mettre en équilibre les recettes et les dépenses ; l'initiative ne convenait qu'à lui. La loi du 18 juillet 1837 a réglé avec le plus grand soin le mécanisme du budget communal, qui doit comprendre à la fois les dépenses et les recettes. Nous indiquerons quelles sont les dépenses obligatoires et facultatives et nous parlerons des recettes communales, lorsque nous traiterons des attributions du conseil municipal en fait de budget.

Le maire est ordonnateur des dépenses communales, c'est-à-dire que dans la limite des crédits ouverts, il délivre les mandats de paiement aux divers ayants-droits. Il ne peut employer les crédits qu'aux dépenses pour lesquelles ils ont été votés. Tout mandat ou ordonnance doit énoncer l'exercice et le crédit auxquels la dépense s'applique et être accompagné, pour la légitimité de la dette et la garantie du paiement, des pièces indiquées par les règlements (art. 446 et 447 de l'ordonnance du 31 mai 1838). Le maire demeure chargé sous sa responsabilité de la remise aux ayants-droits des mandats qu'il délivre sur la caisse municipale (art. 448 de la même ordonnance). Le maire peut seul délivrer des mandats et il les délivre en vertu de son pouvoir propre et sans délégation préalable du ministre de l'intérieur, à la différence des préfets qui, même pour les dépenses départementales, ne peuvent délivrer de mandats qu'en vertu d'une ordonnance de délégation émanée du ministre de l'intérieur. Cette différence tient à ce que les comptes et budgets communaux sont entièrement distincts de ceux de l'Etat ; tandis que ceux des départements y sont étroitement rattachés. Bien que le maire seul puisse délivrer des mandats, s'il refusait d'ordonnancer une dépense régulièrement autorisée et liquide, il serait prononcé par le préfet en conseil de préfecture. L'arrêté du préfet tiendrait lieu de l'ordonnance du maire (art. 61 de la loi du 18 juillet 1837). Les crédits, accordés pour un exercice, sont affectés au paiement des dépenses qui résultent de services faits dans l'année qui donne son nom à l'exercice ; néanmoins les crédits restent à la disposition du maire ordonnateur jusqu'au 15 mars de l'année suivante, mais seulement pour compléter les dépenses auxquelles ils ont été affectés. Passé le 31 mars, l'exercice est clos ; les crédits demeurés sans emploi sont annulés et les restes à recouvrer et à payer sont reportés de droit, et sous un titre spécial, au budget de l'exercice pendant lequel la clôture a lieu. Aucune dépense ne peut être ordonnancée passé le 15 du mois de la clôture de l'exercice et les mandats, non payés dans la quinzaine suivante, sont annulés, sauf réordonnancement s'il y a lieu, avec imputation sur les reliquats de l'exercice clos reportés au budget de l'année courante (art. 450, 451, 452 et 453 de l'ordonnance du 31 mai 1838). Au fur et à mesure de chaque opération d'ordonnancement, il doit en être tenu écriture sur des registres ouverts dans chaque mairie ; dans les grandes administrations municipales, les maires doivent faire tenir un journal et un grand-livre pour y consigner sommairement toutes les opérations financières concernant la fixation des crédits, la liquidation, l'ordonnancement ou le paiement, et ces mêmes opérations doivent en même temps être décrites avec détail dans des livres ou registres auxiliaires, au nombre et dans la forme déterminés par les préfets, suivant la nature et l'importance des diverses parties du service (art. 455 de la même ordonnance). Bien que le maire ne puisse mandater que les dépenses portées au budget, l'article 37 de la loi du 18 juillet 1837 lui permet de faire emploi du crédit voté par le conseil municipal pour dépenses imprévues avec la simple autorisation du préfet ou du sous-préfet et sans délibération du conseil municipal ; si la commune n'est chef-lieu ni d'arrondissement ni de département, il n'est même pas assujetti à cette autorisation préalable, mais il faut pour cela que la dépense soit urgente, c'est-à-dire qu'il ne soit pas possible d'en référer à l'autorité supérieure ; le maire |doit en informer immédiatement le sous-préfet et rendre compte de la dépense au conseil municipal dans la première session ordinaire qui suit la dépense effectuée.

Tous les ans le maire présente au conseil municipal, avant la délibération du budget, ses comptes d'administration pour l'exercice clos. Ils sont définitivement approuvés par les préfets pour les communes dont le revenu est inférieur à cent mille francs et par le ministre compétent pour les autres communes (art. 60 de la loi du 18 juillet 1837). Le compte d'exercice à rendre par le maire ordonnateur présente, par colonnes distinctes et en suivant l'ordre des chapitres et des articles du budget, *en recette* : 1° la désignation de la nature de recette ; 2° l'évaluation admise par le budget ; 3° la fixation définitive de la somme à recouvrer d'après les titres justificatifs ; 4° les sommes recouvrées pendant l'année du budget et pendant les trois premiers mois de la seconde année ; 5° la somme restant à recouvrer. *En dépense :* 1° La désignation des articles de dépense admis par le budget ; 2° le montant des crédits ; 3° le montant des sommes payées sur ces crédits, soit dans la première année, soit dans les trois premiers mois de la deuxième ; 4° les restes à payer, à reporter au budget de l'exercice suivant ; 5° les crédits ou portions de crédit à annuler, faute d'emploi dans les délais prescrits. Le maire joint d'ailleurs à ce compte tous les développements et explications qui doivent en former la partie morale et servir, tant au conseil municipal qu'à l'autorité supérieure, à apprécier les actes administratifs du maire, pendant l'exercice qui vient de se terminer (art. 456 de l'ordonnance royale du 31 mai 1838). C'est sur ce compte ainsi dressé que délibère le conseil municipal ; comme on peut le voir ce compte d'exercice a surtout pour caractère et pour but de mettre en regard les dépenses réalisées et les recettes effectuées.

Le maire fait préparer au receveur municipal dans la première quinzaine d'avril, d'après les écritures de celui-ci, un état de situation de l'exercice clos, qui doit faire ressortir les recouvrements effectués et les restes à recouvrer, les dépenses faites et les restes à payer, ainsi que les crédits annulés et enfin l'excédant définitif des recettes. Cet état est joint par le maire à son compte d'administration comme pièce justificative et pour servir au règlement définitif des recettes et des dépenses de l'exercice clos (art 477 de l'ordonnance du 31 mai 1838).

Les comptes du maire sont arrêtés par l'administration, parceque ce sont des comptes de mandats, des comptes administratifs ; les comptes du receveur municipal sont débattus et arrêtés par le conseil municipal, mais ils sont définitivement apurés par le conseil de préfecture pour les communes dont le revenu n'excède pas 30,000 francs, sauf recours à la cour des comptes ; et directement par la dite cour pour les communes dont le revenu excède 30,000 francs.

SECTION 8. — *Le maire représentant judiciaire
de la commune.*

Le paragraphe 8 de l'article 10 de la loi du 18 juillet 1837
charge le maire de représenter la commune en justice soit
en demandant soit en défendant ; il doit être habilité à plaider par une délibération du conseil municipal et la commune
doit être autorisée à plaider par le conseil de préfecture
(art. 19 et 49 de la loi du 18 juillet 1837).

Même sur la demande du conseil municipal, le conseil de
préfecture ne pourrait déléguer à un autre le mandat que la
loi donne au maire. Le maire a des fonctions déterminées
par la loi et l'exercice n'en est soumis ni au contrôle, ni au
bon plaisir du conseil municipal ou du conseil de préfecture.
Il a été jugé qu'un préfet n'a pas le droit d'ester en justice
pour une commune de son département (cour de Cass. 30
nov. 1863 ; 3 avril 1867, Pizel c. com. de Job, Sirey 1867,
part. 1, page 347). Mais enfin si un mandataire a été désigné
par le conseil de préfecture qu'arrivera-t-il ! Il intente son
action. Que devra décider le tribunal ! Devra-t-il le déclarer
non recevable, ou au contraire devra-t-il attendre que le
Conseil d'Etat ait réformé l'arrêté du conseil de préfecture !
Ce point présente une certaine difficulté. On peut objecter
que la loi des 16-24 août 1790, dans l'article 13 du titre 2, défend aux juges de troubler les opérations des corps administratifs et de réformer, sous quelque prétexte que ce soit,
un acte administratif. Mais d'un autre côté, ne pouvons-
nous pas répondre qu'un tribunal a toujours le droit et
le devoir de vérifier la qualité du demandeur. Peut-on
condamner un juge à se rendre complice d'un excès de
pouvoir et d'une illégalité ! Le tribunal est tenu de respecter
la compétence administrative et non les empiètements de
l'administration ; or le conseil de préfecture n'avait pas le

droit de priver le maire du mandat, qui lui est donné par la loi, de représenter la commune en justice (cour de cassation, 21 nov. 1837, Sir. 1838 part. 1, page 165).

Le maire est donc seul apte à représenter la commune en justice, mais il ne peut le faire qu'après une délibération du conseil municipal et celui-ci ne peut-être contraint de soutenir ou de laisser soutenir les procès de la commune, pas plus qu'il ne peut être contraint à vendre ou à acheter. Mais de même que le maire a besoin de la délibération du conseil, de même la commune a besoin pour plaider d'une autorisation. Cette autorisation lui est donnée par le conseil de préfecture ; en l'absence d'autorisation la procédure suivie est nulle, mais cette nullité est relative en ce que l'autorisation accordée avant le jugement définitif valide la procédure antérieure. La cour de Cassation, dans un autre sens, admet qu'elle est absolue et d'ordre public et permet de l'opposer après les conclusions prises au fond, devant le second degré de juridiction et même pour la première fois devant la cour suprème (cour de cassation, 27 mai 1862 ; Sirey, 1863, partie 1, page 40), mais cette opinion est controversée. Le défaut d'autorisation est aussi un cas d'ouverture à requête civile, aux termes de l'article 481 du Code de procédure civile.

L'autorisation du conseil de préfecture est nécessaire à la commune aussi bien pour défendre que pour demander, pour plaider devant les juridictions répressives aussi bien que devant les juridictions civiles ; ce dernier point a été ainsi décidé par un arrêt de la cour de Douai du 10 juillet 1860. Il n'y a d'exception que dans deux cas : 1° Le procès que la commune veut intenter est du ressort du contentieux administratif, dans ce cas il n'y a pas lieu à autorisation puisque l'affaire est jugée presque toujours par le conseil de préfecture, pour aboutir au conseil d'Etat ; 2° Lorsqu'il s'agit d'intenter une action possessoire ou d'y défendre et faire tous actes conservatoires et interruptifs des déchéances (art. 55 de la loi du 18 juillet 1837). Dans ce cas non-seulement le maire peut intenter l'action, mais il peut encore poursuivre l'instance sans autorisation. Il importe en effet d'intenter promptement l'action afin d'interrompre la déchéance ou d'obtenir un jugement qui rende à la commune la possession qu'elle a perdue. Un avis du conseil d'Etat du 18 Décembre 1844 a décidé que l'autorisation était néanmoins nécessaire pour le pourvoi en cassation contre un jugement rendu au possessoire. On a quelquefois soulevé la question de savoir si le maire, dans les cas prévus à l'article 55, pouvait se dispenser de faire délibérer le conseil municipal. Nous ne le croyons pas, car aux termes du paragraphe 10 de l'article 19 de la même loi de 1837 le conseil municipal est appelé à délibérer sur les actions judiciaires ; on ne fait aucune distinction, et d'ailleurs le sens des mots, *sans autorisation préalable*, de l'article 55 est défini par les articles qui précèdent et qui ne s'occupent que de l'autorisation du conseil de préfecture. Ajoutons que le conseil municipal ayant quatre sessions par an et pouvant toujours être convoqué extraordinairement, nous ne voyons pas pourquoi il ne serait pas consulté.

Nous avons dit tout à l'heure que le maire seul pouvait représenter la commune en justice ; par conséquent nul autre que lui ne peut intenter une action communale.

C'était cependant, avant la loi de 1837, un point très controversé que celui de savoir si les habitants d'une commune ne pouvaient pas eux aussi intenter une action communale, en invoquant non le droit de la commune, mais leur droit propre comme membres de l'association communale. On disait à l'appui de cela que souvent un conseil municipal laisserait périr, sans vouloir le défendre, le droit le plus certain et le plus incontestable, tantôt par ignorance du droit, tantôt par mépris de la chose qui ne lui paraît pas valoir les embarras et les frais d'un procès, tantôt enfin par suite d'influences diverses et qu'il importerait par conséquent qu'un tiers pût défendre la commune, soit qu'il y fût poussé par son intérêt particulier, soit qu'il se dévouât pour l'intérêt général. On citait à l'appui le paragraphe 3 de la loi première du titre VI, *Quod cujuscumque universitatis nomine vel contra eam agatur*, livre III au *Digeste*, où il est dit : « *Et, si extraneus defendere velit universitatem, per-* « *mittit proconsul, sicut in privatorum defensionibus* « *observatur : quia eo modo melior conditio universitatis* « *fit.* » Ce paragraphe donnait a un tiers le droit de défendre la corporation, avec l'autorisation du proconsul.

Quoiqu'il en soit, la loi de 1837, dans son article 49, a donné le pouvoir à tout contribuable d'exercer le droit de la commune; et contrairement à la loi romaine elle ne distingue pas, l'habitant peut ester en justice pour la commune pour demander aussi bien que pour défendre, mais il faut remplir les cinq conditions prescrites.

1° Il faut que le tiers soit inscrit au rôle de la commune. C'est une garantie d'intérêt, car s'il est étranger, de quel droit vient-il se mêler des affaires de la commune et puis l'inscription au rôle est aussi une preuve de solvabilité.

2° Le contribuable doit se faire autoriser par le conseil de préfecture, car on n'a pas voulu que le premier venu puisse venir intenter des procès sur des points trop incertains, ou puisse compromettre des droits certains et incontestables, dont il vaudrait mieux ajourner l'exercice.

Le contribuable autorisé à exercer une action communale a-t-il besoin pour appeler ou se pourvoir en cassation, d'une nouvelle autorisation. Deux opinions sont en présence ; d'après la première l'autorisation du conseil de préfecture serait nécessaire à chaque changement de juridiction. On s'appuie sur ce que les deux premiers paragraphes de l'article 49 précité, obligent la commune, lorsqu'elle-même in-

tente l'action, à obtenir autorisation pour chaque degré de
juridiction ; que les contribuables, lorsqu'ils plaident pour
la commune, ont une position identique à celle des représentants légaux de l'association communale ; que le troisième paragraphe de l'article 49 ne fait pas d'exception et
que, parlant de l'autorisation du conseil de préfecture, il se
réfère à ce qui est dit dans les deux premiers paragraphes ;
que le quatrième paragraphe du même article 49 porte que
la décision, qui intervient sur les poursuites des contribuables, produit effet à l'égard de la commune, qu'une commune
peut avoir intérêt à accepter un jugement, lors même qu'ils
n'aurait accueilli qu'une partie des chefs de la demande formée par des contribuables et que si les contribuables
avaient le droit de former appel sans autorisation spéciale,
ils pourraient ainsi provoquer un appel incident et faire
perdre à la commune les avantages acquis en première instance et dont elle désirait se contenter ; qu'enfin le pourvoi,
autorisé par l'article 50 de la loi de 1837, contre le refus
d'autorisation, a trait au refus d'autorisation soit en appel,
soit en première instance, que pour l'exercice de ce pourvoi
ledit article range sur la même ligne sans distinction aucune, le contribuable, la commune ou la section de commune et que cette identité de position prouve l'identité des
droits et des obligations qui pèsent sur le contribuable de
même que sur un maire ou adjoint, quand il s'agit d'une
action communale.

Le système contraire nous paraît plus rationnel ; l'article
49 ne dit pas que le contribuable doit se faire autoriser à
introduire le litige, à appeler, à se pourvoir ; il dit seulement
qu'il faut que le conseil de préfecture lui permette d'exercer
les actions qu'il croit appartenir à la commune. Il ne s'agit
donc pas ici d'un recours à telle au telle juridiction, mais
d'un mandat à donner ; une fois l'arrêté rendu, le contribuable est le délégué de la commune. L'article 49 ne définit

rien , c'est donc à lui à exercer le droit de la commune comme il le veut et à s'arrêter quand il lui conviendra. Du reste l'autorisation donnée au contribuable et celle donnée à la commune n'ont pas le même caractère, on ne doit donc pas interpréter le troisième paragraphe de l'article 49 par le premier. Le conseil de préfecture n'autorisera pas à faire un procès qui n'offre aucune chance, mais si le procès peut réussir il ne serait pas juste d'empêcher le contribuable de courir la chance d'un appel ou d'un pourvoi. On nous objectera encore que c'est faire courir à la commune le danger de l'insolvabilité du contribuable, nous répondrons à cela que l'article 49 ne l'oblige pas à se présenter et à se défendre et que d'ailleurs le conseil de préfecture ne donnera pas à un insolvable autorisation de plaider au nom de la commune. Nous pensons donc que l'autorisation, une fois donnée au contribuable pour introduire l'instance, n'a pas besoin d'être renouvelée pour lui permettre de se présenter devant les juridictions supérieures.

3° La commune doit être préalablement appelée à en délibérer et refuser ou négliger d'exercer ses droits; cela est parfaitement justifié, car il ne serait pas bon que l'on puisse intervenir malgré elle. L'article 49 est formel, il exige une délibération; et si la commune, loin de délaisser, entend soutenir son droit, nul ne pourra intervenir et se faire malgré elle son mandataire.

4° La commune sera mise en cause et la décision qui interviendra aura effet à son égard. On n'a pas voulu que l'adversaire de la commune fût exposé à subir deux fois les chances judiciaires pour le même litige. Le maire n'étant pas averti, il pourrait y avoir des transactions frauduleuses, que sa surveillance empêchera; le contribuable, d'ailleurs, pourrait aussi manquer des renseignements et des pièces nécessaires que la commune, mise en cause, aura intérêt à lui fournir. La commune n'aura pas besoin d'une autorisation du conseil de préfecture spéciale à son intervention, l'arrêté qui autorise le contribuable autorise par cela même le maire à défendre le droit communal mis en jugement (dernier § de l'art. 49).

5° Le procès est aux frais et risques du contribuable qui l'intente. Sur ce point encore l'article 49 est formel : « *tout contribuable.......... a le droit d'exercer à ses frais et risques.* » S'il perd, tous les dépens, même les dépens de la commune, restent à sa charge. S'il gagne la commune devra lui rembourser les dépens qu'il ne pourrait recouvrer de son adversaire, car malgré les termes formels de l'article 49 on ne pourrait admettre que la commune s'enrichisse à ses dépens ; cet article prévoit la défaite et non le succès, il veut que la commune sorte indemne, voilà tout. Mais si les frais sont hors de proportion avec le résultat obtenu, la commune ne devra les rembourser que dans la limite des avantages que lui procure le litige, puisque dans le quasi-contrat *negotiorum gestorum*, le maître, dont l'affaire a été bien gérée, ne doit compte au *negotiorum gestor* que du profit que la gestion lui a procuré. En cas de recours du contribuable contre la commune, on devra s'adresser à l'autorité judiciaire car cette difficulté n'a rien d'administratif, ce n'est qu'une application des principes du droit civil en matière de gestion d'affaire.

Lorsqu'une section de commune veut plaider, soit en demandant, soit en défendant, contre une commune étrangère ou un tiers quelconque, elle est représentée en justice par le maire. Il doit y avoir délibération du conseil municipal et autorisation du conseil de préfecture comme pour la commune. Des mesures spéciales n'existent que pour les cas où le procès existe entre une section et la commune dont elle fait partie, ou entre deux sections de la même commune : dans ces deux cas le maire cesse de représenter les sections.

1° La section est dans le cas d'intenter ou de soutenir

une action judiciaire contre la commune elle-même (art. 56 de la loi du 18 juillet 1837); on forme pour représenter cette section une commission syndicale de trois ou de cinq membres, que le préfet choisît parmi les électeurs municipaux et à défaut parmi les citoyens les plus imposés. Les membres du corps municipal, qui seraient intéressés à la jouissance des biens ou droits revendiqués par la section, ne devront point participer aux délibérations du conseil municipal relatives au litige. Ils sont remplacés dans toutes ces délibérations par un nombre égal d'électeurs municipaux de la commune, que le préfet choisira parmi les habitants étrangers à la section. La commission syndicale désigne un de ses membres pour suivre l'action ; quant à la commune elle est représentée par le maire.

2° Deux sections de la même commune veulent plaider l'une contre l'autre; dans ce cas il est formé pour chacune d'elles (art. 57 de la loi du 15 juillet 1837), une commission syndicale de même composition et par les mêmes moyens que dans le cas précédent.

Dans les deux cas dont nous venons de parler, l'autorisation du conseil de préfecture est nécessaire pour permettre aux sections de plaider.

DEUXIÈME PARTIE

DES ATTRIBUTIONS DES CONSEILS MUNICIPAUX

CHAPITRE Ier

Délibérations réglementaires.

Section 1. — *Délibérations réglementaires d'après la loi de 1837.*

Les délibérations réglementaires, appelées aussi règlements, sont des actes qui ont force par eux-mêmes. Elles sont exécutoires, sans approbation de l'autorité supérieure, après un délai de trente jours, si elles n'ont pas été annulées par le préfet dans cet intervalle ; elles ne s'appliquent qu'à de simples jouissances, c'est-à-dire à des actes qui n'enchaînent pas un long avenir et ne peuvent compromettre la fortune communale. Les objets qui peuvent être ainsi réglés par le conseil municipal sont limitativement fixés par la loi ; ils étaient au nombre de quatre dans la loi du 18 juillet 1837 (art. 17), et c'est aussi cette même loi qui leur donne (art. 18) la force exécutoire dont nous venons de parler.

Les objets réglés par le conseil municipal, d'après la loi de 1837, sont : 1° le mode d'administration des biens communaux ; 2° les conditions des baux à ferme ou à loyer dont la durée n'excède pas dix-huit ans pour les biens ruraux et neuf ans pour les autres biens ; 3° le mode de jouissance et la répartition des pâturages et fruits communaux autres que les bois, ainsi que les conditions à imposer aux parties prenantes ; 4° les affouages en se conformant aux lois forestières.

Le domaine communal se compose : 1° du domaine public municipal, qui comprend les chemins vicinaux, les chemins ruraux, les places, rues et passages, les églises catholiques paroissiales, les temples protestants consistoriaux et même quelquefois des portions de canaux ou de chemins de fer ; 2° du domaine patrimonial dont la commune jouit comme un simple particulier ; maisons, fermes ou biens ruraux, qui sont généralement affermés et dont le prix tombe dans la caisse municipale ; 3° des communaux proprement dits, dont la commune a la propriété absolue et la libre disposition, mais dont elle abandonne la jouissance en nature aux habitants ; 4° d'immeubles consacrés à des services publics, tels que les hôtels de ville et maisons communes, les tribunaux de justice de paix et de simple police, les bâtiments servant à l'instruction publique, les casernes, les halles et marchés, les salles d'asile, les presbytères, les théâtres, etc. Le pouvoir réglementaire du conseil municipal se restreint aux biens patrimoniaux et communaux.

Pour les biens patrimoniaux le conseil règle les baux dans la limite indiquée précédemment pour leur durée ; il fixe les prix et arrête les charges et conditions.

Les communaux proprement dits sont généralement des prairies, des landes, des marais ou des bois. Pour bien comprendre le mandat du conseil municipal, il faut commencer par reconnaître et définir le droit de la commune et celui des habitants. La propriété des communaux appartient à la commune, à l'être moral, et non point aux habitants qui en jouissent ; ce point est indiscutable et est clairement établi par la loi du 10 juin 1793, dont l'article 3 de la section I dit : *tous les biens appartenant aux communes, soit communaux, soit patrimoniaux ;* et encore l'article 1er de la section IV : *tous les biens communaux, en général, sont et appartiennent de leur nature à la généralité des habitants ou membres des communes dans le territoire desquels ils sont situés ;* la loi du 18 juillet 1837, par son article 17, est encore venu le confirmer en appelant les conseils municipaux à régler la jouissance des communaux. Mais un système, d'ailleurs abandonné aujourd'hui, prétendait que les habitants avaient sur les communaux un droit d'usage ou de servitude qui obligeait la commune ; Proudhon notamment le soutient dans son traité de l'usufruit (Tome VI, nos 2970 et 5871 et tome VII, n° 3241). Ce système s'appuyait sur l'article 542 du Code civil, qui définit les biens communaux. « Ceux à la propriété ou au produit desquels les « habitants d'une ou de plusieurs communes ont un droit « acquis. » Nous croyons que l'on voulait trouver dans cet article, d'ailleurs mal rédigé, un sens, qui n'est pas le sien ; pour retrouver le vrai sens il faut remonter à l'article 1er de la loi du 10 juin, dont l'article 542 n'est qu'une copie et qui disait : « Les biens communaux sont ceux sur la propriété « ou le produit desquels tous les habitants d'une ou de plu- « sieurs communes, ou d'une section de commune, ont un « droit commun. » Le code s'est borné à remplacer les mots droit commun par droit acquis ; or les articles 2 et 3 de la loi de 1793 prouvent clairement que par habitants le législateur entendait la généralité des habitants, la commune en un mot. Du reste l'article 542 définit non-seulement les communaux proprement dits, mais aussi les biens patrimoniaux des communes ; le Code a en effet voulu, dans le troisième chapitre du titre II du livre II, distinguer la propriété privée, des propriétés de l'Etat et des propriétés des communes. Nous pouvons du reste donner encore d'autres preuves de la propriété absolue des communes : la commune seule paie tout l'impôt qui grève le communal (Loi du 3 frimaire an VII, art. 109) ; la commune peut vendre ses communaux (art. 17, 19 et 46 de la loi du 18 juillet 1837) ; le conseil municipal règle la jouissance comme il l'entend et peut imposer des conditions (art. 17 de la même loi.) On voit donc que le droit de la commune est absolu et que la jouissance des habitants est essentiellement précaire.

Le conseil municipal a la liberté la plus entière pour régler la jouissance et la répartition des communaux ; l'article 17, paragraphe 3, de la loi du 18 juillet 1837 est formel. Il peut donc établir tel mode de partage qu'il le juge bon, soit en proportion des fonds de chacun, soit par tête, soit par feux ; il n'est d'ailleurs autorisé à régler que la jouissance confuse et indéterminée ; tout règlement, qui conférerait un titre aux habitants, constituerait une aliénation et serait par conséquent soumis à d'autres formes. Quant au partage entre habitants, ordonné par la loi du 10 juin 1793, sa prohibition découle du silence absolu que garde sur lui la loi de 1837 et des dispositions de la loi du 9 ventôse an XII et du décret du 9 brumaire an XIII, qui décident la première que les biens non partagés seront remis aux communes et le second que le mode de jouissance des communaux redeviendrait le même qu'auparavant. Le mandat du conseil ne souffre pas d'autres restrictions ; il comprend même le pouvoir de substituer la jouissance patrimoniale à la jouissance commune, c'est-à-dire d'affermer les communaux. Ce droit est la conséquence directe du premier paragraphe de notre acticle 17, qui charge les conseils municipaux de régler le mode d'administration des biens communaux ; du reste il ne peut là-dessus y avoir doute, puisque l'ordonnance du 7 octobre 1818 les autorisait expressément à affermer pour neuf années les communaux qu'ils jugeraient inutiles à la dépaissance des troupeaux, et la loi de 1837 a eu pour but d'étendre les attributions du conseil.

Les habitants ne pouvant pas être soumis à des retours imprévus, l'article 17 de la section III de la loi du 10 juin 1793 dispose que la délibération du conseil, réglant le mode de jouissance des communaux, ne pourra être révoquée pendant une année; ce système ne fait aucun tort au droit de la commune et permet aux habitants de savoir sur quelles ressources ils peuvent compter.

Les bois appartenant aux communes ne sont pas nécessairement communaux. Sur quel texte s'appuierait-on pour leur interdire de posséder des bois patrimoniaux ! du reste tout le titre VI, et spécialement l'article 100 du Code forestier, qui s'occupe de la vente des coupes ordinaires et extraordinaires, le prouvent sans réplique. Du reste, qu'ils soient patrimoniaux ou communaux, les bois appartenant aux communes sont soumis au régime forestier et à la garde de l'administration, c'est pourquoi l'article 17, dans son paragraphe 3, exclut les conseils municipaux du droit d'en régler la jouissance et ne leur permet, dans son paragraphe 4, que de s'occuper des affouages, toutefois encore sous la réserve de se conformer aux lois forestières.

On appelle affouages, les délivrances de bois de chauffage faites aux habitants; c'est pour eux un mode de jouissance de la chose commune, mais qui pas plus que celle des autres communaux ne constitue un usage proprement dit ; elle est précaire et subordonnée à la volonté de la commune. Il ne pourrait donc pour les supprimer y avoir lieu ni au rachat, ni au cantonnement; le seul moyen serait que le conseil municipal les supprimât purement et simplement ; c'est ce qui ressort des principes que nous avons exposés ci-dessus pour les biens communaux et cela est encore justifié par les termes formels du paragraphe 4 de l'article

17. Le partage des affouages est réglé par l'article 105 du Code forestier, qui est ainsi conçu : « S'il n'y a titres ou « usages contraires, le partage des bois d'affouage se fera « par feu, c'est-à-dire par chef de famille ou de maison « ayant domicile réel, fixe dans la commune. »

Cet article 105 est formel, il impose nécessairement à la commune, sauf les deux cas d'exception qu'il indique, la jouissance par feu ou chef de famille, c'est-à-dire par ménage séparé ; ses termes sont trop formels pour que l'on puisse adopter l'opinion de ceux qui pensent que cette règle ne subsiste qu'autant que le conseil ne juge pas à propos d'en disposer autrement et du reste l'article 17 de la loi du 18 juillet 1837 dit bien que le conseil doit se conformer aux lois forestières et par conséquent au principe de l'article 105. Le conseil municipal ne peut donc que déterminer les conditions et l'étendue de l'affouage.

La jouissance en nature des bois communaux consiste aussi dans le droit au bois de construction dont les habitants peuvent avoir besoin ; c'est ce que l'on appellle le marronnage, d'un vieux mot *marreur* qui signifiait bois de construction. Ce droit est ainsi réglé par le paragraphe 2 de l'article 105 du Code forestier : « S'il n'y a également titres « ou usage contraire, la valeur des arbres délivrés pour « constructions ou réparations sera estimée à dire d'experts, « et payée à la commune. » On fait payer à l'habitant la valeur des arbres qu'il prend pour construire ou réparer, car tous les membres de l'association communale ont des droits égaux aux jouissances de biens communaux et tous ne font pas réparer ou construire. Le second paragraphe de l'article 105 est impératif comme le premier, il n'y a donc pas d'exception possible, à moins qu'il n'y ait titre ou usage contraires comme dans le premier paragraphe.

Disons quelques mots des titres et usages contraires. S'il y a titre ce n'est plus une exception ; celui qui l'invoque est un usager qui invoque non le droit commun, mais un droit particulier; l'art. 105 du Code forestier a donc tort de placer ce cas comme une exception au droit du conseil municipal de régler la jouissance des communaux. Il n'en est pas de même des usages contraires, ici nous sommes bien en présence d'une exception, tous les habitants sont soumis à un système contraire ou différent de celui de l'art. 105. Mais qu'est-ce ici que l'usage! c'est un point que l'article 105 ne résout pas. Ce ne peut être un usage immémorial parcequ'alors il équivaudrait à un titre et conférerait un droit aux habitants, tandis que la jouissance commune est une chose essentiellement révocable et précaire; nous croyons que l'on a voulu entendre ici par usage l'état de choses existant; il suffira donc que l'usage soit antérieur à 1793 ou même seulement au décret du 9 brumaire an XIII; un usage plus récent ne constituerait qu'une illégalité dont il n'y aurait pas lieu de tenir compte.

Le conseil municipal est-il tenu par l'usage ou peut-il en revenir simplement à ce que fixe l'article 105; il nous semble qu'il le peut, attendu que l'article signifie simplement que le partage par feux cesse d'être obligatoire, s'il y a usage contraire.

Les coupes sont délivrées par les agents forestiers suivant les formes prescrites par l'article 8 du Code forestier. L'Etat perçoit pour s'indemniser des frais d'administration le vingtième des produits délivrés en nature aux habitants; la valeur est fixée par le préfet sur la proposition du service forestier et après observations du conseil municipal.

Toutes les difficultés relatives aux partages de jouissances des biens communaux entre habitants sont du ressort des conseils de préfecture, aux termes de la loi du 10 juin 1793 (section V, art. 1 et 2), dont l'attribution de compétence au profit des directoires de département a passé en l'an VIII aux conseils de préfecture. La répartition des coupes affoua-

gères, qui, comme nous l'avons déjà dit, n'est qu'un partage
de jouissance de bois communaux, soulève aussi de nombreuses difficultés ; la jurisprudence de la cour de cassation
et du tribunal des conflits, suivie maintenant par le conseil
d'Etat, décide que les questions d'aptitude légale doivent
être jugées par les tribunaux judiciaires ; tandis que le conseil de préfecture doit constater l'existence des usages
locaux, prononcer sur la répartition, la quotité des parts
individuelles et en général sur tout ce qui touche au partage
(Trib. des confl. 5 décemb. 1850, Sirey 1851, 2, 292 ; cons.
d'Et. 5 mai 1861). Une question, sur laquelle s'élevait une
controverse importante puisque trois systèmes divisaient la
jurisprudence, était celle de savoir si l'étranger chef de
famille ayant feu dans une commune avait droit à l'affouage
communal ; les tribunaux judiciaires l'avaient résolue dans
différents sens, une loi du 25 juin 1874 est venue décider que
l'étranger « autorisé, conformément à l'article 13 du Code
« civil, à établir son domicile en France » pourrait seul
prendre part aux affouages, si toutefois il remplissait les
autres conditions d'aptitude. Les délibérations réglementaires sont, comme nous l'avons dit en commençant cette
section, exécutoires par elles-mêmes et sans l'approbation
de l'autorité supérieure, mais elles ne le sont qu'après un
délai de trente jours pendant lesquels le préfet peut les annuler. Si le préfet ne se sent pas suffisamment renseigné,
il est autorisé à suspendre l'exécution pendant un autre
délai de trente jours (art. 18 de la loi du 18 juillet 1837.

Les délibérations réglementaires, aux termes de l'article
18 précité qui est formel, ne sont soumises qu'au droit d'annulation et de suspension du préfet ; mais la pratique administrative a apporté à cette règle une importante restriction.
Il s'agit de la répartition des pâturages et fruits communaux
autres que les bois ; on admet dans ce cas que le conseil
municipal a les mêmes pouvoirs que pour les autres matières

à règlements, si sa délibération ne fait qu'appliquer le mode
de jouissance établi ; si au contraire elle le change, elle n'est
exécutoire que sous l'approbation de l'autorité supérieure.
Conformément au décret réglementaire du 9 brumaire an
XII, interprété par l'avis du conseil d'Etat du 29 mai 1808,
l'approbation était donnée par décret, lorsque le mode actuel de jouissance remontait à une époque antérieure à la
loi du 10 juin 1793, par règlement d'administration publique
s'il était postérieur à cette date ; aujourd'hui d'après le décret-loi du 25 mars 1852 c'est toujours par arrêté du prefet
qu'il est statué. Avant ce décret l'interprétation de l'administration pouvait paraître contestable, en présence des
termes formels des articles 17 et 18 de la loi du 18 juillet
1837.

Le préfet peut annuler la délibération soit d'office pour
violation d'une disposition de loi ou d'un règlement d'administration publique, soit sur la réclamation de toute partie
intéressée. L'ordonnance réglementaire du 18 octobre 1838
a pourvu aux moyens d'avertir les habitants et les intéressés pour qu'ils puissent réclamer. Avant de transmettre la
délibération au sous-préfet, le maire avertit les habitants
par la voie des annonces et publications usitées dans la
commune, toutes les fois que les conseils municipaux ont
pris une délibération réglementaire, et il constate l'accomplissement de cette formalité par un certificat qu'il joint à
la délibération.

SECTION 2. — *Délibérations réglementaires d'après le loi
de 1867.*

La loi du 24 juillet 1867 a créé une catégorie nouvelle de
délibérations réglementaires bien plus nombreuses, portant
sur des objets beaucoup plus importants, qui ne s'appliquent
plus seulement à de simples jouissances, et qui d'après la

la loi de 1837, donnaient lieu à des délibérations proprement dites soumises à la nécessité d'une autorisation. Les matières nouvelles que les conseils municipaux peuvent régler sont énumérées dans l'article 1er, que nous allons reproduire : « Les conseils municipaux règlent par leurs délibé-« rations, les affaires ci-après désignées, savoir : 1° les « acquisitions d'immeubles, lorsque la dépense, totalisée « avec celle des autres acquisitions déjà votées dans le « même exercice, ne dépasse pas le dixième des revenus « ordinaires de la commune ; 2° les conditions des baux « à loyers, des maisons et bâtiments appartenant à la « commune, pourvu que la durée du bail ne dépasse pas « dix-huit ans ; 8° les projets, plans et devis de grosses « réparations et d'entretien, lorsque la dépense totale affé-« rente à ces projets et aux autres projets de la même « nature, adoptés dans le même exercice, ne dépasse pas « le cinquième des revenus ordinaires de la commune, ni , « en aucun cas, une somme de 50,000 francs ; 4° le tarif des « droits de place à percevoir dans les halles, foires et mar-« chés ; 5° les droits à percevoir pour permis de stationne-« ment et de locations sur les rues, places et autres lieux « dépendant du domaine public communal; 6° le tarif des « concessions dans les cimetières ; 7° les assurances des « bâtiments communaux ; 8° l'affectation d'une propriété « communale à un service communal , lorsque cette pro-« priété n'est encore affectée à aucun service public, sauf « les règles prescrites par des lois particulières ; 9° l'accep-« tation ou le refus de dons ou legs faits à la commune sans « charges, conditions ni affectation immobilière, lorsque « ces dons ou legs ne donnent pas lieu à réclamation. » Nous examinerons successivement ces neuf sujets de délibérations réglementaires ; mais auparavant voyons s'il y a uniformité complète entre elles et celles de la loi de 1837.

Ces nouvelles délibérations réglementaires sont, comme

les quatre délibérations de l'article 17 de la loi de 1837, soumises à l'article 18 de la même loi de 1837 (art. 6 de la loi
du 24 juillet 1867), c'est-à-dire qu'elles sont dispensées
pour leur exécution de l'autorisation de l'administration
supérieure et que, faute par le préfet de les annuler dans les
trente jours qui suivent la réception à la sous-préfecture du
procès-verbal de la délibération ou d'en suspendre l'exécution pendant un autre delai de trente jours, elles ont force
exécutoire. Mais leur différence avec les délibérations réglementaires de la loi de 1837, c'est que le conseil doit être
d'accord avec le maire ; s'il y a désaccord entre lui et le
conseil, la délibération cesse d'être réglementaire et rentre
dans la catégorie des délibérations proprement dites, dont
nous nous occuperons dans le chapitre suivant, c'est-à-dire
qu'elle n'est plus exécutoire qu'après approbation du préfet
(art. 1er, § 2, loi du 24 juillet 1867).

La même loi du 24 juillet 1867, dans ses articles 2, 3 et
9, donne encore le droit aux conseils municipaux de statuer
définitivement dans les cas prévus par ces articles. « Lors-
« que le budget communal, dit l'article 2, pourvoit à toutes
« les dépenses obligatoires et qu'il n'applique aucune recette
« extraordinaire aux dépenses soit obligatoires, soit facul-
« tatives, les allocutions portées audit budget par le conseil
« municipal pour les dépenses facultatives ne peuvent être
« ni changées, ni modifiées par l'arrêté du préfet ou par le
« décret impérial qui règle le budget. » Dans ce cas la délibération du conseil est entièrement assimilée aux délibérations réglementaires de la loi de 1837 ; aucune condition
n'est imposée, l'accord avec le maire n'est pas nécessaire.
Cet article a apporté une modification considérable à l'état
de choses antérieur ; auparavant l'autorité, appelée à régler
le budget communal, pouvait toujours retrancher ou réduire
les allocations votées par le conseil municipal pour des
dépenses facultatives, elle ne le peut plus maintenant du

moment que le conseil reste dans les limites fixées par l'article. Dans les articles 3 et 9, les délibérations du conseil portent sur les impositions extraordinaires et les emprunts, sur certaines parties du budget communal et sur les octrois ; nous examinerons ces matières en détail après celles dont l'énumération est contenue dans l'article premier ; les délibérations dont il est parlé dans les articles 3 et 9 exigent, comme celles de l'article 1er, la condition de l'accord entre le maire et le conseil municipal, sinon elles cessent aussi d'être réglementaires et rentrent dans la catégorie des délibérations proprement dites. Nous devons faire remarquer aussi que l'article 6 de la loi du 24 juillet 1867, dans son paragraphe 2, exige, pour le vote des contributions extraordinaires et des emprunts, l'assistance des plus imposés en nombre égal à celui des conseillers municipaux dans les communes où cela est nécessaire, aux termes de l'article 42 de la loi du 18 juillet 1837.

Passons maintenant en revue les différents sujets de délibérations réglementaires énumérés dans les articles 1, 3 et 9.

Les acquisitions d'immeubles étaient régies par l'article 29, paragraphe 3, de la loi du 18 juillet 1837 ; elles étaient soumises aux délibérations proprement dites du conseil municipal et depuis le décret du 25 mars 1852 elles devaient être approuvées par le préfet. Le n° 1 de l'article 1er de la loi de 1867 dispense la délibération d'approbation préfectorale si la dépense ne dépasse pas certaines limites qu'il indique ; il y a donc lieu de faire un calcul pour déterminer la compétence. Ce calcul devra être fait, non sur le total des recettes ordinaires « figurant au budget de l'exercice cou- « rant, mais sur la moyenne de ces recettes, établie d'après « les comptes administratifs des trois dernières années (Ins- « truction ministérielle du 3 août 1867). » Au-delà de la limite fixée, la loi de 1837 et le décret de 1852 reprennent leur empire et la délibération cesse d'être réglementaire.

Le n° 2 de l'article 1er de la loi de 1867 augmente le pouvoir des conseils municipaux en leur permettant de régler les conditions des baux, tant urbains que ruraux, pourvu que leur durée ne dépasse pas dix-huit ans ; c'est une dérogation à l'article 17 de la loi de 1837 qui ne l'accordait que pour les biens ruraux ; il est bien entendu toutefois que, si c'est un bail d'immeuble urbain et que la durée en dépasse neuf années, il faudra l'accord du maire et du conseil.

Les observations, que nous avons faites pour le numéro un, s'appliquent aussi au numéro trois ; même manière de compter les revenus de la commune.

Aux termes de l'article 19 de la loi de 1837 les conseils municipaux ne pouvaient que délibérer sur les tarifs et règlements de tous les revenus communaux et ces délibérations étaient soumises à l'approbation de l'autorité supérieure ; la loi de 1867 transforme ces délibérations en délibérations réglementaires, en ce qui concerne :

Le tarif des droits de place à percevoir dans les halles, foires et marchés ; les droits à percevoir pour permis de stationnement et de locations sur les rues, places et autres lieux dépendant du domaine public communal ; le tarif des concessions dans les cimetières.

Les droits de place et de stationnement constituent un impôt communal, assimilé aux droits d'octroi et soumis aux règles de recouvrement et de compétence relatives aux contributions indirectes; c'est-à-dire que les contestations entre les communes et les fermiers des droits de place dans les foires et marchés ou des droits de stationnement sur les rues, lorsqu'elles portent sur le sens des baux, sont, avant d'être jugées, déférées aux conseils de préfecture, qui doivent fixer le sens et déterminer l'étendue des clauses contestées; tandis que les contestations auxquelles peut donner lieu de la part des redevables le recouvrement des droits de place sont jugées par l'autorité judiciaire. C'est de l'interprétation de la loi du 11 frimaire an VII et de l'arrêté du gouvernement du 4 thermidor an X, que la jurisprudence conclut à l'assimilation de ces droits avec les droits d'octroi. C'est à titre de propriétaire que la commune est autorisée. par l'article 10 du décret du 23 prairial an XII, à faire dans les cimetières des concessions de terrains aux personnes qui désireront y posséder une place distincte. Tous autres tarifs, tels que ceux des abattoirs restent soumis aux dispositions antérieures.

Rien à dire sur le paragraphe 7 de notre article premier, qui autorise le conseil municipal à régler les assurances des bâtiments communaux. Quant à l'affectation d'une propriété communale à un service communal, le conseil ne peut la régler que si cette propriété n'est encore affectée à aucun service public, dans tous autres cas elle reste soumise à l'approbation du préfet.

La loi du 18 juillet 1837 et l'article 910 du Code civil ont été l'objet de deux modifications successives, en ce qui concerne les dons et legs faits aux communes ; le décret-loi du 26 mars 1852 avait transporté pour certains cas du gouvernement aux préfets le pouvoir d'autoriser l'acceptation ; puis la loi de 1867, par le paragraphe 9 de son article 1er, est venue donner aux conseils municipaux le droit de régler l'acceptation des dons ou legs faits aux communes, mais sous deux conditions; il faut qu'il n'y ait pas de réclamations de la part de la famille, les dons ou legs doivent être faits sans charges, conditions ou affectations immobilières. S'il y a des charges le préfet redevient compétent pour autoriser l'acceptation ou le refus ; mais, conformément au décret du 26 mars 1852, s'il y a réclamation de la famille, un décret sera nécessaire. Si le conseil et le maire sont en désaccord, la délibération cesse d'être réglementaire et l'approbation du préfet redevient nécessaire. Lorsque les conditions que nous avons indiquées sont remplies, l'on n'a à s'inquiéter ni de la valeur, ni de la nature des biens donnés ou légués.

Dans les affaires dites connexes, c'est-à-dire lorsque la libéralité est faite à la fois à une commune et à un établissement religieux pour lequel le principe de l'autorisation par décret a été maintenu, le conseil municipal ne peut jamais régler l'acceptation ou le refus par sa seule délibération et un décret doit statuer sur l'ensemble des libéralités connexes. Cette interprétation est donnée dans un avis du Conseil d'Etat en date du 10 Mars 1868 ; par ce même avis il est décidé que l'acceptation ou le refus des dons et legs, faits aux communes par dispositions distinctes (collectives, mixtes, ou complexes), doivent être réglés par les conseils municipaux dans les termes de la loi du 24 juillet 1867.

Arrivons maintenant aux délibérations réglementaires des articles 3 et 9 de notre loi.

Sur les paragraphes un et deux de l'article 3, peu de choses à dire ; le premier paragraphe permet aux conseils municipaux de voter, dans la limite du maximum fixé chaque année par le conseil général, des contributions extraordinaires n'excédant pas cinq centimes pendant cinq années, pour en affecter le produit à des dépenses extraordinaires d'utilité communale; ce paragraphe, qui se référait à l'article 4 de la loi du 18 juillet 1866, se réfère aujourd'hui à l'article 42 de la loi du 10 août 1871 ; le conseil général ne peut fixer qu'un maximum égal ou inférieur à la limite déterminée chaque année par la loi de finances, c'est à lui à tenir compte de l'aisance publique dans chaque commune et de l'importance des charges qui grèvent chacune d'elles ; si le conseil général se sépare sans fixer le maximum des centimes extraordinairee, celui qui avait été fixé pour l'année précédente est maintenu jusqu'à la session d'août de l'année suivante. Le paragraphe deux permet aux conseils municipaux de voter trois centimes extraordinaires exclusivement

22

affectés aux chemins vicinaux ordinaires ; il ne présente aucune difficulté d'application.

Le paragraphe trois du même article autorise les conseils municipaux à voter et à régler par leurs délibérations les emprunts communaux remboursables sur les centimes extraordinaires votés, comme nous l'avons expliqué en parlant du premier paragraphe de notre article, ou sur les ressources ordinaires, quand l'amortissement en ce dernier cas ne dépasse pas douze années. La loi de 1867 donne ici un pouvoir très grand au conseil municipal, mais il faut remarquer que les intérêts du contribuable sont protégés par trois mesures distinctes, que nous avons déjà indiquées mais qu'il est bon de rappeler ; le conseil municipal et le maire doivent être d'accord, sinon la délibération cesse d'être réglementaire et l'approbation du préfet redevient nécessaire ; le préfet peut dans un délai de trente jours annuler la délibération soit d'office, soit sur le recours des parties intéressées ; enfin dans les communes ayant un revenu moindre de cent mille francs, c'est-à-dire celles dont les recettes ordinaires ont été inférieures à ce chiffre pendant les trois dernières années, les emprunts ne peuvent être votés que par le conseil municipal assisté des plus imposés en nombre égal à celui de ses membres en exercice (art. 42 de la loi du 18 juillet 1837).

L'article 9 de la loi du 24 juillet 1867 a élargi les pouvoirs des conseils municipaux en matière d'octroi ; nous n'exposerons pas ici ce qui concerne l'établissement des octrois, cela rentrera dans le chapitre suivant qui traite des délibérations proprement dites, nous allons seulement indiquer ce qui en matière d'octroi donne lieu à des délibérations réglementaires, sous la condition, bien entendu, de l'accord du maire et du conseil municipal. « Sont exécutoires, dans « les conditions déterminées par l'article 18 de la loi du 18 « juillet 1837, les délibérations prises par les conseils muni-

« cipaux concernant : 1° la suppression ou la diminution
« des taxes d'octroi ; 2° la prorogation des taxes principales
« d'octroi pour cinq ans au plus ; 3° l'augmentation des
« taxes jusqu'à concurrence d'un décime, pour cinq ans au
« plus. Sous la condition toutefois qu'aucune des taxes
« ainsi maintenues ou modifiées n'excédera le maximum
« déterminé dans un tarif général, qui sera établi, après avis
« des conseils généraux, par un règlement d'administration
« publique, ou qu'aucune des dites taxes ne portera sur des
« objets non compris dans ce tarif. » Tels sont les termes
de l'article 9 de la loi du 24 juillet 1867 ; il simplifie, pour
les trois cas qu'il détermine, la législation antérieure qui
obligeait, pour faire exécuter les changements proposés
aux tarifs d'octroi, aux mêmes formalités que pour l'établissement même de l'octroi (art. 18 de l'ordonnance du 9 décembre 1814 ; décret de décentralisation du 25 mars 1852,
tableau A et lettre *q*).

L'importance des délibérations réglementaires établies
par la loi du 24 juillet 1867 nous oblige à revenir encore sur
ce que nous avons dit, en commençant cette section, de
l'accord qui est nécessaire entre le maire et le conseil municipal pour assimiler complètement les nouvelles délibérations réglementaires avec celles qu'avait établies la loi de
1837. Toutes les nouvelles délibérations réglementaires, sauf
celles établies par l'article 2 de la loi de 1867, nécessitent
cet accord ; nous allons entrer là-dessus dans quelques
détails.

Le projet de loi que le gouvernement avait présenté au
Corps législatif portait : « Les conseils municipaux règlent
« par leurs délibérations, *sur la proposition du maire*, les
« affaires ci-après désignées, etc. ». La commission du Corps
législatif craignit que les mots sur la propositon du maire
ne parussent susceptibles d'être interprétés en ce sens que
l'initiative appartiendrait exclusivement au maire et que les

conseils municipaux ne pourraient pas délibérer, s'ils n'étaient saisis par cette initiative, ou même qu'ils ne pourraient modifier les propositions qui leur seraient soumises. Là n'était pas la pensée du gouvernement, ce qui était vrai c'était qu'à défaut de la proposition du maire, le conseil municipal n'aurait pu statuer définitivement et qu'alors, les articles 19 et 20 de la loi de 1837 reprenant leur empire, la délibération eût dû, pour être exécutoire, avoir été revêtue de l'approbation du préfet ; on ne déniait pas non plus le droit d'amendement, mais l'on voulait que le maire et le conseil se missent préalablement d'accord, pour que la délibération fût exécutoire. Ce fut pour faire disparaître toute équivoque que la commission proposa de supprimer les mots : *sur la proposition du maire*, et d'ajouter à la fin de l'article le paragraphe : « En cas de désaccord entre le « maire et le conseil municipal, la délibération ne sera « exécutoire qu'après approbation du préfet. » Ce paragraphe fut adopté par le conseil d'Etat, qui admit aussi la suppression des mots : *sur la proposition du maire* ; la loi ainsi modifiée fut votée ; d'où il suit : 1° que les membres du conseil municipal ont incontestablement le droit d'initiative ; 2° que du moment que le maire donne son adhésion à une délibération du conseil municipal qu'il n'avait pas proposée, cette délibération devient définitive aussi bien que si la proposition était émanée de lui.

CHAPITRE II

Délibérations proprement dites.

___

SECTION 1. — *Délibérations proprement dites autres que le budget.*

Certaines mesures demandent à la fois le concours du conseil municipal et de la tutelle administrative, de telle sorte que le veto de l'un ou de l'autre serait péremptoire ; c'est ce que l'on appelle les délibérations proprement dites du conseil municipal. Ces délibérations, pour lesquelles le conseil municipal possède également l'initiative et le vote, sont soumises à la nécessité d'une autorisation ; nous indiquerons pour les diverses matières quelle est l'autorité appelée à approuver.

L'article 19 de la loi de 1837 faisait la nomenclature des objets soumis à la délibération du conseil, mais cette nomenclature n'est pas limitative puisque l'article ajoute : « et tous les autres objets sur lesquels les lois et règlements « appellent les conseils municipaux à délibérer. » La loi de 1867, nous l'avons vu, a créé de nouvelles délibérations

réglementaires ; mais ces nouvelles délibérations réglementaires ne sont autres qu'une partie des délibérations proprement dites de l'article 19 de la loi de 1837 ; il faut donc
remarquer que pour avoir la liste des délibérations, qui
restent soumises à approbation, il est nécessaire de combiner l'article 19 de la loi de 1837 avec les articles de la loi de
1867, que nous avons expliqués à la fin du chapitre précédent. S'il y a désaccord entre le maire et le conseil municipal
toutes les délibérations réglementaires de la loi de 1867
redeviennent soumises à approbation et dans ce cas l'article
19 ne doit subir aucune modification.

Nous allons examiner en détail tous les sujets de délibérations proprement dites contenus dans l'article 19; nous
renverrons à une section suivante l'examen du budget de la
commune, qui est une matière trop importante pour ne pas
être traitée séparément. Nous laisserons également de côté
toutes les matières que nous avons traitées dans le chapitre
précédent comme donnant lieu à des délibérations réglementaires; nous serons cependant obligé de revenir sur
quelques sujets qui donnent lieu pour certaines de leurs
applications uniquement aux délibérations proprement dites:
ainsi après avoir parlé des acceptations de dons et legs qui
peuvent être faites dans des délibérations réglementaires,
nous indiquerons dans cette section celles qui ne donnent
lieu qu'à des délibérations proprement dites; il en sera de
même pour les octrois et plusieurs autres matières. Nous
terminerons enfin cette section en indiquant les principaux
sujets de délibérations proprement dites qui ne sont pas
contenus dans l'article 19 de la loi de 1837.

Le conseil municipal délibère :

1° *Sur les tarifs et règlements de perception de tous les
revenus communaux* (art. 19 de la loi de 1837, n° 2).

Nous avons vu dans la section précédente que la délibération était devenue réglementaire pour un certain nombre d'entre eux : les droits de place à percevoir dans les halles, foires et marchés, les droits à percevoir pour permis de stationnement et de locations sur les rues, places et autres lieux dépendant du domaine public communal, le tarif des concessions dans les cimetières, et certaines modifications aux tarifs d'octroi. Il reste comme sujet de délibérations proprement dites toutes les autres matières indiquées dans l'article 31 de la loi de 1837 sous les n°s 5, 6, 7 et 8.

Les tarifs à établir dans les abattoirs ne sont pas assimilés aux tarifs de places dans les halles et marchés et continuent à être soumis à l'approbation du préfet.

L'article 1er de la loi de 1867 ne modifie pas non plus l'article 31 de la loi de 1837 en ce qui concerne les droits de stationnement sur les ports, quais, rivières et autres lieux dépendant de la grande voirie ; on a considéré que ces taxes, bien qu'attribuées aux communes, avaient un intérêt trop général pour pouvoir être abandonnées à la libre appréciation des conseils municipaux. Nous n'avons rien à dire des droits de pesage, mesurage et jaugeage ni des taxes de voirie, et nous aborderons les octrois qui sont beaucoup plus importants.

Les droits d'octroi sont des taxes indirectes et locales établies sur certains objets de consommation pour subvenir aux dépenses qui sont à la charge des communes ; ils ont la plus grande affinité avec les contributions indirectes sauf qu'ils forment un impôt municipal. Ils sont réglementés par les mêmes lois que les contributions indirectes : la loi du 8 décembre 1814, sur les boissons, contient un titre consacré aux octrois et a été suivie de l'ordonnance du 9 décembre 1814, portant règlement sur les octrois ; le titre II de la loi du 28 avril 1816 sur les contributions indirectes est aussi consacré aux octrois ; les mêmes règles de procédure et de compétence leur sont appliquées, en vertu de la loi du 27 frimaire an VIII les tribunaux de justice de paix jugent les contestations relatives à l'application des tarifs et à la quotité des droits et les tribunaux de police correctionnelle les contraventions ; enfin les préposés de l'octroi sont soumis à la surveillance de l'administration des contributions indirectes. Les droits d'entrée, qui font partie des contributions indirectes, sont perçus par les préposés de l'octroi, mais ils diffèrent de celui-ci par de nombreux points, ainsi : les droits d'entrée ne portent que sur les boissons et les droits d'octroi sur tous les objets de consommation ; les droits d'entrée ne sont perçus que dans les communes qui ont une population agglomérée de plus de 4,000 habitants, les droits d'octroi peuvent être établis dans toutes les communes, quel que soit le chiffre de leur population ; le taux des droits d'entrée est réglé par la loi et ne varie jamais, les droits d'octroi sont déterminés par le tarif municipal et suivant les besoins de la commune ; enfin les uns sont perçus dans l'intérêt du trésor et les autres pour le compte de la caisse municipale.

Toute commune a, en principe, la faculté d'établir un octroi si ses revenus ne suffisent pas à ses dépenses; l'octroi ne peut être établi que sur la demande du conseil municipal (art. 147 de la loi du 28 avril 1816). La délibération du conseil municipal portant demande d'établissement d'octroi est envoyée au ministre de l'intérieur, qui la soumet à l'examen de la section de l'intérieur du conseil d'Etat, qui examine si les besoins de la commune nécessitent un octroi; la demande du conseil municipal est alors admise ou repoussée. Si le conseil municipal est autorisé à voter le tarif, il prend une nouvelle délibération portant fixation du dit tarif, qui est alors soumis à la section des finances du Conseil d'Etat et ce n'est qu'après ce deuxième examen qu'intervient le décret du chef du pouvoir exécutif, décret délibéré en assemblée générale du Conseil d'Etat, qui autorise la commune à établir son octroi (Loi du 15 ventôse an VIII ; art. 7 de l'ordonnance du 9 décembre 1814; loi du 28 avril 1816 ; art. 8 de la loi du 11 juin 1842 ; décret de décentralisation de 1852, tabl. A, lettre *q*). Toutes les consommations sont imposables ; les articles 147 et 148 de la loi du 28 avril 1816 ne limitent pas le pouvoir du conseil et abrogent implicitement les articles 24 et 25 du décret du 17 mai 1809 et les articles 16 et 17 de l'ordonnance du 9 décembre 1814, qui ne permettaient d'imposer que les objets rentrant dans les cinq divisions suivantes : 1° boissons et liquides, 2° comestibles, 3° combustibles, 4° fourrages, 5° matériaux, et qui défendaient de taxer les grains, les farines, les fruits, le beurre et quelques autres produits semblables. En outre le décret d'autorisation peut légalement soumettre aux droits d'octroi les objets qui doivent être consommés dans les établissements industriels pour la préparation de produits destinés au commerce général, telles que les houilles ou charbons nécessaires à l'alimentation des usines. Mais l'on ne peut imposer que ce qui est destiné à la consommation locale ; toutes les choses grevées qui ne doivent que traverser la commune sont exemptes.

Aux termes du même article 147 de la loi du 28 avril 1816 le conseil municipal délibère sur les limites de la perception et sur le mode d'après lequel elle s'effectuera ; il a à choisir entre quatre systèmes différents : la régie simple, la régie intéressée, le bail à ferme et l'abonnement avec la régie des contributions indirectes. En régie simple l'octroi est perçu pour le compte de la commune et par ses préposés, sous la surveillance et l'administration du maire. En régie intéressée la commune traite avec un régisseur qui se charge de tous les frais et de toutes les dépenses, à la condition d'un prix fixe et d'une part dans le produit net. Le bail à ferme est l'adjudication pure et simple moyennant un prix convenu et sans partage des bénéfices. Enfin les communes sont autorisées à traiter avec l'administration des contributions indirectes, qui se charge de percevoir l'octroi avec ses commis et ses receveurs, mais pour le compte et aux risques et périls de la commune.

Un préposé en chef peut être établi dans toutes les communes où le revenu net de l'octroi s'élève à 20,000 francs ; ce préposé est nommé par le préfet (art. 155 de la loi du 28 avril 1816, modifié par le décret du 25 mars 1852). Un avis du conseil d'Etat du 24 janvier 1861 décide que le ministre des finances a seul le droit de créer cet emploi, de fixer le traitement et les frais de perception des octrois.

L'article 8 de la loi du 24 juillet 1867 a confirmé les règles relatives à l'établissement des octrois, mais nous avons vu dans le chapitre précédent que par son article 9 elle avait élargi les pouvoirs des conseils municipaux pour la suppression et la diminution des taxes d'octroi et certains changements aux tarifs.

Les conseils municipaux ont encore en matière d'octrois à délibérer sur la prorogation des taxes additionnelles d'octroi actuellement existantes, ou l'augmentation des taxes principales au-delà d'un décime, le tout dans la limite du maximum des droits et de la nomenclature des objets fixés par le tarif général ; toutes ces délibérations sont soumises à l'approbation du conseil général qui statue définitivement (art. 46, § 25, et 47 de la loi du 10 août 1871).

Tous les autres sujets de délibérations en matière d'octroi étaient, comme la création de l'octroi, approuvés par décret délibéré en conseil d'Etat ; il en était ainsi pour les modifications aux règlements ou aux périmètres existants, pour l'assujettissement à la taxe d'objets non imposés dans le tarif local, pour l'établissement ou le renouvellement d'une taxe sur des objets non compris dans le tarif général, pour l'établissement ou le renouvellement d'une taxe excédant le maximum fixé par le tarif général. Aux termes de l'article 48, § 4, de la loi du 10 août 1871 le conseil général est appelé à statuer sur les quatre délibérations que nous venons d'indiquer, ce sont : les modifications aux règlements ou périmètres existants, l'assujettissement à la taxe d'objets non imposés dans le tarif local, l'établissement ou le renouvellement d'une taxe d'octroi sur des matières non comprises dans le tarif général, l'établissement ou le renouvellement d'une taxe excédant le maximum fixé par le dit tarif. Quant aux surtaxes d'octroi sur les boissons elles ne peuvent être établies, prorogées ou modifiées qu'en vertu d'une loi (art. 9 de la loi de finances du 11 juin 1842 et art. 18 de la loi de finances du 22 juin 1854) ; il est bien entendu que le conseil municipal délibère au préalable.

La loi du 2 mai 1855, qui a créé un impôt communal sur les chiens, décide que le tarif de cet impôt sera arrêté dans chaque commune par le conseil municipal ; la délibération est approuvée par décret, après avis du conseil général du département. Le conseil ne peut arrêter le tarif que dans les limites du maximum de 10 francs et du minimum de un franc fixés par la loi ; il ne peut établir que deux catégories, l'une pour les chiens de luxe et l'autre pour les chiens de garde.

Le conseil a encore à délibérer sur les autres taxes dues par les habitants en vertu des lois ; ces taxes sont énumérées dans l'article 484 du décret du 31 mai 1862, portant règlement sur la comptabilité publique. Le n° 2 de cet article 484 parle des cotisations imposées annuellement sur les ayants-droits aux fruits qui se perçoivent en nature : parmi ces cotisations se trouvent les taxes d'affouages, qui sont des taxes nominatives imposées à tous ceux qui participent aux coupes affouagères. Le rôle d'affouage, fixant la quote-part de chacun, est dressé par le conseil municipal et approuvé par le préfet. Les taxes d'affouage sont destinées à l'acquit des charges dont est grevée la propriété forestière de la commune au profit de l'État, qui, aux termes des articles 106 et 109 du Code forestier, combinés avec la loi du 25 juin 1841, prélève sur les bois des communes : 1° l'impôt foncier et 2° le vingtième de la valeur des coupes pour faire face aux frais de garde. L'article 109 prescrit de vendre, avant toute distribution, une partie des coupes affouagères pour acquitter ces charges, et c'est pour remplacer cette vente que, partout où l'usage l'a introduite, la taxe d'affouage est conservée.

2° Sur les acquisitions, aliénations et échanges des propriétés communales, leur affectation aux différents services publics, et en général tout ce qui intéresse leur conservation ou leur amélioration (art. 19 de la loi du 18 juillet 1837, n° 3).

La loi du 24 juillet 1867 a encore ici transformé la délibération proprement dite en délibération réglementaire, sous condition toutefois d'accord avec le maire, dans deux cas particuliers que nous avons exposés au chapitre précédent, ce sont : les acquisitions d'immeubles, lorsque la dépense, totalisée avec celle des autres acquisitions déjà votées dans le même exercice, ne dépasse pas le dixième des revenus ordinaires de la commune ; l'affectation d'une propriété communale à un sercice communal, lorsque cette propriété n'est encore affectée à aucun service public, sauf les règles prescrites par des lois particulières. A part ces deux exceptions, le n° 3 de l'article 19 de la loi de 1837 continue à régir cette matière. Nous ne parlons ici que des acquisitions à titre onéreux, nous traiterons des dons et legs sous le n° 9.

Les aliénations, acquisitions et échanges sont délibérés par le conseil municipal et autorisés par le préfet, qui est compétent pour statuer, quelle que soit la nature du bien et quelle qu'en soit la valeur (décret de décentralisation du 25 mars 1852, tabl. A, 48°). Le maire n'est pas tenu de réaliser ces actes avec le concours d'un notaire ; depuis une circulaire ministérielle du 19 décembre 1840 la jurisprudence reconnaît aux actes faits par les maires en la forme administrative tous les caractères des actes authentiques, sauf l'exécution parée.

Les affectations sont aussi approuvées par le préfet (art. 20 de la loi du 18 juillet 1837); elles ne confèrent qu'un simple droit de jouissance et la commune reste propriétaire de l'immeuble. L'affectation est un contrat administratif par lequel la commune affecte la jouissance d'un bien, qui lui appartient, à un service déterminé.

Les églises et les presbytères sont-ils seulement affectés au culte, ou sont-ils, au contraire, la propriété des fabriques ?

Lorsqu'ils ont été acquis ou construits par la commune, pas de doute ; mais la question est très discutée en ce qui concerne les églises et les presbytères remis par l'Etat en 1804, pour être rendus à leur destination première aux termes des articles 75 et 77 de la loi du 18 germinal an X, appartiennent-ils aux communes ou aux fabriques ? Les partisans de la propriété des fabriques font observer que l'article 76 de la loi du 18 germinal an X disposait qu'elles seraient rétablies, que cette même loi de germinal ne parle pas des communes, que la présomption naturelle est donc qu'elle accorde la propriété aux fabriques qui sont chargées de tous les intérêts matériels du culte, qui possèdent et administrent ; que l'article 72 de la même loi, qui décide que les presbytères et jardins attenant non aliénés seront rendus aux curés et desservants des succursales, est interprété par le décret du 30 mai 1806 qui dispose que les églises et presbytères restés sans destination après le rétablissement du culte font partie des biens restitués aux fabriques et sont en conséquence attribués aux cures et succursales conservées; qu'il ne s'agit pas ici d'une simple affectation puisque le décret de 1806 ajoute qu'ils pourront être aliénés, échangés ou loués au profit des églises des chefs-lieux, qu'il confère donc aux fabriques la plénitude du droit de propriété ; qu'un autre décret du 17 mars 1809 déclare dans son article 1er que les églises et presbytères aliénés, qui par suite des déchéances encourues par les acquéreurs étaient rentrés dans les mains de l'Etat depuis 1802 ou 1806, seraient soumis à l'application de l'article 72 de la loi de l'an X et qu'en conséquence les à-compte payés par les acquéreurs leur seraient remboursés par les paroisses et que les dommages et intérêts pour dégradations seraient versés dans la caisse de la fabrique mise aux lieu et place du Domaine.

Cette prétention des partisans de la propriété des fabriques doit être écartée par les motifs suivants :

Les fabriques n'étaient pas réorganisées lorsque le Concordat et les articles organiques ont affecté ces édifices au service du culte, ils n'ont donc pas pu leur transporter la propriété des églises et presbytères ; les articles organiques disent bien que les fabriques seront rétablies, mais elles n'existaient pas. Ce n'est que par l'arrêté du 7 thermidor an XI que les fabriques ont été dotées et quant au décret du 30 mai 1806, bien loin de prouver la propriété donnée aux fabriques sur les églises et presbytères rendus en 1802, il montre bien que ni le Concordat ni les articles organiques, ni l'arrêté de l'an XI, que nous venons de citer, ne la leur avaient accordée puisqu'il a fallu qu'un décret intervienne pour leur attribuer les églises et presbytères supprimés, ce qui exclut les églises et presbytères conservés pour l'exercice du culte.

Aucun texte n'attribuant expressément la propriété des églises et des presbytères aux fabriques, il convient de lever le doute en faveur des communes, qui sont tenues de loger les curés et desservants et de faire face aux dépenses et aux besoins du culte. On ne comprendrait pas pourquoi le législateur n'aurait pas donné aux communes les mêmes droits sur les églises qu'elles fournissent elles-mêmes et sur celles remises par l'Etat en 1801 ; toutes ces églises ayant la même affectation doivent avoir le même caractère domanial. Deux avis du conseil d'Etat ont tranché la question dans ce sens, l'un du 8 nivôse an XIII porte « que les presbytères « et les églises ne peuvent cesser d'appartenir aux com- « munes » ; l'autre du 2 pluviôse an XIII décide « que les « communes sont devenues propriétaires des églises et des « presbytères qui leur ont été abandonnés en exécution de « la loi du 18 germinal de l'an X ». Ces deux avis ayant été approuvés par l'Empereur ont force de loi.

Enfin la jurisprudence constante du Conseil d'Etat et de la Cour de Cassation se prononce en faveur des communes.

Toutefois il faut observer qu'il ne s'agit pas ici pour les communes d'un véritable droit de propriété, mais plutôt du classement dans le domaine public communal. Ce qui le prouve c'est que l'ordonnance des 3 mars-29 août 1825, par son article 1ᵉʳ, décide qu'aucune distraction des parties superflues d'un presbytère ne pourrait avoir lieu pour un autre service qu'en vertu d'une autorisation expresse du gouvernement.

Le conseil délibère sur tout ce qui intéresse la conserva- tion et l'amélioration des propriétés communales ; ainsi c'est lui qui décide s'il convient ou non de remplir les formalités de la purge des hypothèques pour un immeuble acquis de gré à gré par la commune ; son mandat est du reste limité dans cette question par le décret du 14 juillet 1866, qui ne lui permet de s'en dispenser que si le prix d'acquisition n'excède pas cinq cent francs. Sa délibération est approuvée dans ce cas par le préfet.

8° *Sur la délimitation et le partage des biens indivis entre deux ou plusieurs communes ou sections de commune* (art. 19 de la loi du 18 juillet 1837, n° 4).

Il n'est question ici que du partage entre deux communes ou deux sections de communes ; notre paragraphe quatre ne s'applique ni aux partages de biens communaux d'une seule commune ou section à diviser entre les habitants, ni aux partages des biens indivis entre des communes ou sections de communes et des particuliers. Des partages entre habitants nous dirons un mot après avoir exposé les règles des partages entre communes et sections de communes ; quant aux partages entre communes ou sections de communes et particuliers, ils restent exclusivement soumis à toutes les règles du Code civil et du Code de procédure civile; la présence du particulier soumet le partage à toutes les règles du droit commun ; la loi civile fixe donc ici les conditions, les formes et les bases du partage.

Arrivons aux partages entre communes ou sections de communes ; il importe encore de distinguer si les biens indivis sont des communaux proprement dits ou des biens patrimoniaux, car il y a lieu à appliquer des règles différentes. Les bois sont, sous ce rapport, compris dans la classe des communaux, aux termes de l'avis du Conseil d'Etat du 12 avril 1808 (approuvé le 26) et de l'article 92 du Code forestier.

Le partage des communaux est régi par la partie, non abrogée de la loi du 10 juin 1793 relative aux partages de biens communaux, par les avis du Conseil d'Etat des 14 juillet 1807 (approuv. le 20) et 12 avril 1808 (approuv. le 26) et par l'article 92 du Code forestier. Le droit des communes ou sections copropriétaires ne se détermine pas à raison de l'étendue de leur territoire respectif, mais à raison du nombre de feux, c'est-à-dire de chefs de familles ayant domicile (Loi du 10 juin 1793, art. 2 de la section 4 ; avis du Conseil d'Etat des 20 juillet 1807 et 26 avril 1808 ; circulaire du ministre de l'intérieur du 5 mai 1852). Cette règle cesse devant des titres contraires ou une possession équivalant à titre (art. 2 de la section IV de la loi du 10 juin 1793).

Les questions de propriété sont jugées par les tribunaux ordinaires (art. 4 de la section V de la même loi).

Après les délibérations des conseils municipaux portant qu'il y a lieu d'opérer le partage, le sous préfet prescrit une enquête *de commodo et incommodo* et désigne le commissaire enquêteur. On procède alors à la formation des lots qui sont composés par des experts choisis par les maires, en cas de division le tiers expert est nommé par le préfet ; les lots sont tirés au sort (art. 2, 3 et 4 de la section IV de la loi du 10 juin 1793). Le partage est ensuite soumis aux conseils municipaux, qui, après avoir examiné les procès-verbaux d'enquête et d'expertise, l'adoptent ; le sous-préfet transmet ces procès-verbaux et les délibérations des conseils, en y joignant son avis motivé, au préfet qui apprécie l'opportunité du partage et rend exécutoires, s'il y a lieu, les délibérations des conseils (Tabl. A, n° 48 du décret de décentralisation du 25 mars 1852) ; les maires réalisent ensuite l'acte de partage, qui devient définitif par l'homologation du préfet.

Qu'arrivera-t-il si une commune résiste au partage ! La disposition de l'article 815 du Code civil s'applique-t-elle en matière de biens communaux ! Nous ne le pensons pas. Les partages de biens communaux ne sont soumis à aucune des dispositions du droit civil ; les dispositions de la loi du 10 juin 1793 et des décrets du 20 juillet 1807 et 26 avril 1808 leur sont seules applicables ; s'il y avait une exception la loi l'indiquerait. Le paragraphe 4 de l'article 19 de la loi du 18 juillet 1837 dit que les conseils municipaux délibèrent sur les partages de biens indivis, il semble donc que l'approbation des conseils des deux communes doit exister. Bien plus il n'existe aucun tribunal pour juger l'action en partage intentée par une commune à une autre commune, il n'y a aucune autorité qui puisse faire droit à une demande de cette nature ; les tribunaux civils ne doivent, aux termes de l'article 4 de la section V de la loi du 10 juin 1793, connaître que des questions de propriété, de titres et de possession qui s'élèvent entre les communes ou sections copropriétaires; du reste apprécier les convenances et l'opportunité d'un partage est une question administrative. Les conseils de préfecture n'ont de compétence, aux termes des articles 1 et 2 de la section V de la loi du 10 juin 1793, que pour les difficultés relatives au mode de partage (l'attribution de compétence faite par la loi de 1793 au profit des directoires de départements a passé aux conseils de préfecture d'après la loi du 28 pluviôse an VIII) ; ils ne peuvent donc connaître d'une demande en partage faite par une commune ou section, puisqu'aucun texte ne leur en donne le pouvoir. Le préfet et le ministre de l'intérieur, en ce qui concerne la généralité des biens communaux, le chef de l'Etat en ce qui concerne les bois et forêts appartenant aux communes, ne pourraient que rejeter la demande en partage dont ils seraient saisis, attendu que la loi ne leur donne que le droit d'autoriser ou de refuser d'autoriser un partage délibéré par les conseils municipaux et non d'imposer aux communes ou sections un partage dont elles ne voudraient pas.

Le partage des biens patrimoniaux indivis entre deux communes est soumis à d'autres règles : le droit des copropriétaires ne se détermine pas par le nombre de feux, car les avis du conseil d'Etat, que nous avons cités plus haut, n'appliquent cette présomption qu'aux communaux proprement dits, on doit ici consulter les titres et s'ils se bornent à attribuer tel immeuble aux deux communes, elles sont réputées propriétaires chacune pour moitié; si les communes s'entendent pour faire un partage amiable, on suit les mêmes formes que pour les communaux, car c'est encore l'espèce prévue par le n° 4 de l'article 19 de la loi de 1837, qui comprend tous les biens indivis entre communes; mais si l'une des communes conteste, l'action en partage s'engagera devant l'autorité judiciaire, les communes devront bien entendu se faire autoriser par le conseil de préfecture; nous admettons ici la compétence des tribunaux ordinaires et l'empire des règles du droit civil attendu qu'on ne trouve pas de texte qui établisse aucune dérogation quant aux biens patrimoniaux, la loi du 10 juin 1793 et les avis du conseil d'Etat ne parlent que des communaux ; notre distinction est très raisonnable, car en l'absence absolue de textes il n'est pas possible de s'appuyer sur une simple analogie pour établir une exception au droit commun.

Arrivons maintenant aux partages de biens communaux entre les habitants d'une commune ou d'une section de commune ; ce que nous allons en dire n'a qu'un intérêt historique, attendu que ces partages sont interdits par le droit actuel. Au dix-huitième siècle de nombreux partages de biens communaux avaient été ordonnés et tous les édits qui concernent cette matière ordonnaient le partage par feux. L'Assemblée législative par la loi du 14 août 1792 ordonne que tous les terrains communaux, les bois exceptés qu'une loi du 29 septembre 1791 venait de soumettre à l'administration forestière, seront partagés entre les habitants. La loi du 10 juin 1793, dont les termes ne sont plus impératifs, permet aussi les partages des communaux, gratuitement et par tête, entre les habitants de la commune ; il suffit pour que le partage ait lieu qu'il soit demandé par le tiers des voix dans une assemblée à laquelle devaient être appelés les habitants de tout sexe ayant plus de vingt-et-un ans. Cette loi qui blessait l'équité en ce que le partage pouvait être voté par une insuffisante minorité, qui la blessait encore par la gratuité du partage, la distribution par têtes et la généralité de la mesure, puisqu'elle ne tenait compte ni des intérêts, ni des besoins divers, ni de l'utilité publique, ni des situations des diverses communes, avait encore le défaut de violer les droits de la propriété privée dont les pâturages communaux sont souvent l'accessoire, ceux de la commune dépouillée sans compensation et ceux des générations futures. Elle donna lieu à tant de désordres qu'une loi du 21 prairial an IV vint d'urgence en suspendre l'exécution, puis la loi du 6 ventôse an XII valida tous les partages faits en vertu de la loi du 10 juin 1793 et ordonna la remise des autres biens aux communes ; un décret du 9 brumaire en XIII décida qu'il ne pourrait plus être rien changé à la jouissance des communaux sans autorisation du gouvernement. Ces deux dernières lois avaient déjà implicitement abrogé les dispositions de la loi du 10 juin 1793 relatives à ce partage des communaux entre habitants ; la loi du 18 juillet 1837, en gardant le silence le plus absolu sur le partage des biens communaux, le prohibe par cela même. Le code forestier dans son article 92 décide aussi que les bois communaux ne peuvent jamais être partagés entre les habitants.

4° *Sur les conditions des baux à ferme ou à loyer dont la durée excède dix-huit ans pour les biens ruraux et neuf ans pour les autres biens, ainsi que celles des baux de biens pris à loyer par la commune, quelle qu'en soit la durée* (art. 19 de la loi du 18 juillet 1837, n° 5).

Nous avons déjà vu dans le chapitre précédent que la loi du 24 juillet 1867 avait transformé la délibération en délibération réglementaire pour les baux à loyer dont la durée n'excède pas dix-huit ans, ils sont donc assimilés aux baux à ferme ; une différence subsiste cependant, les baux à ferme des biens ruraux de la commune sont réglés par le conseil municipal dans les conditions de l'article 17 de la loi de 1837, c'est-à-dire d'une façon absolue, tandis que les baux à loyer des maisons et bâtiments appartenant à la commune sont réglés dans les conditions de la loi du 24 juillet 1867 (§ 2 de l'art. 1), c'est-à-dire d'accord avec le maire.

Les délibérations des conseils sur les baux à ferme ou à loyer de plus de dix-huit ans sont approuvées par les préfets (tableau A, n° 51 du décret du 25 mars 1852).

S'il s'agit de biens pris à loyer par la commune, la délibération qui fixe les conditions du bail doit être approuvée par le préfet, quelle que soit la durée dudit bail (tabl. A. n° 51 du décret du 25 mars 1852).

Tout acte de bail passé par le maire doit être revêtu de l'approbation du préfet (art. 47 de la loi du 18 juillet 1837).

5° *Sur les projets de constructions, de grosses réparations et de démolitions et en général tous les travaux à entreprendre* (art. 19 de la loi du 18 juillet 1837, n° 6).

Les délibérations sur ces matières sont exécutoires après approbation du préfet ; nous avons dit en traitant des délibérations réglementaires de la loi de 1867 que les conseils municipaux réglaient, sous condition d'accord avec le maire, les projets, plans et devis de grosses réparations et d'entretien, lorsque la dépense totale afférente à ces projets et aux autres projets de la même nature, adoptés dans le même exercice, ne dépasse pas le cinquième des revenus ordinaires de la commune, et en aucun cas une somme de cinquante mille francs.

6° *Sur l'ouverture des rues et places publiques et les projets d'alignement de voirie municipale* (art. 19 de la loi du 18 juillet 1837, n° 7).

Par projets d'alignement, le législateur n'entend pas ici les alignements partiels requis par ceux qui veulent construire ou réparer des édifices joignant la voie publique ; nous avons parlé de ces alignements partiels lorsque nous avons indiqué les attributions de police municipale des maires. Les projets d'alignement dont il est ici question sont des plans généraux qui embrassent l'ensemble des rues et des places de la commune.

L'article 52 de la loi du 16 septembre 1807 prescrivit de dresser dans toutes les villes des plans d'alignement tant pour l'ouverture des rues nouvelles que pour l'élargissement des anciennes ; toutes les communes n'étaient donc pas obligées à avoir des plans généraux d'alignement puisqu'il ne s'agissait que des villes ; de plus des circulaires ministérielles des 17 août 1813 et 25 octobre 1837 mettent en dehors de la règle toutes les communes qui n'ont pas deux mille habitants. Mais il nous semble que les articles 30 (n° 18) et 19 (n° 7) de la loi du 18 juillet 1837 sont formels et que toutes les communes sans distinction doivent être pourvues d'un plan général d'alignements. Ces plans sont dressés par les soins du maire, soumis à une enquête dans les formes prescrites par l'ordonnance du 23 août 1835 (circulaire ministérielle du 23 août 1841), délibérés par le conseil municipal et approuvés par le préfet (décret de décentral. tabl. A, n° 57). Ces plans peuvent être faits soit pour l'ensemble des rues et places, soit pour une ou plusieurs des rues et places de la commune.

Le plan général d'alignements a pour effets : de servir de base aux alignements individuels, de soumettre immédiatement sans expropriation, moyennant indemnité, les terrains non bâtis aux retranchements nécessaires pour donner à la route ou rue la largeur que lui assigne le plan et enfin de donner (art. 53 de la loi du 16 septembre 1807) au propriétaire riverain une sorte de droit de préemption pour l'acquisition des terrains libres entre lui et la voie publique, lorsqu'il en existe.

7° *Sur le parcours et la vaine pâture* (art. 19 de la loi de 1837, n° 8).

Le droit de vaine pâture est une association tacite et réciproque entre les habitants de la même commune pour envoyer leurs bestiaux pâturer sur les fonds les uns des autres, lorsque ces fonds sont en jachères ou en friches, ou dépouillés de leurs récoltes ; le parcours est une convention de vaine pâture entre deux ou plusieurs communes.

Le Code rural des 28 septembre-6 octobre 1791 restreignit les droits de parcours et de vaine pâture, en supprimant les parcours de paroisse à paroisse, lorsqu'ils n'étaient pas réciproques et fondés sur un titre ou une possession autorisée par les lois et règlements (art. 2 de la sect. IV), et les droits de vaine pâture partout où ils ne seraient pas fondés sur un titre particulier ou autorisés par une loi ou un usage local et immémorial (art. 3 de la section IV). Le Code civil permet à tout propriétaire d'y échapper par la clôture (art. 647).

Le conseil municipal peut être appelé à délibérer sur les quantités de bétail que chaque habitant peut faire pâturer, sur les époques où les récoltes sont enlevées et où s'ouvrent les droits de parcours et vaine pâture. Ces délibérations sont approuvées par le préfet. Nous ne nous étendrons pas davantage sur ce sujet qui n'a plus maintenant qu'une très minime importance.

8° *Sur l'acceptation des dons et legs faits à la commune et aux établissements communaux* (art. 19 de la loi de 1837, n° 9).

Ici encore la loi de 1837 a été modifiée par l'article premier de la loi du 24 juillet 1867 ; nous avons dit en traitant des délibérations réglementaires établies par cette loi quel était le cas où le conseil municipal réglait l'acceptation ou le refus des dons ou legs faits à la commune ; nous avons dit aussi que la délibération cessait d'être réglementaire s'il y avait désaccord entre le maire et le conseil municipal ou si l'affaire était dite connexe, nous allons donc maintenant indiquer les cas où il y a lieu à simple délibération.

Lorsque la libéralité est faite avec charges, conditions ou affectation immobilière ou que les dons et legs donnent lieu à réclamation judiciaire ou même simplement administrative, un décret doit intervenir pour rendre exécutoire la délibération du conseil municipal suivant les prescriptions de la loi de 1837 et l'article 910 du Code civil (décret de décentralisation, tabl. A, lettre c) ; ce décret est rendu en assemblée générale du conseil d'Etat, lorsque la valeur de la libéralité excède cinquante mille francs (décret du 21 août 1872, art. 5, § 5).

Nous ne dirons rien ici des affaires connexes ou mixtes, nous en avons parlé aux délibérations réglementaires créées par la loi de 1867. Le maire peut accepter conservatoirement les dons ou legs faits à la commune avant toute autorisation, mais toujours en vertu d'une délibération du conseil municipal ; ce droit est accordé par l'article 48 de la loi du 18 juillet 1837, c'est une dérogation à l'article 937 du Code civil, aux termes duquel l'acceptation de la libéralité ne peut être faite qu'après et en conséquence de l'autorisation. Cette mesure est purement conservatoire, elle permet aux communes de former leur demande en délivrance de legs mais la translation de biens aux communes n'est pas immédiate, puisque l'acte d'autorisation qui intervient ensuite rétroagit au jour de l'acceptation. Le chef de l'Etat ou le préfet, dans les cas où leur autorisation est nécessaire, peuvent autoriser l'acceptation pour le tout, ou pour une partie, ou refuser ; l'exercice de ce droit de réduction ne modifie pas le caractère du legs, qui est irrévocablement fixé par les dispositions du testament.

Nulle acceptation ne peut avoir lieu sans que les héritiers du sang n'aient été mis au préalable en demeure de consentir à la délivrance ; ils doivent l'être dans les formes prescrites par l'article 3 de l'ordonnance du 14 janvier 1831, pour les établissements religieux.

Le chef de l'Etat ou le préfet pouvant prendre une décision contraire à celle du conseil municipal, ils peuvent autoriser d'office l'acceptation de la libéralité (article 48 de la loi de 1837 et 910 du Code civil) ; ils peuvent aussi, puisqu'ils statuent d'office, refuser d'office l'autorisation d'accepter.

Le conseil municipal délibère aussi sur les libéralités

faites au profit des pauvres ou de certaines catégories de pauvres, sans autre détermination ; cela a lieu lorsque le testament ou la donation au profit des pauvres n'ont désigné aucun établissement compétent pour recueillir la libéralité ; dans ce cas le maire accepte, après la délibération du conseil, et avec les mêmes autorisations que pour les dons et legs faits aux communes, en qualité de représentant légal des pauvres de la commune (Ordonnance royale du 2 avril 1817, art. 3). Il y a également lieu à acceptation par le maire et à délibération du conseil lorsque les dons et legs sont faits à des établissements non légalement reconnus et qu'il résulte de la disposition que l'intention du donateur ou testateur a été de soulager les pauvres ou certaines catégories de pauvres de la commune plutôt que de gratifier l'établissement lui-même (avis du Conseil d'Etat du 7 décembre 1858).

9° *Sur les actions judiciaires et transactions* (art. 19 de la loi du 18 juillet 1837, n° 10).

Le conseil municipal délibère sur les transactions ; ces délibérations sont soumises à l'approbation du préfet, quelle que soit la valeur ou l'espèce des biens, qui font l'objet de la transaction (Décret de décentralisation, tabl. A, n° 50). Les formes des transactions des communes sont réglées par l'arrêté du 21 frimaire an XII, qui n'a pas été abrogé par la loi du 18 juillet 1836 (Circulaire du ministre de l'intérieur du 5 mai 1852) ; voici la disposition de son article 1er : « Dans « tous les procès nés ou à naître, qui auraient lieu entre des « communes et des particuliers sur des droits de propriété, « les communes ne pourront transiger qu'après une déli- « bération du conseil municipal, prise sur la consultation « de trois jurisconsultes désignés par le préfet du départe- « tement et sur l'autorisation de ce même préfet, donnée « d'après l'avis du conseil de préfecture. » L'autorisation préalable du préfet exigée par cet arrêté n'est plus nécessaire, la loi de 1837 ne soumet plus la délibération du conseil à cette autorisation préalable ; quant à la consultation des trois jurisconsultes et l'avis du conseil de préfecture ils sont toujours nécessaires.

Nous avons dit en parlant du maire représentant judiciaire de la commune que c'était lui seul qui pouvait représenter la commune en justice, que la commune devait être autorisée par le conseil de préfecture; quelles exceptions étaient apportées à cette règle, dans quels cas le contribuable pouvait exercer les actions de la commune ; nous ne reviendrons pas sur tous ces points, nous insisterons seulement sur l'autorisation à donner par le conseil de préfecture.

Cette autorisation est nécessaire à la commune soit pour demander soit pour défendre ; nous avons indiqué les exceptions en traitant des attributions du maire. Nulle commune ou section de commune, autorisées à introduire une action en justice, ne peuvent après jugement intervenu se pourvoir devant un autre degré de juridiction sans une nouvelle autorisation (§§ 1 et 2 de l'art. 49 de la loi du 18 juillet 1837). Elles peuvent se pourvoir devant le Conseil d'Etat, si l'autorisation leur est refusée ; ce pourvoi est introduit et jugé en la forme administrative ; il doit être formé dans le délai de trois mois à partir de la notification du rejet par le conseil de préfecture, et en vertu d'une délibération du Conseil municipal ; le Conseil d'Etat doit statuer dans les deux mois à partir du jour de l'enregistrement du pourvoi à son secrétariat général (art. 50 et 55 de la même loi). Le conseil de préfecture peut empêcher les communes d'ester en justice comme défenderesses (art. 52 de la même loi) ; quoique la défense soit de droit commun, il a paru nécessaire de pouvoir empêcher les communes de se défendre contre une demande bien fondée. L'adversaire de la commune doit, sous peine de nullité de son ajournement, déposer à la préfecture un mémoire explicatif de sa demande ; il lui en est donné un récépissé ; la présentation de ce mémoire interrompt la prescription et toutes déchéances ; le préfet transmet le mémoire au maire et l'autorise à convoquer le conseil pour délibérer (art. 51 de la même loi). La délibération du conseil municipal est transmise au conseil de préfecture, qui accorde ou refuse l'autorisation d'ester en justice ; il doit faire connaître sa décision dans les deux mois qui suivent la date du récépissé du mémoire déposé par l'adversaire de la commune ; l'action ne peut être intentée qu'après la décision du conseil de préfecture ou, à défaut de décision dans le délai de deux mois, qu'après l'expiration de ce délai ; il en est de même s'il y a pourvoi contre la décision du conseil de préfecture ; dans tous les cas la commune ne peut défendre à l'action que si elle y a été expressément autorisée (art. 52 et 54 de la même loi). La commune défenderesse une fois autorisée n'est pas tenue de faire renouveler l'autorisation pour procéder devant d'autres degrès de juridiction. Lorsque le conseil municipal déclare ne pas vouloir plaider, le conseil de préfecture peut néanmoins accorder à la commune l'autorisation d'ester en justice ; il tient ce droit de l'article 52 de la loi de 1837 ; la commune n'est pas pour cela obligée de se défendre, mais elle est dans ce cas jugée par défaut. S'il n'y a pas d'autorisation ou pas de décision dans le délai de deux mois, la commune ne peut se défendre, elle est condamnée par défaut et ne peut faire opposition au jugement qui passe en force de chose jugée. Il ne peut donc y avoir de débat contradictoire que s'il y a eu autorisation de plaider accordée par le conseil de préfecture. Les actions intentées aux communes sont très diverses ; elles dérivent soit des contrats dans lesquels elles sont parties, soit de faits dommageables (art. 1382 du Code civil), de délits ou de quasi-délits, de la responsabilité civile (art. 1384 du Code civil). Les plus importantes sont celles qui peuvent leur être intentées en vertu de l'article 1382, ou plutôt d'une extension du principe de cet article : le décret du 23 février 1790 déclarait la commune tout entière responsable des dommages causés sur son territoire par des attroupements ; la loi du 10 vendémiaire an IV sur la police intérieure des communes, dans l'article 1 de son titre IV, édicte : « Chaque commune est « responsable des délits commis à force ouverte ou par « violence sur son territoire, par des rassemblements armés « ou non armés, soit envers des personnes, soit contre les « propriétés nationales ou privées, ainsi que des dommages-« intérêts auxquels ils donneront lieu. »

Nous avons passé en revue tous les sujets de délibérations énumérés dans l'article 19 de la loi du 18 juillet 1837 ; à l'exception du budget communal que nous examinerons dans la section suivante. Comme nous l'avons déjà dit, l'énumération contenue dans l'article 19 n'est pas limitative ; le conseil est encore appelé à délibérer sur beaucoup d'autres matières en vertu de diverses lois, nous allons examiner les principales.

Le conseil municipal délibère sur l'établissement des marchés d'approvisionnements dans la commune (art. 11 de la loi du 24 juillet 1867) ; cet article abrogeait le par. 3 de l'article 6 et le par. 3 de l'article 41 de la loi du 10 mai 1838, quant à l'obligation de consulter le conseil d'arrondissement et le conseil général, mais laissait subsister l'autorisation du préfet, nécessaire aux termes du décret de décentralisation du 25 mars 1852, tabl. B, n° 1 ; aujourd'hui c'est le conseil général qui statue (§ 24 de l'art. 46 de la loi du 10 août 1871). Il délibère sur le point de savoir si les prés-bois doivent, comme le demandent les agents forestiers, être aménagés et en cas de différend c'est le conseil de préfecture qui prononce (art. 90 du Code forestier).

Nous avons déjà dit, en énumérant les délibérations réglementaires de la loi de 1867, que le conseil municipal statuait sans approbation de l'autorité supérieure, lorsqu'il s'agissait d'emprunts remboursables, ou sur les centimes additionnels extraordinaires n'excédant pas cinq centimes et pour une durée de cinq années, votés par le conseil municipal dans la limite du maximum fixé chaque année par le conseil général, ou sur les ressources ordinaires quand, dans ce dernier cas, l'amortissement ne dépasse pas douze années ; nous avons dit aussi que l'article 42 de la loi de 1837 était toujours en vigueur et que par conséquent, dans toute commune ayant un revenu moindre de cent mille francs, le conseil devait être assisté en nombre égal des plus fort imposés ; qu'il en était de même pour les délibérations votant des contributions extraordinaires n'excédant pas le maximum fixé chaque année par le conseil général et dans tous les cas cinq centimes pendant cinq ans.

Le conseil municipal délibère, aux termes de l'article 5 de la loi du 24 juillet 1867, sur les contributions extraordinaires qui dépasseraient cinq centimes, sans excéder le maximum fixé par le conseil général et dont la durée ne serait pas supérieure à douze années et sur les emprunts remboursables sur ces mêmes contributions extraordinaires ou sur les revenus ordinaires dans un délai excédant douze années ; dans ces deux cas la délibération est soumise à l'approbation du préfet. Le conseil est assisté ou non des plus imposés, selon que la commune, comme nous l'avons dit ci-dessus, a un revenu moindre ou plus élevé que cent mille francs. Le conseil délibère aussi sur les contributions extraordinaires plus élevées et sur les emprunts remboursables dans des délais plus longs, mais alors ses délibérations sont soumises à d'autres approbations : toute contribution extraordinaire dépassant le maximum fixé par le conseil général et tout emprunt remboursable sur ressources extraordinaires, dans un délai excédant douze années, doivent être autorisés par décret et ce décret est rendu en conseil d'Etat si la commune a un revenu de plus de cent mille francs ; si la somme à emprunter dépasse un million ou si ladite somme, réunie au chiffre d'autres emprunts non encore remboursés, dépasse un million, il est statué par une loi (article 7 de la loi du 24 juillet 1867). L'intervention du pouvoir législatif n'est donc plus jamais nécessaire pour les contributions extraordinaires, quelle qu'en soit l'importance, et quant aux emprunts elle n'est plus exigée par le fait que pour ceux que peuvent seules contracter les grandes villes. Dans tous les cas où un emprunt doit être autorisé par arrêté préfectoral, décret ou loi, c'est au préfet qu'il appartient d'approuver les conditions de réalisation adoptées par le conseil municipal, avec ou sans le concours des plus imposés (décret de décentralisation du 25 mars 1852, tabl. A, n° 43),

Section 2. *Du budget communal.*

Nous avons dit que le maire proposait chaque année le budget communal ; le conseil municipal le vote ; sa délibération est approuvée par arrêté du préfet dans toutes les communes dont les revenus ordinaires sont inférieurs à cent mille francs (art. 33 de la loi de 1837) et dans les autres communes, lorsque aucune demande d'imposition extraordinaire, non susceptible d'être votée définitivement par le conseil municipal ou approuvée par le préfet, ne se trouve formulée au budget (décret de décentralisation du 25 mars 1852, tabl. A, n° 42). Dans tous les autres cas le budget est approuvé par décret (art. 33 de la loi de 1837).

En parlant des délibérations réglementaires établies par la loi de 1867, nous avons dit que l'arrêté préfectoral ou le décret qui règle le budget ne pouvait rien changer aux allocations portées au budget communal pour dépenses facultatives, lorsqu'il était pourvu à toutes les dépenses obligatoires et qu'aucune recette extraordinaire n'était appliquée aux dépenses soit obligatoires, soit facultatives ; nous avons dit aussi que dans ce cas l'accord du maire avec le conseil n'était pas nécessaire, ce qui assimile complètement cette délibération aux délibérations réglementaires de la loi de 1837. Avant cette innovation, apportée par l'article 2 de la loi de 1867, l'autorité appelée à régler le budget communal pouvait toujours retrancher ou réduire les allocations votées par le conseil municipal pour des dépenses facultatives.

Le budget communal se divise en deux parties, le chapitre des dépenses et le chapitre des recettes ; le budget communal comprend un budget ordinaire et un budget extraordinaire.

Les dépenses sont obligatoires ou facultatives ; les dépenses obligatoires sont énumérées dans l'article 30 de la loi de 1837, mais d'autres lois spéciales en ayant établi aussi quelques-unes, le décret du 31 mai 1862, portant réglement général sur la comptabilité publique, en a donné une nouvelle énumération dans son article 486 ; toutes autres dépenses que celles énumérées dans cet article sont facultatives. L'autorité chargée de régler définitivement le budget d'une commune ne peut inscrire ou augmenter d'office que les allocations destinées aux dépenses obligatoires (art. 38 de la loi de 1837). Si un conseil municipal n'allouait pas les fonds exigés pour une dépense obligatoire ou n'allouait qu'une somme insuffisante, l'allocation nécessaire serait inscrite par décret pour les communes dont le revenu est de cent mille francs et au-dessus et par arrêté du préfet en conseil de préfecture pour celles dont le revenu est inférieur ; dans tous les cas le conseil municipal doit être appelé à en délibérer ; si les ressources de la commune sont insuffisantes il est pourvu aux dépenses obligatoires par une contribution extraordinaire établie selon le cas par un décret ou par une loi (art. 39 de la loi de 1837). Nous ne donnerons pas d'énumération des dépenses obligatoires, il n'y a rien d'important à y relever.

En dehors des dépenses énumérées dans l'article 486 du décret du 31 mai 1862, il n'existe que des dépenses facultatives ; celles-ci, aux termes de l'article 36 de la loi de 1837, pouvaient être rejetées ou réduites par l'autorité qui réglait le budget, nous avons dit en commençant cette section dans quelle limite large les pouvoirs du conseil municipal avaient été étendus sur ce point par la loi de 1867, cela revient à dire que les conseils municipaux peuvent maintenant disposer souverainement des excédants de leurs recettes ordinaires sur leurs dépenses obligatoires.

La spécialité des crédits permet seule à l'administration d'exercer sur le budget communal un contrôle réel et sérieux ; il faut donc que toutes les dépenses soient précisées. L'article 37 de la loi de 1837 admet cependant une exception que la nécessité conduit à faire ; les conseils municipaux peuvent porter au budget un crédit pour dépenses imprévues ; mais le crédit peut être rejeté ou réduit s'il excède le dixième des recettes ordinaires ou si les revenus ordinaires ne suffisent pas pour y faire face après avoir satisfait à toutes les dépenses obligatoires ; en outre le maire ne peut l'employer qu'avec l'approbation du préfet et du sous-préfet. Le maire doit aussi en rendre compte au conseil municipal dans la première session ordinaire qui suivra la dépense effectuée.

Avant de parler des recettes communales il est une dépense obligatoire pour les communes, qui n'est pas indiquée dans le décret du 31 mai 1862 et dont nous devons dire quelques mots, nous voulons parler des chemins vicinaux qui, aux termes de l'article 1er de la loi du 21 mai 1836, sont à la charge des communes : le budget ordinaire de la vicinalité se compose, en dehors bien entendu des subventions de l'Etat et des centimes additionnels spéciaux que peuvent voter les conseils généraux (art. 46 de la loi du 10 août 1871), des ressources ordinaires de la commune, auxquelles s'ajoutent en cas d'insuffisance des prestations en nature de trois journées de travail (art. 2 de la loi du 21 mai 1836) et des centimes additionnels spéciaux au nombre de huit, cinq applicables à tous les chemins vicinaux (art. 2 de la loi de 1836) et trois affectés aux chemins vicinaux ordinaires (art. 3 de la loi du 24 juillet 1867). Le conseil municipal peut voter l'une ou l'autre de ces ressources ou toutes deux concurremment, le concours des plus imposés ne lui est pas nécessaire (art. 2 de la loi de 1836). Les conseils municipaux peuvent remplacer les centimes spéciaux dont nous venons de parler par une quatrième journée de prestation dans les communes dont les charges excèdent dix centimes et pendant la période d'exécution de la loi du 11 juillet 1868 (art. 3 de ladite loi). Si le conseil municipal ne vote pas dans la session désignée à cet effet les prestations et centimes nécessaires, ou si la commune n'en fait pas emploi dans les délais prescrits, le préfet peut d'office imposer la commune dans les limites du maximum ou faire exécuter les travaux ; chaque année le préfet doit communiquer au conseil général l'état des impositions ainsi établies d'office (art. 5 de la loi du 21 mai 1836).

Les recettes des communes sont ordinaires ou extraordinaires ; cette distinction, faite par la loi du 18 juillet 1837 dans ses articles 31 et 32, est reproduite dans l'article 484 du décret du 31 mai 1862, article énumérant les recettes ordinaires des communes, et dans l'article 485 du même décret, qui indique quelles sont les recettes extraordinaires. Nous ne ferons pas l'énumération des recettes, cela n'aurait pas plus d'intérêt que celle des dépenses ; d'ailleurs presque toutes ont été examinées dans les sections précédentes, en étudiant soit les délibérations réglementaires, soit les délibérations proprement dites ; nous allons seulement dire un mot des centimes additionnels, qui forment l'impôt direct communal et dont nous n'avons pas encore parlé.

Les centimes additionnels sont des centimes établis par addition au principal des contributions directes ; ils se divisent en centimes ordinaires, en centimes spéciaux et centimes extraordinaires.

Les centimes ordinaires ne portent que sur la contribution foncière et sur la contribution personnelle et mobilière, aux termes de l'article 7 de la loi du 11 frimaire an VII. Le maximum en a été fixé d'une manière permanente par la loi du 15 mai 1818 (art. 31) ; il est de cinq pour chacune des deux contributions, qui en sont passibles. On peut aussi considérer comme centimes ordinaires les huit centimes attribués par l'Etat aux communes sur l'impôt des patentes (art. 32 de la loi du 25 avril 1844). Faisons seulement remarquer que dans ce cas la recette communale n'a pas lieu par voie d'addition au principal, mais par voie de prélèvement.

Les centimes spéciaux sont principalement ceux affectés aux dépenses des chemins vicinaux et aux dépenses de l'instruction primaire. Des premiers nous avons parlé tout à l'heure ; les seconds peuvent être votés par les conseils municipaux jusqu'au maximum de sept, dont quatre pour établir la gratuité de l'enseignemert (art. 40 de la loi du 15 mars 1850 et de la loi du 10 avril 1867). De même que ceux qui sont destinés à l'entretien des chemins vicinaux, ils portent sur les quatre contributions directes. La loi du 31 juillet 1867 (art. 16) autorise aussi, sans limiter les centimes, les communes à s'imposer pour le salaire des gardes-champêtres.

Quant aux centimes extraordinaires nous avons indiqué dans quels cas l'autorité supérieure était appelée à approuver les délibérations des conseils municipaux et quelle était l'étendue des pouvoirs de ceux-ci pour les voter sans avoir à soumettre leurs délibérations à l'approbation.

CHAPITRE III

Avis, Vœux et Réclamations

L'article 21 de la loi du 18 juillet 1837, qui n'a été modifiée en rien sur ce point par la loi de 1867, confère au conseil municipal le droit de donner son avis dans divers cas nominativement désignés ou collectivement spécifiés. Le caractère commun des matières à simple avis est d'intéresser la commune d'une manière indirecte et en général de ne l'intéresser que comme circonscription administrative.

L'avis à demander au conseil municipal est obligatoire ou facultatif ; les avis sont obligatoires quand ils sont exigés par les lois. L'article 21 de la loi de 1837 énumère les objets qui sont nécessairement soumis aux conseils municipaux ; ce sont : 1° les circonscriptions relatives au culte ; 2° les circonscriptions relatives à la distribution des secours publics ; 3° les projets d'alignement de grande voirie dans l'intérieur des villes, bourgs et villages ; 4° l'acceptation des dons et legs faits aux établissements de charité et de bienfaisance ; 5° les autorisations d'emprunter, d'acquérir, d'échanger, d'aliéner, de plaider ou de transiger, demandées par les mêmes établissements et par les fabriques des églises et autres administrations préposées à l'entretien des cultes, dont les ministres sont salariés par l'Etat ; 6° les budgets et les comptes des établissements de charité et de bienfaisance ; 7° les budgets et les comptes des fabriques et autres administrations préposées à l'entretien des cultes dont les ministres sont salariés par l'Etat, lorsqu'elles reçoivent des secours sur les fonds communaux ; 8° enfin tous les objets sur lesquels les conseils municipaux sont appelés par les lois ou règlements à donner leur avis ou seront consultés par le préfet. On voit par le dernier numéro de cette énumération qu'elle n'est pas limitative, nous allons citer les lois les plus importantes qui exigent l'avis du conseil municipal.

La loi du 24 mai 1825 décide que quand une congrégation religieuse de femmes déjà autorisée veut fonder une maison succursale, il doit être produit à l'appui de sa demande le consentement de l'évêque diocésain et l'avis du conseil municipal de la commune où l'établissement serait formé (art. 3 de la dite loi). L'autorisation peut-elle dans ce cas être accordée malgré l'avis du conseil municipal ! On prétend que le texte ne le permet pas : il veut que l'on produise l'avis du conseil municipal à l'appui de la demande et un avis n'appuie pas quand il est contraire ; en outre un édit de décembre 1659 défendait à toute communauté religieuse de s'établir dans une commune sans le consentement des habitants. Nous ne pensons pas que ce système soit juste : l'article 3 de la loi du 24 mai 1825 n'exige pas le consentement du conseil municipal, mais seulement son avis ; à l'appui de la demande signifie avec la demande.

Aux termes de l'article deux de la loi du 18 juillet 1837, les conseils municipaux doivent donner leur avis toutes les fois qu'il s'agira de réunir plusieurs communes en une seule, ou de distraire une section d'une commune, soit pour la réunir à une autre, soit pour l'ériger en commune séparée ; ils doivent être dans ce cas assistés des plus imposés en nombre égal à celui de leurs membres.

La loi du 21 mai 1836, dans son article 7, décide que le conseil général statue définitivement sur le classement des chemins vicinaux, sur l'avis des conseils municipaux.

L'autorité qui prendrait une mesure sans avoir demandé l'avis du conseil municipal, alors que la loi l'exige, commettrait un véritable excès de pouvoir, qui donnerait lieu à un recours contentieux au Conseil d'Etat.

Les avis sont facultatifs, lorsqu'ils sont demandés par l'administration sans être exigés par une loi ou un règlement d'administration publique ; l'administration peut consulter le conseil municipal toutes les fois qu'elle le juge à propos.

Le droit d'émettre des vœux est accordé aux conseils municipaux par l'article 24 de la loi de 1837, mais seulement sur les objets d'intérêt local ; ils sortiraient de leur sphère s'ils s'immisçaient dans les questions politiques ou d'administration générale.|Les vœux sont spontanés, tandis que les avis sont provoqués. Le même article 24 défend aux conseils municipaux de faire des protestations, proclamations ou adresses, sous peine d'être suspendus immédiatement par le préfet (art. 25 de la loi du 5 mai 1855).

Les conseils municipaux possèdent, en vertu de l'article 22 de la loi de 1837, le droit de réclamer, s'il y a lieu, contre le contingent assigné à la commune, dans les impôts de répartition, par le conseil d'arrondissement. Cette réclamation est soumise au conseil d'arrondissement et portée ensuite au conseil général, qui doit toujours en connaître et qui seul statue définitivement.

CHAPITRE IIII

Election du délégué sénatorial

La loi constitutionnelle du 24 février 1875, sur l'organisation du Sénat, a donné par son article 4 un pouvoir nouveau aux conseils municipaux ; elle les a chargés de nommer des délégués, un par chaque conseil municipal, choisis parmi les électeurs de la commune et devant faire partie du collège électoral à qui appartient la nomination des sénateurs.

Chaque conseil municipal nomme un délégué, il se réunit pour cela à un jour fixé par décret du président de la République ; l'élection se fait sans débat, au scrutin secret, à la majorité absolue des suffrages ; après deux tours de scrutin la majorité relative suffit et en cas d'égalité de suffrages le plus âgé est élu ; il est procédé le même jour et dans la même forme à l'élection d'nn suppléant qui remplace le délégué en cas de refus ou d'empêchement ; le choix des conseils municipaux ne peut porter ni sur un député, ni sur un conseiller général, ni sur un conseiller d'arrondissement ; il peut porter sur tous les électeurs de la commune, y compris les conseillers municipaux, sans distinction entre eux. Telles sont les dispositions fixées par les articles

1 et 2 de la loi du 2 août 1875 sur les élections des sénateurs, pour la nomination du délégué sénatorial et du suppléant ; peuvent donc être élus tous les électeurs, qu'ils soient inscrits sur la liste électorale municipale ou sur la liste électorale politique, et tous les conseillers municipaux, alors même qu'ils ne sont pas inscrits sur les listes électorales de la commune.

L'article 3 de cette même loi du 2 août décide que, dans les communes où il existe une commission municipale, le délégué et le suppléant seront nommés par l'ancien conseil.

Si le délégué n'a pas été présent à l'élection, notification lui en est faite dans les vingt-quatre heures par les soins du maire ; il doit faire parvenir au préfet dans les cinq jours l'avis de son acceptation ; en cas de refus ou de silence il est remplacé par le suppléant qui est alors porté sur la liste comme délégué de la commune ; aussitôt après l'élection du délégué et du suppléant le procès-verbal est transmis au préfet ; on doit y mentionner l'acceptation ou le refus des délégués et suppléants ainsi que les protestations que un ou plusieurs membres du conseil municipal pourraient élever contre la régularité de l'élection ; une copie de ce procès-verbal est affichée à la porte de la mairie (art. 4 de la dite loi).

Les délégués ont droit d'assister aux réunions électorales pour la nomination des sénateurs ; ils justifient de leur qualité par un certificat du maire de la commune (art. 16). « Les délégués qui ont pris part à tous les scrutins recevront, « sur les fonds de l'Etat, s'ils le requièrent, sur la présen- « tation de leur lettre de convocation visée par le président « du collège électoral, une indemnité de déplacement qui « leur sera payée sur les mêmes bases et de la même ma- « nière que celle accordée aux jurés par les articles 35, 90 ' « et suivants du décret du 18 juin 1811. » Telle est la dis- position de l'article 17 ; un décret portant règlement d'administration publique, en date du 26 décembre 1875, a fixé le mode de paiement de cette indemnité.

. Le délégué, qui n'a pas pris part à tous les scrutins ou qui étant empêché n'a pas prévenu le suppléant en temps utile, sera condamné par le tribunal civil du chef-lieu, sur la réquisition du ministère public, à une amende de cinquante francs ; il en sera de même pour le suppléant qui prévenu en temps utile n'aura pas pris part aux opérations électorales (art. 18).

Tout électeur de la commune peut, dans un délai de trois jours, adresser directement au préfet une protestation contre la régularité de l'élection du délégué ; le préfet peut en demander l'annulation, s'il estime que les opérations ont été irrégulières. Le conseil de préfecture juge, sauf recours au Conseil d'Etat, les protestations relatives aux élections de délégués et suppléants ; si l'élection du délégué est annulée il est remplacé par le suppléant ; si les deux élections sont annulées, ou s'il y a refus ou décès de l'un ou de l'autre après leur acceptation le préfet fixe par arrêté un jour pour procéder à de nouvelles élections (art. 7 et 8 de la même loi.)

POSITIONS

DROIT ROMAIN

I. Les Latins de Salpenza jouissaient du *connubium*, comme en avaient joui les membres de l'ancienne confédération latine jusqu'en l'an 416.

II. Les colons des colonies *civium romanorum* conservaient le droit complet de cité et pouvaient venir voter à Rome.

III. L'obtention par une ville du *jus italicum* lui donne différents privilèges, mais n'a pas pour effet de lui donner une organisation municipale indépendante.

IV. Il n'y avait pas de municipes latins ; Salpenza et Malaga jouissaient de la cité romaine.

V. Les *fora* et *conciliabula* avaient une curie, mais n'avaient pas de magistrats.

VI. Les fils des décurions n'étaient pas à l'époque de Constantin décurions de droit, l'élection était toujours nécessaire pour les faire entrer à la curie. Tous les individus possédant vingt-cinq jugères de terre n'étaient pas de droit membres de la curie.

DROIT ADMINISTRATIF

I. Le défaut d'autorisation du conseil de préfecture est une nullité absolue et d'ordre public et peut être opposée à la commune après les conclusions prises au fond et devant le second degré de juridiction et même pour la première fois devant la cour de cassation.

II. Le particulier, qui est autorisé à exercer une action communale, n'a pas besoin pour appeler ou se pourvoir en cassation d'une nouvelle autorisation du conseil de préfecture.

III. Les églises et les presbytères, remis par l'Etat en 1804 pour être rendus à leur destination première, appartiennent aux communes et sont affectés au culte.

IV. Quand des biens sont indivis entre deux communes et qu'une résiste au partage, la disposition de l'article 815 du Code civil ne s'applique pas.

DROIT CIVIL

I. L'adoption des enfants naturels reconnus est interdite par le Code civil.

II. Le mariage célébré avec dispenses ne peut pas avoir pour effet de légitimer l'enfant né d'un commerce illicite antérieur à ce mariage.

III. Le testament, nul comme testament mystique, peut valoir comme testament olographe, s'il réunit d'ailleurs les conditions exigées pour ce dernier testament.

IV. Le mineur, qui n'est pas habilité dans les termes de l'article 1398 pour le contrat de mariage devant notaire, peut seul faire valoir en justice la nullité de ce contrat, cette nullité étant simplement relative. Il est alors marié de plein droit sous le régime de la communauté légale.

V. La femme commune en biens, dont les immeubles personnels ont été sans son consentement aliénés par le mari malgré la disposition formelle de l'article 1428, alinéa 3, peut toujours les revendiquer pendant le mariage. Elle le peut aussi après la dissolution de l'union civile, soit qu'elle renonce à la communauté, soit même qu'elle l'accepte.

VI. Sous le régime dotal le mari a besoin du concours de sa femme pour procéder au partage de successions dotales à elle échues.

VII. La vente de la chose d'autrui, dans les termes de l'article 1599 du Code civil, n'est frappée que d'une nullité relative.

VIII. Le preneur dans le contrat de louage n'a qu'un droit purement personnel, ou une simple créance de jouissance ; il n'a pas de droit réel.

IX. L'acquéreur à réméré peut remplir utilement les formalités de la purge. Mais l'exercice du réméré, survenant avant le paiement ou la consignation fait tomber de plein droit ses offres à fin de purge.

DROIT CRIMINEL

I. Le témoin qui, ayant participé à un crime, n'altère les faits dont il dépose que pour ne pas s'accuser lui-même, ne peut être poursuivi en faux témoignage.

II. La complicité d'un fait de suicide n'est punie par aucune loi pénale, alors même que le complice a prêté son bras à la consommation de l'homicide. Cet acte ne peut être assimilé ni au meurtre ni à l'assassinat.

III. Le délit de diffamation, tel que le prévoit et le définit l'article 13 de la loi du 17 mai 1819, peut résulter, non pas seulement des imputations dirigées contre les vivants; mais aussi de celles dirigées contre la mémoire des morts.

DROIT COMMERCIAL

I. La justice ne peut pas autoriser la femme soit à entreprendre, soit même à continuer le commerce, lorsque le mari présent et capable refuse d'y consentir.

II. L'autorisation de faire le commerce donnée par le mari à sa femme ne l'habilite pas à l'effet de contracter une société de commerce pour une suite non interrompue d'affaires. Il lui faudrait pour ce dernier genre d'actes une autorisation spéciale.

DROIT INTERNATIONAL

I. L'étranger, qui n'appartient d'ailleurs par aucun titre à l'ambassade de sa nation, reste soumis à la juridiction française à raison des crimes par lui commis, même dans l'hôtel de cette ambassade. Il n'est point couvert par le principe de l'exterritorialité.

II. Un étranger condamné dans son pays à raison d'un crime ou d'un délit commis en France peut encore, nonobstant cette condamnation, être de nouveau poursuivi et jugé en France pour le même fait.

III. Un étranger peut être tuteur, subrogé tuteur ou membre d'un conseil de famille en France.

IV. Les corps francs et même les citoyens se levant en masse pour la défense de leurs foyers doivent bénéficier des lois de la guerre, pourvu toutefois que le gouvernement belligérant de leur pays ait officiellement reconnu ces corps francs ou ordonné la levée en masse.

Vu :

ce 11 mai 1881.

Le doyen de la faculté,
président de la thèse,
DANIEL DE FOLLEVILLE.

PERMIS D'IMPRIMER.

ce 12 mai 1881.

Le recteur de l'Académie,
P. FONCIN.

Maubeuge. — Imprimerie, Librairie et Lithographie E. Beugnies.

BIBLIOTHÈQUE NATIONALE DE FRANCE